變幻的天空

The Changing Sky

Learning Predictive Astrology

史蒂芬・佛瑞斯特
Steven Forrest——著

Jade——譯

從進化占星學探索行運與推運，
創造自己的未來

目　錄

前　言

多年以前，當我開始研究占星學，那些發霉的老書向我保證，我將擁有未卜先知的超凡力量。對一個沒有安全感的孩子來說，這可是僅次於拿到超人家電話號碼的好事。我不會再眼睜睜看著自己在錯的時間去對的地方，手拿著冰淇淋甜筒卻遇到「弗雷迪幫派」的人，或是在我迷戀的瑪莉走出披薩店十分鐘後，我才來到披薩店。當我可以預知未來，有占星學站在我這邊，我將所向無敵。

至少我是這麼認為的。

問題是，占星無法達到這些目的 —— 至少不足以讓人信賴到那種程度。我的預測有時準到不可思議，然而，有時當我自信滿滿地走進披薩店時，卻正好看到弗雷迪與瑪莉手牽著手走進來……我讀的書是不是哪裡有問題？

占星學的準確度可能會令人驚豔，但是它永遠無法精準預測誰會走進那家披薩店的大門。它的本質不是用來訴說外在、具體的事件 —— 至少那不是這套象徵系統最有說服力的地方。**占星術看到的未來，並非在外在世界展開，而是在你的腦中展開。**

　　占星學無法明確預測你會出車禍，無法預先明確指出你結婚、死亡的日期，或是你的新電視什麼時候到貨。那類占星預言是騙人的，不值得採信。在本書裡，我們不會關注那種預言。

　　如今預測占星可以做的事情，是預先通知與你人生自然節奏或情緒有關的事，因而幫助你以最快樂、最和諧、最有效率的方式去安排自己的外在經驗。如果能順便幫你省下一些維修費與 OK 繃，那就更好了。

　　預測占星學讓我們從出生星盤往外跨出一步，出生星盤是上一本書《內在的天空》（*The Inner Sky*）中提到的領域。現在，我們關注的是**個體人格的動態**。現在我們要在《變幻的天空》中加上其他面向：我們要去思考一生中橫貫整個出生星盤的力量。我們會標示出這些個人動力的發展，它們的巔峰與低谷時期，並且看著它們從純粹的潛能，一步步顯化成人類的實相。

　　但是我們可不承認每次都是占星力量在替你做決定。這些力量可能會影響你的情緒，可能會協助你定義自己所面臨的發展挑戰，但是它們不能創造事件，事件是由你負責創造。

　　雖然宿命論無疑是占星學歷史的一部分，但是宿命論與現代占星的關係，就像使用水蛭吸取「壞血」與當代醫學的關係一樣。現代占星師預測的是問題而非答案。舊式「算命」不過是占星學衣櫥裡的一副白骨，是很久以前犯下的錯誤，現在已經長滿蜘蛛網，但還是繼續困擾著我們。

　　事實上，就在最近，那副白骨讓我嚇了一大跳。

　　我受邀參加一個電臺訪談，就在我們要開播前，主持人遞給我一篇她

父親從當地報紙剪下來的文章。當我掃視那份新聞時，我臉色發白。說得委婉一點，那篇文章就是在批判占星學，而且主持人希望我在幾分鐘後反駁那份批判。

讓我害怕的是，那篇文章令人難以反駁，因為當中的論點很合理。我被將了一軍。

那篇文章有提到「超自然科學調查委員會」，該組織是在一九七六年組成的一個科學家團體，他們揭穿占星術、超心理學與其他「過時的神話」。根據一九八四年的調查，自一九七八年以來，「相信占星術」的年輕人占了三分之一以上，這讓委員會感到不安，於是他們決定採取行動，向美國與加拿大所有日報發出一封信，要求在「每日指引」專欄標示警告。他們希望人們知道，占星學的預測沒有科學根據。委員會主席保羅・庫爾茲（Paul Kurtz）如是說：「就像我們在香菸包裝上貼上『有害健康』的標籤一樣，占星專欄也應該對這些內容貼上適當的標籤。」

為什麼我會感到害怕？因為我來上廣播節目是為了捍衛占星學，但是我發現自己居然認同委員會的意見！他們是對的，這些專欄大部分都有問題。當我繼續告訴電臺聽眾，這些報紙上的預測幾乎都是陳腔濫調，內容經常錯誤連連。這些人對於占星力量與人類事務間產生的交互作用，採取僵化而機械式的觀點，在大眾心中扭曲了這門藝術的本質，我認為這些人已經對世界各地認真的占星師造成難以估計的傷害。

目前世界上大概有四億個天秤座的人，有哪個聰明人會認真相信，這四億個天秤座的人都注定「在這一天與愛人糾纏不清」？這些人之中，甚至有些人連情人都沒有。我同意委員會說的，這些專欄算命師會誤導人，如果這就是所謂的占星學，那我們還是別碰了吧！

委員會竟莫名地與我看法一致。

不過，我擔心我與委員會的蜜月期很短。我同意大眾值得更好的資訊，能了解占星學可以做什麼、不能做什麼，雖然我懷疑我與委員會的共識可能會因為我把實際資訊說出來而瓦解。他們建議要這樣說：「以下的占星預測純屬娛樂。這類預測缺乏可靠的科學事實作為基礎。」我則會這樣說：「占星學是人類最古老、最精細的心智地圖。然而，它無法控制你。這些行星手上擁有半副牌，另外半副則在你自己手上。你在占星環境中所做的選擇，決定了你實際上的際遇。」

我們是自由的，任何僵化的、命定的預測都無法束縛我們。沒有任何占星事件會阻止我們將創意、智慧和誠實等自我價值轉變成有建設性的用途。同時，也沒有任何配置會幸運到無法被人的惰性給拖累。

長期隱藏在古老迷信面紗之下的現代預測占星，目的不是要「預測事件」，而是透過人們所經歷到的心理歷程的本質，幫助人類做出更好的選擇，並且在「開創未來」這項無止盡且不可測的任務中，擔任人們的盟友。

要探討的不是命運，而是真實世界裡的自由，一個受到嚴格限制的世界，被奇蹟打破，而這個奇蹟就是現代預測占星。

本書將教導讀者如何做出正確的占星預測，即「經得起任何檢驗」的預測。你並不會學到怎麼預測何時會收到下一張超速罰單，但占星學會告訴你，當你留心自己的急躁，就會因此受益。現代預測占星的目標，是讓有意識的選擇之火燒起來，而非用命定的預言來熄滅這把火。我們預測的是內在地域的形狀，而非外在的地貌。

　　占星學是門手藝，如同其他任何手藝一樣，它本身並無任何神祕之處，只要靠著想像力和些許耐心就可以駕輕就熟。我寫本書的目的，是要替這門手藝提供一份清晰的介紹，我想寫出一本在我二十年前首次學占星時希望自己可以找到的書。

　　本書並非理論性的書籍，我希望它扎根於日常生活的眞實世界，書裡的每個陳述與程序，我都在自己的占星實務中測試過。以我所知的知識來說，其中遵循的每一種想法與指引都是眞實的。然而，我確實是透過自己的眼睛在觀看這個世界。當你透過雙眼看到不同的世界時，請相信自己的眼睛！在占星學上，沒有任何一個人可以鐵口直斷。

　　《變幻的天空》只不過是整個連環中的其中一個環節，可以追溯到新石器時代的洞穴、眼眸清澈的月亮崇拜者，以及大地女神古老而聰慧的孩子。占星學無盡的故事，蜿蜒穿越埃及、中國與美洲。它沖刷著畢達哥拉斯（Pythagoras）走過的希臘島嶼岩石海岸。基督在雙魚世紀來到此處，「在東方看到祂的星星」的占星學家們預言了祂的出生，祂的追隨者使用魚這個占星符號作爲象徵符號。

　　占星學是現代天文學、物理學與心理學這些知識傳統萌發的根源。它存在於文學與語言之中，也存在於藝術與音樂之中。即使超自然現象調查委員會提出毫無根據的論斷，然而占星學的世界觀已步入千禧世代。許多優秀的占星師正在蒐集一系列令人讚嘆的證據來作爲其科學立基點。如果你對這類題材感興趣，可以從閱讀米歇爾・高克林（Michel Gauquelin）的作品開始。

　　在接下來的書頁中，我們尊重占星學的過去，但是不會受制於它。占

星學不是一種宗教。事實上，你在這裡讀到的大部分內容，比較像是一個占星學界的叛逆少年──現代心理學。

　　如果你是占星學新手，請在漫長的連環中著手去找到自己的位置，你或許可以先閱讀我的第一本書《內在的天空》，為未來漫長旅程做好準備。這本書討論的是出生星盤本身，並向你介紹基本的象徵符號。雖然我盡力讓本書能夠讓初學者好理解，但是它描述了時間的推移在我們出生星盤上運作的力量。這是系列作品中的第二本，建立在第一本的基礎之上。

史蒂芬・佛瑞斯特

教堂山，北卡羅萊納州

拉馬斯，一九九八

第一部

創造
未來

第一章

❖ ━━━━━━━━ ❖ ━━━━━━━━ ❖

命運是由何者決定的？

當火星在一九六〇年十月經過馬丁路德・金恩（Martin Luther King）的上升點時，他因為在喬治亞州的亞特蘭大領導一起靜坐示威活動而被捕。他勇敢地拒絕出庭，也拒絕承認自己的行為構成「犯罪」，因而入獄。幾個月後，火星一樣經過海明威（Ernest Hemingway）的上升點，他拿槍對準自己，扣下板機。

「自殺」與「公民不服從」，「自我毀滅」與「非暴力抗爭」，這兩者有什麼共通點？火星這顆行星的意義是什麼？

在過去的歷史上，**火星被當作戰爭之神**，象徵著求存的意志，像是一股純粹而原始的火焰在靈魂深處燃燒。火星在我們每個人內心深處火花迸裂地悶燒著，推動我們跨越每天存在的障礙，跨越那些潛伏在我們內心深處的黑暗阻礙。

上述這段解釋很符合馬丁路德勇敢反抗種族隔離主義的行為，但要如何解釋海明威做下了結自己生命的決定？

　　海明威的自殺，可真是對了算命仙的胃口，不管是過去還是現在的算命仙，對於接受「人生天注定」這種解釋的人而言，火星就是個壞傢伙，他們稱之為「凶星」，把火星與暴力、危險、極端的惡意連結在一起。他們的解釋錯了嗎？不見得，但是事實沒那麼簡單。火星有它醜陋的一面，而這一面不管在任何時間、任何人身上都可能存在。我們每個人都可能會隨心所欲地對自己或他人冷血、背叛、殘酷，只要我們想，隨時都可以這麼做。但那只是火星影響力的其中一面，錢幣翻過來的另一面則是「**勇氣**」。

　　我們會選擇哪一條路——勇氣還是毀滅？我們會站出來面對即將到來的事情，還是會夾著尾巴逃回家，憤怒地甩上門？兩種行為都是「火星式」的行為，兩種都符合這顆紅色行星的描述。這是火星在出生星盤上啟動我們的敏感點時帶來的意義。

　　我們會如何回應？

　　我同情那些老占星師們，他們覺得自己有義務要回答這個問題，然而這是個不可能的任務。我們研究行星的移動已經一百萬年了，依然無法解開這個謎題。傳統占星學的預測之所以失敗，是基於一個很重要的原因：**行星不會幫我們做選擇，做選擇的是我們自己。**海明威可以選擇活下來，馬丁路德也可以像隻受驚的小兔子那樣跑掉。

　　火星幫我們架好舞臺，但寫下人生的是我們自己。

外在事件具有不確定性

「你會遇到一個又高又黑的陌生人。」信口開河的占星師總是會說類似的話（通常是個沒牙的吉普賽人）。一開始聽到應該會覺得好笑，但是當我們坐下來，聽著那個吉普賽人正確描述著，我們去年如何辭掉工作，接著繼續預測，我們三年多後婚姻會破裂……這時我們可就笑不出來了。我們感到恐懼，接著抗拒，然後就著了他的道，深信不已。我們都會感到徬徨無力，宛如有外星人或有股不可知的力量掌控了我們的人生。

「她的確不可能會知道我辭掉工作的事情……我覺得……凱莉最近對我似乎有點冷漠。」這個算命師的預測很有機會成真，這類預測的命中率很高。最有技巧的算命師，可能有一半的時候都是對的，常常準到讓大家驚呼連連。百分之五十的正確率，這還真是驚人啊！但是另外百分之五十的錯誤率又怎麼說？這些占星師也常會說錯吧？

不管預測是對還是錯，任何一位看著你的出生星盤，並且對你說你的婚姻會破碎的人，都是在濫用占星這門學問，也是在欺壓你。這些並不是象徵符號要做的事，也不是這些符號最能發揮作用的地方。

你並不是一個扯線木偶，這些行星在你的星盤上年復一年地移動，你不需要擔心害怕。**行星的力量在於問問題，而不是給答案。**它們提出謎題，而每道謎題都有很多種解決方案。某些解決方案會幫助我們走向更快樂、更美好的人生。其他的解方，可能只會使我們陷入更深的自欺泥淖。

最糟的狀況，是看見我們拿槍對著自己——不管是真的舉槍還是一種比喻。我們會選擇哪種解決方案？我們會基於自己的聰明才智、決心與神

經來決定,換句話說,我們是**自由**的。

自由是個神奇的詞彙。每個人都想要自由,渴望自由,也都聲稱在追求自由。但是自由是什麼?大家都太常把自由當作是快樂、平靜的同義詞了。事實上,與自由最接近的詞,很可能是「**不確定性**」。「不確定性」是另一個神奇詞彙,不過,沒人想要不確定性。想要避免不確定性,就像在一月早晨想要避開結冰的泥坑一樣自然。

不確定性也織入了占星象徵系統的結構裡,沒有任何一個占星師可以說出誰的下一步會做什麼。當事人也許可以說出舞臺會如何設置、哪些天可能有什麼樣的課題,以及如果我們試圖閃避這些課題的話會發生什麼事。占星師也可以告訴我們,如果我們有創意地去回應那個課題,我們可以學到什麼,以及每條路徑會打開哪些新的可能性。他能說的就是這些,然而我們實際上到底會怎麼做?占星師絕對不會知道。

這是命運與自由意志的對決嗎?當然,老派的占星解讀本質上就是命定論。「土星正接近你的太陽,準備迎接厄運吧!」現代占星會擁抱相反的觀點嗎?全都取決於自由意志嗎?不,至少不完全是這樣。占星擁抱兩面的悖論。某些特定等級的事件是「命定」,其他的則對不確定性與選擇保持開放。

舉例來說,當火星經過你的上升點,我們會知道,你即將面對壓力,你的勇氣會受到挑戰。這個部分大致屬於「命定」。但是你會如何反應?你會像馬丁路德那樣,以鋼鐵般的意志來抵抗,還是像海明威那樣舉槍自盡,用你自己的方式「自殺」?這就存在不確定性了,就像明天的賽馬結果一樣。

占星是問句，而非答案。這是任何正確解讀預測占星的重點。我們尊崇人類的自由，並將此放進我們對占星象徵的理解之中。

我們這麼做，不是基於什麼冠冕堂皇、安撫人心的哲學理由，而是因為人類的自由意志相當強大，可以形塑自己的未來。簡言之，每個正確的占星預測都會以一個問號作結。寫下我們人生劇本的人是我們，不是這些行星。我們的自由包含著不確定性。

人生的三個階段

在架構我對預測占星的理解時，這裡有一些已經證實、對我來說很受用的想法，概念與人生會經歷的三個不同階段有關。

第一個，同時也是最明顯且具體的階段，包含**我們對外在世界所做的一切**，比如去歐洲旅行、結束或開始一段關係、遇見「又高又黑的陌生人」。

第二個階段是**情緒與心理**的階段。思想與感情是這個維度的本質，對於第一階段實際發生的事件，我們產生的所有內在主觀反應。我們辭職，這是一個事實，是階段一的經驗，但是我們對於辭職這件事有什麼樣的感受？是驚嚇？開心？還是讓我們的人生來到新高度？又或是沒安全感？這些都屬於第二階段。

最後一個階段是**靈性**階段，我們在這個階段發現課題的意義與目的。要完成第三階段，其中一個方法是去想像，多年前發生的個人事件，照映

到我們身上的是什麼？這些事件擁有什麼無可取代的重要性？這些事件如何幫助我們成為今天的自己？我們在階段三的收穫，就是理解到這些發生過的事件在我們整體發展的模式中佔有什麼樣的位置。這類反射慣性進入我們的記憶中，所產生的自我認知，通常起於事發當下，而非我們生來如此。

「媽媽沒有常常抱我們，可是當我們很乖的時候，她都會給我們糖吃。」在那個時候，我們因為拿到糖果而覺得很開心。二十年後，階段三的覺察可能會升起，幫助我們了解到「愛等於食物」這個等式如何影響著我們強迫性暴飲暴食的模式。我們就像是站在外面觀看自己，捕捉到自己的人生模式。這就是第三階段——靈性階段的本質。

在預測階段三會發生的事情這方面，占星非常準確，這也是占星真正的目標與終極力量。**占星是在研究意義，而意義只存在於靈性維度**。我相信一個技術良好的預測占星師，在階段三可以達到百分之百的正確度，雖然在實務上，象徵系統牽涉到的內容總是非常微妙，人為的錯誤總會付出代價。我在此處要學習什麼？在我個人的發展計畫中，這個事件有什麼廣大的目的？此刻我會如何回顧二、三十年前發生的事情？這些都是我們在階段三會問的問題，如果我們要從這樣的觀點來理解人生，與其去找陌生人算命，還不如精通占星系統的知識。

回到階段二——情緒維度。在這個維度裡，預測技巧的正確性還是令人印象深刻，但是不會像階段三的描述那麼精確。

面對這些靈性課題時，一個人會有什麼樣的感受？人的差別性使這個答案有很大的討論空間。一個占星事件，比如土星這顆行星，我們非常確

定這個符號和靈性功課、務實的需要，以及對現實面的自律反應有關。有人可能會連結到個人的決斷力、自我尊重、決心。其他人可能會經驗到匱乏的感覺，伴隨著挫敗感與絕望感。

功課本身隸屬於「命運」的範疇，但是**情緒反應**則是我們自己可以創造的部分，對於這部分，我們必須負起個人的責任。但是土星路徑觸發的真實事件本質是什麼？在階段二，我們不管這個問題，我們只對感覺與態度有興趣，而非實際發生的事。

階段一，即「具體階段」，是三個階段中最難預測的。一個人對於占星學上的配置會採取什麼樣的外在行動？當然，有些人會依據階段二所升起的情感做決定，連他們自己都難以預測。但是即使理解這些情感，還是有極大的不確定性。

火星經過海明威的上升點，靈性課程（階段三）包含要更新他的勇氣，作為具有身體與精神的存在體，他要有存活下來的意志力。他的內在情緒反應（階段二）可能會有決心與奮鬥不懈的毅力——就像火星對馬丁路德所做的那樣。但是海明威採取了不同的情緒反應，我們無法知道，在那個時刻，是什麼浮現在他的心智之中，但是我們可以推測，他覺得自己被環境淹沒，感受到恐懼、憤怒與毀滅的暴力——這些都是火星的內容，但是這些本質都與金恩牧師的火星非常不一樣。不過，探討到現在，我們還在階段二。

要移動到具體的階段一，我們必須想像海明威當時**可能**會做什麼事。他可能可以踢他的狗洩憤，而不是自我了斷？他可能可以跟老婆大吵一架？當然，這些行動都有可能。他的自殺根本不能說是「命中注定」，至

少在占星上，我們會將之視為他的「選擇」，而且只是上千個可能性的其中之一。

去預測一個人對於靈性問題會採取什麼行動根本是徒勞無功，有時甚至具有破壞性。我們很可能常常矇對，但大部分都會說錯。去預測某個人會有什麼感受還比較保險一點，但即便相較保險，結果還是常會出乎我們的意料。

人在壓力之下會發揮出超乎預期的機智。只有在預測人們會面臨的靈性課題本質時，我們的正確度才能達到足以信賴的水準，而且顯然的，也只有在這個位置，我們才能給予人們最好的幫助，提升當事人自我理解與幸福的程度。占星在歷史上的悲劇就是執著在行動的維度。即使在占星曾經成功預測過一些外在事件，但它錯失的更多，讓這份成功顯得微不足道。這就好像愛因斯坦（Albert Einstein）決定要去當棒球選手一樣。

總有些算不準的領域

幾個世紀以來，傳統占星學家因為一個災難性錯誤而備受困擾。他們想像著，未來已經被決定好了。他們視自己的人生為一段事先設定好的事件之旅。在第一個旅程碑，你出生了。在第二十三個里程碑，你結婚了。第二十五個里程碑，你生下了一個命定的孩子⋯⋯直到第八十二個里程碑，你踩到一片香蕉皮滑倒，在下一個世界醒來。一個階段跟著一個階段，一個預測接著一個預測，你的一生被逐步揭露。你只能觀看，只能跟著兜風。

那些讓我們驚豔的吉普賽預言，其展現的簡化人生模型有兩個基本的瑕疵。第一個瑕疵是，它無法交代當人來到生命十字路口時那種真切經驗到自由與不確定的感受。第二個瑕疵是，那種模型無法真正精準地預測事件，這些「又高又黑的陌生人」因為沒有現身而惡名昭彰，而許多婚姻長跑的人，在經歷一堆占星師的預測之後，開始拍賣他們的婚戒。

那些算命師會有他們的因果報應。所以，占星實際上到底是怎麼進行的？占星究竟可以事先預測到什麼？要回答這個問題的第一步，就是要先丟掉未來是「命中注定」的這個概念，替換成更可行的概念。

有個中年生意人有酗酒的問題，但是他把自己的生活管理得很平衡。突然遇到經濟蕭條，他的生意遭逢困境，最後以失敗告終。他開始頭痛、感到無力。他的老婆又跟別的男人跑了，還把小孩也帶走。在他五十二歲生日那天，銀行取消了他的抵押權，他失去了房子……接下來會發生什麼事？你會做什麼預測？當然，我們很容易可以想像他的生活──他會喝更多酒，變得更加自暴自棄，陷入深淵，就像一片掉落的葉子……他的未來當然有很高的可能性會順著這條線發展，但是我們能肯定絕對會如此嗎？他的自毀 DNA 宛如銘印在石頭上那樣被拍板了嗎？當然不是。那個生意人可能會振作起來，去參加匿名戒酒會，找份新工作，開始一段新的人生，這段人生可能還比剛剛在他耳邊崩潰的那段人生旁白更有意義。

是什麼決定了這個男人會走上哪一條路？我們可以稱之為「神的恩典」或「自由意志」。不管那股力量是什麼，本質上都不是占星，那個力量的源頭藏在其他地方。如果占星預測要準確，我們就絕不能忽視這股不可預測的力量。

　　這把鑰匙解開了連結預測占星與黑暗時代的難題。「不可避免的未來」這個概念消失了，取而代之的是，我們發現一些更具挑戰性的事物，我們與自己每天實際感受到的生活保有更多聯繫。未來是由許多變動和選擇的模式所組成，充滿可能性、或然率，只要我們夠渴望，就可使之成真。

　　那個生意人當時正朝著「存在」的垃圾桶走去，他正踏入「或然率的領域」，如果他想要泡在酒桶裡結束這一生，他只要順勢去做就好。但是在他未來的壁毯上，還織入了其他絲線：不可預測魔法之線。還有自我再生與療癒之線——比如拿起電話求救的能力。只要他有勇氣，夠謙卑，能夠採取行動，他就可以跟隨這些線前進。

　　預測占星學幫助我們從那些可怕的可能性中分辨出對自己有利的場域。但是其中有些事物具有更多難以估計的價值，這類的占星學教導我們，要將可怕的場域轉化成盟友。

　　當最好走的路會對我們造成傷害時，我們並不是非得踏上那條路不可。沒有任何事物可以強迫我們走上自我毀滅，除非是我們自己太懶惰。懶惰是很受歡迎的消遣，這條阻力最少的路上擠滿了人。這也是為什麼算命仙常常料事如神。

　　傳統的預測占星會無意識地假設人們總是會做對自己來說最容易的事，以人性的視角來看，這種態度既悲觀又有害——卻也相當容易被料中。不幸的是，如果我們的目標是去預測人們未來會做什麼，以我們最有效的經驗法則來看，大概會假設當事人會順著阻力最少的那條路去走。我們大概會有一半的時候是對的。

但是如果我們的目標是幫助人們成長，那麼這個假設就必須改變。如果我們的目標是助人，我們就必須知道，人的內在能力會將這些負面的或然率場域轉化為正面。

整個預測占星的宗旨，就是要幫助人們了解如何將人生的或然率曲線朝向快樂、個人成就感與成長的方向。

如果海明威在自殺前幾天曾經和傳統占星師約了個案諮商，會發生什麼事？他會聽到，火星正在抵達他的上升點，一段辛苦的時期即將來到，他很可能會發生血光之災，他最好準備好面對一段短暫但是充滿衝突與壓力的緊繃時期。對一個在這種心理狀態的人說這番話，很像是把一個溺水的人丟去餵飢腸轆轆的鯊魚。

但如果海明威找的是真正的現代占星師呢？他會聽到什麼？他會聽到非常不同的訊息。海明威會被告知，他即將面對一個基本的靈性挑戰，會有一些事件與不同的態度聚集在他的四周，測試他的勇敢、他活下去的意志，以及他的人類基本尊嚴。他的任務就是要在那幾天展現自己堅定的決心與勇氣，直到火星進入較不敏感的區域。他會被警告說，在那段期間裡，他會進入曲線的高峰，會將他推向毀滅與暴力之類的急躁行動——只有透過他的勇氣，才能讓這條曲線彎向更健康的方向。選擇權在他，他可以認出真正的敵人——恐懼——並且正面迎戰。他也可能會把火星的能量導去對抗自己。

哪位占星師比較有可能拯救海明威的生命？我們永遠不會知道。

人是自由的，可以選擇要成長還是要轟掉自己的腦袋——不管他們接收到什麼樣的資訊。但是我們可以很有自信地說，第二位占星師所說的話

可能會幫助這個人對自己的痛苦產生一些看法，而第一位占星師只會使他更加確定要飲彈自盡。

繼續讀下去，學著自己使用占星學這個美好的工具，它是你的天然盟友，不會貶低你，也不會束縛你，讓星座與行星來引導你，但是要讓它們溫柔地引導，不要讓它們像個暴君，而是像個值得信賴的朋友。

讓占星參與你的自由，協助並點亮你的自由。學著過濾掉當下的雜音，去聆聽明日的耳語，像個編織大師學著編織自己的人生，總是注意到那些轉瞬即逝的細節，總是意識到模式與計畫，以及更大的藍圖。

把預測留給算命仙與吉普賽人吧，讓他們說他們的預言，讓他們去對預測事件保持渴望或恐懼。我們的任務不是要預知事件，而是去「創造事件」。

第二章

基礎預測

某天傍晚，你外出購買生活用品，湊巧遇到一位半年前在某個派對上認識的女子。她笑著問你最近好嗎？你也微笑回答：「很好。」你當時在說謊嗎？你有提到你的背在痛嗎？還是你的感冒才剛痊癒？還有你只讀到一半的小說？又或是你跟母親之間的爭執？如果你把你真實的狀況跟她說，可能要花上整晚，而且還會讓雙方都覺得無聊。所以我們才會說：「很好。」也因為這樣，我們才會穿越到馬路的另一邊，去避開那些不懂這個道理的人。

人生很複雜，每分每秒都有千萬種驅力集中在我們身上，圍攻、平衡、強化我們性格中的基本品質。占星反映出這些驅力，幫助我們理解它們，使這些驅力創造出最好的機會。它們是偉大的力量。但是如果問我們的出生星盤說：「我們最近好嗎？」它的回答絕對不是簡短有禮的「很好」。我們最好準備花點時間聆聽，什麼背痛、感冒、沒讀完的小說，很可能都是回答的一部分，而且它們給出的訊息會使我們自我感覺良好的假設搖搖欲墜，推我們再往前踏一步，使我們步上刺激又崎嶇的自我發現之路。

　　我們的心情每分每秒、每月每年都會不斷改變。昨天才剛經歷喪親之痛，然而此刻我們卻全力衝刺著事業，明天還要去學滑雪……在這些宛如萬花筒的生活底下，存在著某種廣大而無所不包的事物，其中也包含了整個宛如悲喜劇的人生嘉年華，每個場景互相拼接、交錯，融入單一而多層次的整體。以形上學來說，這個整體可稱之為「靈魂」。從心理學來說，它的名字是「自我」。但是就占星學來講，統合一切的是出生星盤。沒有這張圖，就沒有預測占星，沒有出生星盤，就沒有任何占星學上的力量可以演出。沒有耳朵，就沒有音樂。

　　出生星盤是占星的基礎預言，它建立起人生的偉大計畫，拼寫出你每日高低起伏的經驗下所隱藏的靈魂目標，同時指出，要達成這些目標，你需要擁有什麼策略與資源，每當你選擇偷懶與取巧的答案，這些陰影都可能會升起，對你發出警告。只要是在出生星盤中沒有被預測到的事件或成就，對個人而言就沒有恆久的重要性，事實上可能根本不會發生。

　　徹底了解出生星盤的象徵系統是預測占星的基礎；理解出生星盤的訊息，永遠都是預測占星師的第一步。

　　學習預測占星的人，最普遍會犯的錯誤很可能就是他們常常忽略出生星盤。因為我們很容易受到誘惑，想要往前衝，想要做到最好，於是難免會導致慘不忍睹的預測。一個年老、戴著厚重眼鏡的古典文學老學究，不會因為火星正好啟動了他的旅行之宮就跑去丈量勃朗峰山（Mount Blanc）——他也不應該去！我們必須記住自己正在對誰說話，並且盡力去理解、尊重該人的需要與目標。勃朗峰山可能可以當作一種隱喻，那位教授實際面對的那座山，很可能是他正考慮要參加的會議，以及他要在會議上發表的論文，他要做的可能是克服公開演講的焦慮，也可能只是對搭飛

機的恐懼。

　　那位教授實際上到底面對什麼樣的環境？如果不認識他，我們就毫無概念，這並不是用占星就可以了解的部分，那比較像是算命在做的事。但是當我們將描述的語言，調整到符合他出生星盤的本質時，我們的解釋就會直指他的心，挑戰他的發展與成長。一個牡羊座的人，有一顆火星合相太陽，在我們談到他的上升點這座勃朗峰山時，他可能會感覺靈魂就在他體內舞動。但或許這位教授是處女座四宮，上升巨蟹，土星與太陽合相。對這個人而言，害羞與自我限制已經足以成為那座山了。

　　在本書裡，我們會演練許多特別的占星技巧，來分析成長與改變的模式。有些技巧會連結到宇宙落到我們身上的真實力量，我們可以稱之為「宇宙氣象」。其他相等的力量，是來自於出生星盤天生的發展節奏。這一切都會細細說明，一切都是潛力，一切都形塑出我們的經驗潮汐。但是這一切若沒有出生星盤，就分毫不值。這就是基礎預言，如果你對於占星的基礎感到模糊不清，那麼你可以閱讀我的第一本書《內在的天空》，從中獲得一些概念。

調頻

　　當你坐著閱讀本書，你的身體就沉浸在稀釋的能量海之中，你被看不見的每一道雷射波長淹沒。數百光年遠的脈衝星與中子星的雷射光，穿透你的身體。伽瑪射線從地球核心裡衰退的鈾裡衝出來，紫外線波從爆炸的太陽中心，衝進你的細胞裡。就更別提人類搞出來的那些東西了，WABC、WHFS 以及 WXYC 這些廣播波發出來的穿透能量。

　　覺得不安嗎？是該不安，不過我們只有在想到它時才會不安，像是在沙灘玩上數小時之後，紫外線把我們的皮膚曬黑，不然我們根本不會注意到紫外線的能量。為什麼？因為我們沒有調頻，我們的感官對這些波長沒有反應，就像如果我們想聽廣播，那就需要一臺收音機。

　　占星工作也是一樣。當滿月發生在某個星座的某個部位，比如說在射手座的最後幾個度數。對某人來說，這樣的配置可能會搞得天翻地覆，但同時另一個人卻毫無感覺，我們很快地來看一下為什麼：射手座的那個度數，是在前者的上升點。對後者而言，射手座的那個度數位於他六宮一個隱蔽的角落，也沒有與他星盤上其他任何行星有重要相位，根本不是敏感區域。換句話說，第一位女士就是調頻到射手座的最後那幾度，而第二位女士則否。

　　就占星學來說，這就等於標示出兩者之間的不同，一個是在一個毫無記憶點的週末混完一天，另一個則是用假身分搬到加德滿都。如果你的收音機調頻到 FM89.3，你就只會聽到這個頻道的節目，即使其他廣播電臺持續播放他們的節目，那些波也只是經過，你根本不會注意到。出生星盤就像一部有瑕疵的收音機被卡在某個電臺。它們會撿拾起行星射線的每一道波，但是只播放特定的波長，其他就宛如不存在。

　　真實情況會更複雜一點，每張星盤實際上都對許多個波長敏感，也受到其中一些波長影響，但是就實際目的而言，有些影響輕微到可以忽略。就好像在一間充滿電鋸轟轟聲的房間裡，沒有人會在乎蚊子的聲音。

　　如果出生星盤本身調頻到某個特定的問題，那麼行星移動就會觸發該問題的影響力，使問題被戲劇性地擴大。

　　在傳統占星中，我們與占星驅力調頻的能力常常被忽視。比如有個女人出生星盤上，主要的影響力是土星，位於摩羯座，合相她的上升點，對分她的太陽。換句話說，土星永遠跟著她，碰觸她生活的每個面向。她可以正向回應，以一種勇敢、自我再生的方式，學習現實主義、自給自足與耐心的功課；她也可以採取低頻的回應方式，變得憤世嫉俗、**鬱鬱寡歡**，就像算命師會預測的那樣。不管是哪一種回應，土星都是她人生中的「大師」，那雙嚴肅、冷靜的手會影響她的一切，如影隨形，絕不妥協。無論哪顆行星觸動她的星盤，她都會處在土星的波長上。即使土星每天的位置都有些微不同，她還是會針對它給出回應。為什麼？因為不管土星做了什麼，她都會專心聆聽。

　　這個女人可能有一個丈夫，出生星盤上土星元素很少。他是個神采飛揚、能量充沛的獅子座，一宮還有一顆友善的天秤座月亮，以及與天秤有強烈附屬關係的金星。他的土星位於八宮，沒有重要的相位，他的魔羯座（與土星有共鳴的星座）裡沒有任何行星，甚至可以說土星的波長被鎖住了。換句話說，他的占星收音機很少會接收到土星的廣播。當土星進入他出生星盤上的敏感區域時會發生什麼事？如果我們假設這顆行星對這個人只有些許影響，甚或根本沒有影響，那會是嚴重的錯誤。我很肯定土星對他會有影響，他可能會非常受挫。但是長期來看，這段期間在他的人生裡面，**關鍵性會少於**他那個有更多土星能量的妻子。妻子是「主修」土星，他則只是「選修」，就像他必須忍受微積分課程，但在他努力考上新聞學院後，就會把微積分拋諸腦後了。

　　受到土星經過的影響，實際上他們兩人會各自採取什麼行動？我們也不知道。像這類的問題，占星力量只掌握了半副牌，剩下的牌則掌握在個人手上。我們知道這位女士整個人生都與這顆帶環的行星一起生活，我們

可以說，他們是老朋友──或至少是友善的敵人。另一方面，她的丈夫則相對地對土星感到陌生，他不習慣這種緊縮、孤獨的能量。不管好壞，他的妻子都會對土星的行運會感覺比較強烈，除非她用沮喪與自憐來蒙蔽自己，否則她會知道，這是她人生中一次重要的、高風險的轉捩點。而且在情緒和心理上，她會比她的丈夫有更多配備，去對這段時期做出回應。為什麼？因為她的出生星盤，她的基礎預言，是為了正確面對這類挑戰而建立，只要她採取積極的態度。

面臨土星猛攻，她的丈夫會發生什麼事？他就像其他任何人一樣自由，他可以將或然率曲線彎向對自己有利的方向，或是被動地隨波逐流，於是就應了算命師的負面預言。我們只能知道，對他而言，土星的功課更難掌握，不像他的妻子，他並沒有內建這類功課。突然之間，他來到生命中的某個時期，面對的現實世界似乎比較嚴苛、少了一些良善，更多苛求與不容妥協。他會感到前所未有的孤單，面對非黑即白的選擇，無法像平常那樣把它混成灰色，也無法用他迷人的微笑混過去。對他來講，土星經過這段期間代表的某些東西，不同於在他妻子身上的狀態。他面臨了適應與彈性的挑戰，雖然這段時期對他來說沒有那麼重要，但是帶給他的震撼可能強過他的妻子。對妻子而言，土星行運這段時期，代表強化了她本來熟悉的問題與模式。對丈夫而言則是不熟悉與陌生的某些東西，從出乎意料的方向來打擊他，即使打擊的力道並沒有像在他妻子身上那樣強大嚇人，然而驚嚇與震撼都會要他們付出代價。

在這兩個例子中，我們看到基礎預測（出生星盤本身）的影響是不可避免的。土星的移動或任何其他行星都沒有獨立的意義。**我們的第一步永遠都是得去了解個人，惟有如此，我們才能試著解開他們可能會經驗到的事件背後究竟具有什麼意義。**

　　以上舉出來的例子，讓我們整理出三個預測占星的通則，先吸收這些通則，那麼後續章節裡的技術材料，才會對你更有用。

> **通則一：**在出生星盤上，配置的行星力量越強，就會越劇烈地持續影響一個人的人生。
>
> **通則二：**如果一顆行星在出生盤裡很突顯，即使後續的移動更深刻的打擊到這個人，他還是天生就比較能夠以具有創造力的方式去回應這顆行星所引發的問題。
>
> **通則三：**當一顆行星在出生盤裡很弱，這顆行星行經敏感區域時，即使在發展的重要性上不大，還是會對情緒有很大的影響，因為該人面臨的挑戰是以一種新的、不熟悉的方式去發展。

　　這是我們從舉例過的圖所整合而發現的原則，這些原則如何在我們每天的生活裡真實運作？

　　在美國，卡斯特將軍（General Custer）在小大角軍事行動中備受屈辱的失誤，眾所周知。他低估了蘇族與夏安族在有效領導下的戰略意識。卡斯特帶領的兩百六十多名騎兵遭到伏擊與大屠殺，給予美國原住民在漫長戰爭中最決定性的一場勝利。我們很容易從歷史的觀點把卡斯特看成像漫畫裡的角色，既平板又愚蠢。讓我們透過更銳利的鏡頭來看，看看他身為一個像我們一樣的普通人是什麼樣子，也許他不過就是個很常絆倒自己的人而已。我們要考慮他的出生星盤，然後再去看他人生出錯的那一天，遭遇到什麼樣的行星力量。

　　就像大部分有極端人生的人一樣，喬治・阿姆斯壯・卡斯特（George Armstrong Custer）也有一張極端類型的出生星盤。他是「三重射手座」，太陽、月亮與上升點都在射手。就像我們在《內在的天空》中學到的，這三個占星象徵是「主要三角」，共同建立起一個個體的骨幹。

　　太陽顯示出一個人的**核心身分認同**，月亮揭露出潛藏在底下的**情緒需要與動機**，也就是一個人的**靈魂**。最後，**上升點以及整個第一宮，指出我們對外以及社會性的一切物質表達**，整合成日常的性格。因此，我們稱上升點為面具。

　　主要三角都在同一個星座中，我們觀察到卡斯特有一個不尋常且極端的狀況。很明顯，他來到這個世界是為了收集廣泛的經驗，並且是快速且不屈不饒地收集，這是弓箭手的基本發展策略。他的射手座資源充滿活力，自信而熱情，如果他屈服於弓箭手陰影的誘惑，那麼善於判斷與深思熟慮會使他退居二線。

　　太陽與月亮位於卡斯特的十二宮，增加了靈性觀點的暗流，至少有可能暗示著他的存在是要去學習超越其僵化認同中的自我與驕傲。這是否意味著卡斯特是某種沒出櫃的大師？不，我們必須小心記得，宮位只是生活中的領域，在這個領域能航行得好或不好，則要看我們自己。

　　若是卡斯特自願要自我超越，他就能成功地在十二宮航行。若這趟旅程不成功，則是因為這門功課受到環境的強化，也因此中世紀占星會視十二宮為「災厄宮」。當然，這個男人內在擁有美好的種子，他可以成為一個多采多姿的神祕哲學家，很可能會有一段安靜時期。他也可能表現出令人不安的傾向，閉著雙眼，滿肚子啤酒，加速走過這段盲目曲線。

　　接下來的特質，受到第一宮的水星（說話的功能）強化，特別是受到火星（具侵略性的功能）所強化。因此，他的「面具」就是一個機智敏捷的戰士，粗暴且隨時準備戰鬥。天王星有驚人的爆發力與衝動傾向，位於寬敞的雙魚座，和他的太陽與月亮形成緊繃、不穩定的四分相。卡斯特的出生星盤上，從土星與太陽月亮的合相獲得了一些平衡，通常這代表了謹慎與深思熟慮。可憐的土星顯然在這裡遇到對手了。他面對的是射手座裡的主要三角，還搭配了火星與天王星這兩個重要的聚焦器，即使是這顆帶環行星，也只能提供一點點高度發展的戰術意識了。

　　我們可能很想沾沾自喜地戴上巫師帽，宣告卡斯特的出生星盤就是等著要出事的圖。即便最終的結果確實如此，但並不能因此就認為這樣的分析適當。即使我們無法尊敬這個人，至少也要尊敬存在於他內在的神奇可能性。他可以學會站在外面，善用觀察及些許的幽默感，靠著自己去平衡他的狂亂與極端。如此一來，他就可以更明白自己的危險性，少一點剛愎自用。顯然他沒有採取這些步驟，反倒成為最基本人生法則的獵物：因為無法思考，只能隨著本能過活。這不是占星，而是一種恐懼，害怕讓生命教導他任何事情，導致他在小大角挫敗。

　　在一八七六年六月那天，當卡斯特帶著他的軍隊走向滅亡的那天，占星學上發生了什麼事？土星與火星同時來到他出生盤上敏感的區域。以中世紀占星來說，這些是「凶象」的影響，它們同時觸發的點看起來是不祥的。現代占星家則沒那麼悲觀，但還是很快就會認為當事人來到了某種重要的狀態。卡斯特處於一個抉擇點，除非他在自我覺知的層次上能夠有一次大躍進，讓或然率的曲線轉向，否則就會走向失敗的境地。

　　土星是兩顆行星中行運較慢的。它穿越雙魚座九度，基於許多原因，

這個區域對卡斯特來講是高度敏感的區域，與他的出生星盤天王星形成合相，同時四分他的太陽與月亮。這象徵了什麼？我們在本書的下一部分會學到細節。

土星的行運總是意味著某種與現實的衝突。葛蘭特‧李維（Grant Lewi），一位過去世代的優秀占星作家，稱土星為「宇宙的報酬」，意思是在土星的影響下，你會得到你真正應得的，不管是好是壞。

我們可以夢想、計畫，在我們身上編織舒服緩和的一半真相，但是當土星來到我們出生星盤上的敏感點時，這些心理建造的紙牌屋就會倒下。卡斯特帶著他的射手座主要三角，可能自以為刀槍不入。事實上，在他的生涯中，他確實有過十匹馬衝出來射擊他，卻只受到小傷的經驗。在小大角，現實（土星）衝撞（四分相）他傲慢的過度自信（射手座的太陽與月亮），現實也遇到（合相）他的頑強衝動（天王星）。

土星會停留在這組相位裡好幾個星期，那麼，是什麼觸發了一八七六年六月二十五日這一天的事件？毫不意外，答案就藏在戰爭之神裡。那天，行運火星位於巨蟹座二十度，落在兩個高度充電的相位裡。它四分卡斯特的冥王星，並且與他本命的火星（他出生時火星所在的位置）形成對分相。這兩個因素都是拼圖的其中一片。

冥王星位於卡斯特出生星盤上的牡羊座第四宮，主管「英雄」與「陰影」，主導的冥王星位於戰士的星座，很明顯的這個人裡面奔騰著交戰與對發號施令的熱愛，火爐已經燒到白熱化了。火星在他出生盤上的對分，使他的殘酷來到高點，很可能因為與現實的衝突帶來的挫折，更加激怒他，而這部分是由土星的行運指出。災難的可能性潛藏在卡斯特的出生星

盤裡，被逼向極限。某些東西必須瓦解崩潰，這個狀況可能帶來突破，使他有能力覺察到自己的傲慢與衝動嗎？還是算命師又贏了一次？

卡斯特有可能採取不同的行動嗎？當他行軍進入一個策略上危險的山谷，充滿自信，受到刺激的火星，腎上腺素高漲，他有沒有任何希望？絕對有，他可以清醒過來，回頭把軍隊再帶出去，謹慎地派出一隊偵查隊去做偵查。當然，這些行動是可能的，甚至也合乎邏輯，但是在占星上，還有一個更重要的問句：**這些行運的占星影響力，具有什麼樣的靈性目的？什麼是這個人應該要學習的？**土星在那裡，教導他關於現實的功課，透過與他的太陽月亮的四分相，我們知道這個功課是和現實有時會因某些盲點與個人偏好而崩垮有關。

想像卡斯特騎著馬朝著災厄走去，此時他突然停下來，出現清晰的土星式思考：在這裡某些地方，有許多憤怒的蘇族與夏安族，他們為了自己的家園和家人的生活而奮戰。他們知道我們要去攻擊他們，我帶著我的人，走向可疑的河灣。現在，如果我是坐牛……

加上火星的影響，它經過卡斯特將軍的七宮，對分本命一宮的火星。傳統上，七宮是「婚姻宮」，但是這一宮的重要性其實更加廣泛。它也代表任何我們視為對等的人，我們與對方建立了某種相對穩定的夥伴關係。在某些中世紀的占星文中，第七宮被稱為「公開敵人之宮」，這個名稱相當正確，如果我們無視於長期且「值得尊敬的對手」，就會使我們置身險境。任何一個有和長期伴侶一起生活的人，就能快速體認到婚姻之宮的面向。

面對火星的影響，卡斯特可以做出什麼樣的進化反應？土星擴展與指

定的功課跟「面對現實」有關。火星的訊息完美而清晰：「卡斯特將軍，你遇到對手了。火星在你的一宮，你是個偉大的戰士。但是現在，在你對面有另一個火星，另一個意志，跟你棋逢對手，還要起來反抗你。你不需要投降，但你最好不要低估對手。要尊敬他，不要犯錯，那麼你就會得到公平的機會。」

想當然耳，卡斯特完全忽視這些，自負地帶兵去進行大屠殺，以蠻幹與毫無意義的憤怒去消除火星的力量。占星只會提問，人們則給出自己的答案。卡斯特就像我們其他人一樣，都是自由的，但悲傷的是，那也可以是一段令人難忘的墓誌銘。

在第一章最後，我們問自己，如果海明威在他自殺前一週，去找現代占星家諮商，那麼會發生什麼事？讓我們也同樣想像一下卡斯特，如果他察覺到這種「占星氣象」降臨在他身上，會發生什麼事？也許什麼都沒改變，真相只有在被聽到後才有用，但要聽到真相很困難。

如果他如此沉浸在他一頭熱的驕傲與榮耀之中，他可能連片刻都無法敞開心胸去聆聽占星師的話，他可能還是會行軍進入小大角，不管占星師如何費盡唇舌也沒用。但如果他並非我們一般所想的那樣，如果他不是個會鑄成大錯的人呢？如果他已經準備好要掌握自己生命中這方面的功課，那又會是如何？如果那些智慧與改變已因緣成熟，只差臨門一腳就要進入他的意識覺察呢？那麼占星師的警告，會不會推他到最後一步？把歷史推往在眾多選擇中的另一條途徑？

我們無法得知，但是這些問句是現代占星的血液與靈魂。

卡斯特死了，他做了選擇，但我們還活著，也還在那神奇領域之中。

過去在我們身後凍結，但是在我們前面延伸的，不是命運，而是或然率曲線糾結的網子，等待著被測試、被選擇、被形塑。我們大多數人做過很多次正確的選擇，但是也曾經走進我們自己的小大角，被驕傲誘惑，成為我們自己所接收到的訊息的受害者。只要我們曾經像卡斯特那樣傷害過自己，多次之後，也許我們就可以吞下我們的驕傲，開始尋找夥伴、朋友、宗教、精神治療、英雄偶像……它們都會有幫助，而占星也可以完全以相同的方式提供幫助。

　　讓我們繼續吸收這種古老語言，一開始像是在看異國語，卻又如此熟悉。在《內在的天空》裡，我們學會如何明白基礎預言，描述出生盤的象徵系統。現在，我們再往前走一步，去了解要如何解開這麼長的訊息。不只是從一生的角度觀看，而是觀察每分每秒、每天每月。我們的占星同盟要給我們更聚焦的功課，現在，讓它好好說話吧。

第二部

行運

第三章

─────────◆─────────●─────────◆─────────

行運 I：定義

　　地球就像是旋轉木馬上的其中一匹小馬，繞著旋轉木馬的中心轉，在太空中以每秒八十英哩的速度衝刺。繞著太陽轉的軌道，每一圈需要走三百六十五天。在太陽旋轉木馬上，只有兩匹馬跑得比地球快，那就是水星與金星。其他的行星移動速度都比較慢，根據它們與太陽之間的距離，越遠速度就越慢。

　　火星是下一匹馬，大概要花兩年半才能繞完一圈。火星後面還有更慢的木星，繞完一圈要整整十二年。旋轉木馬的邊緣，對我們來講有點模糊，因為太遠了，看不清楚，但是據我們所知，冥王星是最後一匹行星小馬，速度也最慢，以緩慢而漫長的速度繞行太陽，一圈要兩個半世紀（兩百五十年）。

　　如果我們可以坐在星際飛船裡，從太陽系上方看這座旋轉木馬，所有行星都遵循著合理且可預測的路徑行走。不過，我們的觀點並非隨便說說，而是從其中一匹移動小馬上觀看這座宇宙旋轉木馬，但這也搞亂了一切。我們把自己的移動加進行星的自然移動裡，使它們看起來像是以隨機的方式加速或減速，甚至像是在它們的軌道上停止不動。儘管太陽系的設

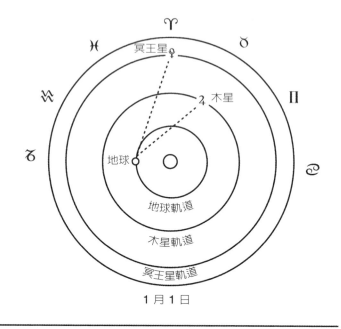

1 月 1 日

地球自己的移動，
影響我們看到的行星在星座背景中的位置。
圖 1 是從地球的觀點，看冥王星與木星的相對移動。

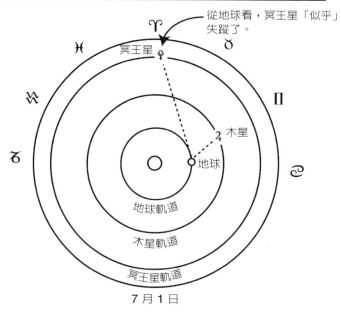

從地球看，冥王星「似乎」
失蹤了。

7 月 1 日

圖 1

計極其單純，人類文明還是花了一、兩萬年的時間，想弄清楚實際上到底是怎麼回事。

往天空看去，我們會看到火星「就在那裡」，夜復一夜在一群特定星群的背景下前進。某一週，它緩慢停下，然後開始後退。同時，金星追上且超前火星，往相反方向走。幾週後，火星再度停下來，開始去追金星，兩顆行星現在走向相同方向，但是金星比較快。火星消失了，在賽道上落後。兩顆行星都超前了移動緩慢的木星。金星超越木星，火星緊跟在後。出乎意料之外地，金星停了下來，轉為逆行，把自己往後拉向土星，來到火星剛剛抵達的地方。要撞到了嗎？不，他們彼此之間距離遙遠，不會撞到。但是就個人而言，這個組合就像是衝突。在這裡，我們有三重合相：火星、金星與木星，如果這個合相又剛好位於你出生星盤上的敏感度數，你可要抓緊你的帽子。

預測占星的主力，就是觀察行星的移動，我們稱之為行運。我們會在下一章徹底探討行運。

「行運」就是我們從地球的視角，觀察到這些行星如何實際而具體地繞著太陽移動。

就像我們每天晚上觀看這些行星在繁星的背景之下移動一樣，我們可以在出生星盤的背景下記錄相同的移動。這個技巧就是預測占星的核心。

還有其他有用的技巧，是根據出生星盤所發展出的節奏，與當下天空中的狀態無關，稱為**二次推運（Progressions）**，這是第三部與第四部的主題。所以現在就讓我們來解開夜晚行星之舞的訊息密碼。為了解開密碼，我們再度轉向占星研究的基本器官：我們的眼睛。

第一個技巧

　　很多人不相信占星，這些不信的人之中，又有很多人承認，曾經被那顆傳統占星中跟情緒與不理性密切相關的月亮給嚇到。大部分人都曾經驗過，在月亮週期中的某個時間點，我們的情緒反應會變得很強烈。一般流行說法則是認為滿月與愛情有關。

　　實務上，月亮似乎會引起憂鬱、不理性、偏執，不管是好是壞，概括來講，月亮似乎只是把情緒的音量整個調大。甚至有些科學證據支持月亮會對我們造成影響的說法。

　　一九六六年，杜克大學（Duke University）的倫納德・拉維茨（Leonard Ravitz）發現精神分裂症患者的電位有顯著變化，不管是正電荷還是負電荷，這些變化都與月相有極大的相關性。在臨床上，類似的變化也可以在一般人身上觀察到，只是沒有那麼顯著。拉維茲間接支持占星的理論，證明滿月會在精神錯亂者之間製造出緊張與不安。

　　月相是整個事件中最顯而易見的例子，我們稱之為行運。它們是當下每天發生的天文事件，換句話說，它能夠影響我們的情緒基調，形塑我們的經驗。我們很容易就能想像那些遙遠的先祖們，生活在一個對天空的覺察明顯比我們多的時代，他們很快就注意到，滿月會創造出整個社群氣氛的改變，很可能在觀察的過程裡，不知不覺建立了整個占星藝術科學的基礎。出生星盤的概念是到很晚期才出現。我們比較容易理解，當人們在滿月照耀之下會感到忐忑不安，但要去理解某個在二十年前滿月之際出生的人會比我們其他人更情緒化，就沒那麼容易了。

　　每個月都會發生滿月，有時事件似乎就只是「經過」，並沒有對我們個人產生太多影響。但有些時候，感覺就好像 CIA 偷偷在我們早餐的茶杯中摻進荷爾蒙似的。為什麼有時滿月會把我們打得滿頭包，但是下一個滿月卻不會呢？答案就隱藏在出生星盤裡。

　　雖然最有可能先發現的是行運，但是掌握出生星盤的概念，才能真正使占星充滿魔法。如我們先前所看到的，出生星盤是「收音機接收器」，可以調頻到特定的波長，如果我們調頻到雙子座的中間，可能是本命月亮在那裡，當滿月發生在天空的某個部分時，我們人格中那個情緒化、不理性的部分，就會有幾天紛擾不安。一個月後，滿月來到巨蟹座中間，我們可能變成一個清醒理性的好法官，試圖讓你的巨蟹朋友平靜下來。

　　就像我們在《內在的天空裡》學到的，出生星盤是一張太陽系的「照片」，從我們出生所在之處的觀點，拍下出生瞬間的第一次呼吸。現在，我們進入預測占星，必須加上其他隨時隨地持續發展的部分。

　　行星的能量在出生時便於體內成形，在我們成熟過程中持續改變，交替強調與強化我們出生星盤中內建的資源。這張圖並非存在於真空之中，這張原始「照片」只是一部沒有結局的電影框架，換句話說，出生星盤是電影螢幕，行運則是電影。

　　天體電影每天都有不同發展，但是出生星盤本身維持不變。出生星盤的象徵錯綜複雜，代表此生所有的可能性。關係、對社群的責任、個人的風格、審美敏感度、小孩、靈性態度……這一切都在出生星盤裡，不管我們投射出什麼樣的電影到螢幕上，出生星盤上固定的模式會持續存在。每個面向都會形塑一個人在精神上的多層實相，但是沒有任何一個人可以同時組合每一片拼圖。

　　某個月，我們可能要深入處理事業的問題，幾週後，當我們專注在婚姻或親子關係時，就讓工作轉成「自動導航」模式。為什麼？因為會有某一點指向你的金星，然後指向你的木星，要求你先發展這一點，然後才是另一點。這些答案就隱藏在行運之中。

　　行運打開了出生星盤裡內建的問題、時機，並且觸發它們積極投入事件之中。

　　預測占星錯綜複雜，許多技術非常精細。一如既往，我們最基本的盟友，就是有條不紊地去理解象徵系統。如果夠謹慎細心，依據某些定義的步驟去觀察，行運的資訊就會從圖中跳進我們眼前，如同我們在找一隻躲在杜鵑花叢中的彩色蜂鳥一樣，剛開始根本不可能看到，然後你會把它挑出來，之後就不會再錯過。行運就像這樣跳出來，但是只有在專注且有條理地掃描這些行運時才看得到。理解基本詞彙定義過後，你就會很快學到上面所說的這些。

　　順道一提，遇到占星書裡對每一個行運事先打包好的「意義」，最好存點懷疑。當你知道你正在做什麼時，這些解釋可能有幫助，但是在你剛開始學的時候，這些解釋承諾了太多，你能從中獲得的卻很少，只是一盤充滿矛盾的解釋大雜燴。為什麼？因為它們違反了預測占星的第一條法則──它們忽略了出生星盤。

觸發點

　　相位只是出生星盤上的行星彼此之間，或是出生星盤行星與行運行星

之間的特定幾何角度，本書就是要聚焦在這些點上。這些角度展現出心靈
各個「房間」之間的基本關係品質。

　　換句話說，某個具有的侵略性、領域性的功能（火星），可能會暫時
與某個具有清晰評估現實（土星）的能力融合（合相），如圖二：

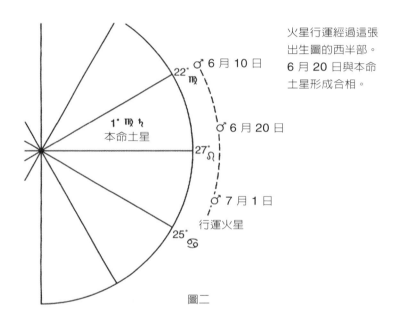

火星行運經過這張
出生圖的西半部。
6 月 20 日與本命
土星形成合相。

圖二

　　我們可從此圖觀察到火星在幾週之間在黃道上移動了一個大弧度，在
它的軌道上，只有一個點使這顆紅色星球完美的與出生盤上的土星對齊，
形成了合相。

　　接著，火星會繼續它的旅程，這兩個心智功能接下來形成緊繃狀態
（對分相）或是合諧狀態（三分相）。

　　行星總是挑戰我們，要我們達到自我覺察或自我了解的新高度，那個理解正迫不急待要發生。

　　天王星與本命行星產生相位所帶來的頓悟就很像是從意識中湧現出來，也可能與某些戲劇性的事件有關。換句話說，行運的行星扮演著觸發的角色，精確的觸發性質則視行星本身的意義與形成的相位而定。以第一位美國女性太空人莎莉・瑞德（Sally Ride）為例。我不知道她出生的時間，所以無法給你看她的出生星盤，但是我知道她出生於一九五一年五月二十六日，那就足以讓我們知道，她的出生星盤上有一個太陽與火星的合相，位於雙子座前面的度數。

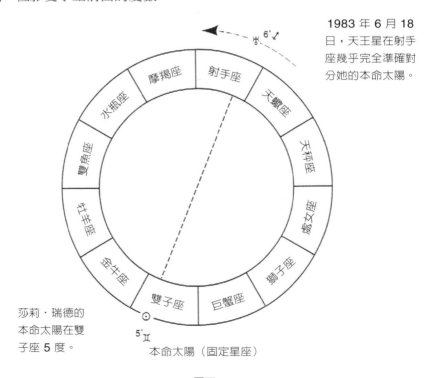

1983 年 6 月 18 日，天王星在射手座幾乎完全準確對分她的本命太陽。

莎莉・瑞德的本命太陽在雙子座 5 度。

本命太陽（固定星座）

圖三

　　沒有莎莉‧瑞德的出生時間，我們不知道這個合相發生在哪個宮位，但是我們可以確定，她生命的進化推力是圍繞著火星式的過程，透過面對可怕的環境來獲得勇氣。換句話說，**冒險**是她的強效藥。在雙子座裡的合相增加了這項事實的其他面向：她的冒險牽涉到高強度的心智專注力，讓她願意進入一個充滿驚嚇、意外，挑戰她對現實基本假設的環境裡。

　　沒有任何一位占星師可以在一九五一年時看著她的出生星盤，然後宣告她會乘坐太空梭，進入地球軌道，但是他們可以準確預知到會有類似冒險的活動，從而描繪出她出生星盤上的基本推進力，占星師當然可以預知在一九八三年的年中，也就是她展開歷史性飛行的那段期間，這些冒險活動會更強烈。

　　如何預知？因為那段期間，天王星行運經過射手座前面的度數。你可能會在睡覺中度過這個行運，你的伊莎貝爾阿姨可能會靜靜地在一旁織毛線，度過這段行運。但是對莎莉‧瑞德而言，天王星行運經過這些度數，就足以把她噴射進入軌道了。天王星對分她的本命太陽／火星合相，觸發這個合相顯現出來。天王星繞太陽一圈要八十四年，像這樣的行運發生的事件，一生就這麼一次，保證會帶來某種突破。

　　我們要如何準確了解行運？**第一步就是要調整自己的視角，聚焦在出生星盤上被行運刺激到的部分**，在這個例子裡，是本命太陽／火星合相在雙子座。第二步，我們要**掌握行運行星本身的意義**：這個符號的性格，運作方式通常是透過爆炸性且意外的事件去突破過去。第三步，我們會**吸收暫時與這些行星連結所產生的相位本質**。在這個例子中即是對分相，常常會在我們的外在環境帶來壓力與挑戰，在我們的內在世界產生緊繃與兩極對立。

　　這個行運真正的靈性意義，只有莎莉‧瑞德自己才能夠完全知道。我們只能從外觀看，並且推測這些事件在她內在世界產生的影響。我們知道在一八八三年夏天，她面臨個人成長中最重要的挑戰，她全力以赴，發揮了身為一個獨特之人的空前潛力。透過天王星的參與，這個簡單的事件使其潛力具體呈現。

　　天王星總是意味著不斷進化的個體性所面對的挑戰。這顆行星告訴我們更多事，我們知道莎莉‧瑞德在這場天王星行運過程中的敵人就是歷史本身。這個敵人以兩種形式展現，一是公眾的假設與她個人的目標相反，另一個是她自己對這些假設的內化。我們怎麼知道？天王星再次提點我們，這顆行星的行運總是表達出自我與社會、部落神話之間的緊繃關係。這個行運對第一位女太空人來說，意義很明顯：將一切歸咎於性別歧視比去深入探討來得容易。發生在她外在環境的這些挑戰，使她承受巨大壓力，這就是對分相展現出來的壓力。要成功回應這些挑戰，她就要將出生星盤的基礎預言，展示出在這些壓力條件之下，她所具有的機智、勇氣、快速反應，並且充分使用她的聰明才智。天王星行運影響了她本命盤上火星／太陽合相雙子的機警與堅定。

　　看一下一九五一年五月二十六日的星曆，那告訴我們，在莎莉‧瑞德開始這段人生的那一天，射手座前面度數裡沒有任何行星。然而，天王星行經天空的那個區域，為她創造出一個機會，為她的人生提供支持並定義她的個體性。即使在她的出生星盤上，天空的那個區域具體而言是空的，但是並非完全不重要。透過對分相的力量，射手座這些度數會連結到最重要的聚焦器——太陽。

　　其他的度數也與莎莉‧瑞德的太陽有連結，只是原因不同。雙魚座與

處女座的前幾度，與太陽的連結是四分相，透過摩擦可以釋放太陽的潛力。水瓶座與天秤座的前幾度，就會與位於雙子座前面度數的太陽有三分相，會產生強化或合諧的作用。牡羊座與獅子座則是透過六分相的相互影響去點燃太陽。當然，合相也很有威力，但是會更明顯，並創造出融合。加上「次級相位」，潛力較少，但並不是不重要。

請看下面的圖四，展示出所有太陽的主要觸發點。

太陽還只是其中一個占星元素。還有其他九顆行星，加上宮頭與更多抽象的數學點，比如月交點。就像太陽這樣，每顆行星都會從它在星盤上的位置，產生七個主要的相位點。行運通過這些點，可以點燃本命行星，就像它直接經過那顆行星一樣。

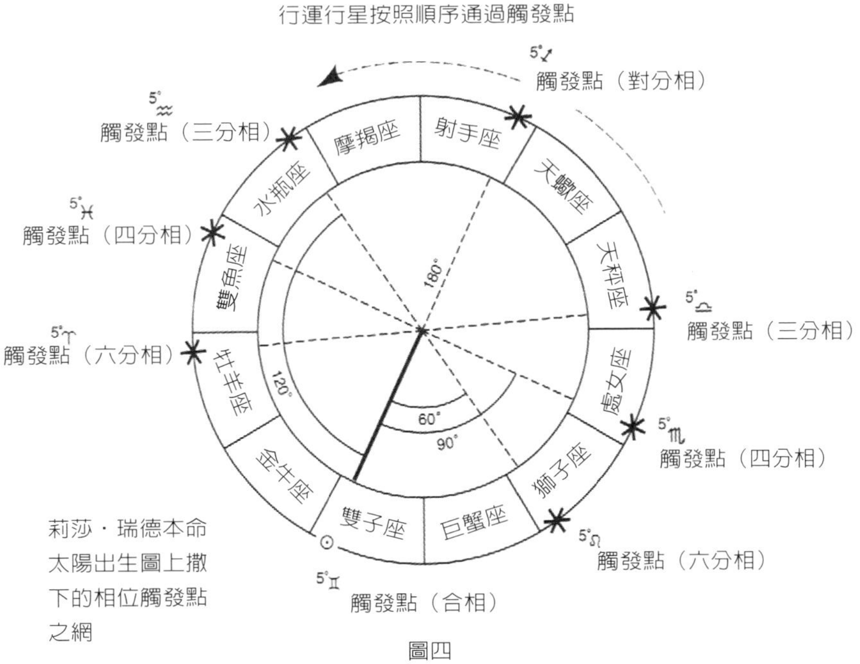

行運行星按照順序通過觸發點

5° ♐
觸發點（對分相）

5° ♒
觸發點（三分相）

5° ♓
觸發點（四分相）

5° ♈
觸發點（六分相）

5° ♎
觸發點（三分相）

5° ♏
觸發點（四分相）

5° ♐
觸發點（六分相）

摩羯座　射手座
水瓶座　　　天蠍座
雙魚座　　　　　天秤座
牡羊座　　　　　處女座
金牛座　　　獅子座
雙子座　巨蟹座

180°
120°
60°
90°

5° ♊
觸發點（合相）

☉

莉莎・瑞德本命太陽出生圖上撒下的相位觸發點之網

圖四

　　每顆本命行星都會在出生星盤上張開一張高度敏感性相位「觸發點」之網，每顆行星都等待著行運的行星來刺激並點燃它們。

　　看到這裡，如果你已經開始頭昏了，請撐住！有些程序可以讓我們遵循，幫助我們從那些較不重要的觸發點中，搜尋出真正重要的行運。而且並不是所有的觸發點都會在同一時間被觸及。觸發點比行星數量還多，所以並不是每個狀況都需要去理解這張網上的每一條線。

　　再者，行運的目的是要根據時間的變化來揭露出生星盤。就像我們無法同時處理在生活中每個問題發展的細微差別一樣，並不是每一個觸發點都可以同時被觸及。信不信由你，身為一個人，行運會使我們變得更簡單，而不是更複雜。

　　再者，我們的主要盟友，就是遵循順序去理解。即使在每一張出生星盤上，確實有數百個觸發點，但是只有十顆行星會行運經過這些點。大部分行運都是經過這張圖上比較不敏感的區域，可以放心地放在一邊不用管它。通常只會剩下一點點真正重要的行運需要去考慮。即使是這些行運，也一樣可以有條理的被梳理與理解。

　　並不是所有行運都同等重要，有一些代表著生命的血與骨，其他的則只是衣服。分辨出這種差異，可能比你想的還簡單。我們只需要弄懂行星移動的速度。

✳ 分辨慢與快

　　正如我們在本章一開始時學到的，太陽系旋轉木馬有一個很嚴格的法則，管理著行星的速度限制：**距離太陽越遠的行星，繞行的速度就越慢，**

絕無例外。越遠的行星在太空中移動的速度越慢，它們覆蓋的距離也大得多。結果很戲劇性，就像我們先前學過的，水星是最靠近太陽的行星，以每秒約三十英哩的速度穿越太空，以大約八十八天走完它小小的軌道。冥王星，在光譜的另一端，行進速度約只有水星的十分之一，要完成一圈那極為廣大的軌道區域，就要二百四十八年。

　　圍繞著出生星盤的行星旅程，也展示著很類似的速度範圍，但是稍微複雜一點，因為我們是從其中一匹移動的「小馬」（地球本身）來觀看，地球的移動速度大約是每秒十八英哩。

　　這一切都會順暢有序地移動。但是有個地方會卡住。金星繞太陽一圈要兩百二十五天，我們地球要三百六十五天，火星繞一圈則要六百八十七天。這麼一來，就出了個問題。

　　我們先跳到下一顆行星木星，會發現這顆行星繞太陽一圈要十二年，需要的時間增加很多。然後，數字就又恢復到合理的順序。土星繞太陽一圈要二十九年，天王星要八十四年，海王星要一百六十五年，最後冥王星則是兩百四十八年。換句話說，非常粗略地說，我們有一個倍數模式，在每一種情況中，都可以用粗略但清晰的方式來掌握，除了火星與木星之間的落差，軌道週期不是乘以二，而是乘以六。

　　兩者之間的段差，長久以來一直是個謎，現在我們有了解釋，那就是在火星與木星之間的空間裡，可以容納其他的東西，只是不是行星。我們發現了星際冰雹和數不盡數千顆小衛星，大部分都很小，但有一些大到足以被視為「迷你行星」，我們稱之為小行星（asteroids）。

　　比較大的幾個具有占星學上的重要性，但不是本書的主題。請參考狄

米特拉‧喬治所著的《四女神星：神化、心理與占星學中陰性能量的重現
——穀神星、灶神星、婚神星與智神星》（*Asteroid Goddesses: The
Mythology, Psychology and Astrology of the Re-emerging Feminine*）在更浪
漫的時期，這些小行星被視為行星爆炸後的殘餘碎片。這是個很有意思的
想法，不過，沒人有辦法精確描述出一顆行星會如何爆炸。目前的理論是
說，這些小行星是未曾存在過的行星，只是一些原料，被木星巨大的重力
拉扯旋轉，切成碎片，沒有機會合併。

即使小行星在占星學上的重要性並沒有像行星那麼寬廣，但是在了解
我們的行運上，它們還是扮演了重要的角色。它們代表著在內在的「地
球」行星與外在的「氣體巨人」（除了冥王星之外）之間的邊界，在占星
學上，主要的一個區別方式是速度，這會引導我們來到預測占星一個最基
本的法則。

一顆行星的速度越慢，行運的時間就會越長，較長時間的行運必須為
個人建立起意義的深度與複雜度，因而具有更終極的重要性。

行運水星可能會四分你的本命金星幾天，也許星期一進入相位，星期
六就離開了。這個行運或許有意義，但是能有多重要？一個人徹頭徹尾的
改變，或是對於生命的根本理解，很少是突然冒出來的。它們可能會在
「瞬間」襲來，但是如果我們仔細檢視這件事，通常都會看到經歷數個月
或數年在建立一些東西，使我們朝向這些改變或理解，而以數年數月來計
算，確實就是這些外行星的步調。它們建立關鍵課題的基調，引起我們的
注意，創造出所謂的「生命篇章」。

相較於行運速度緩慢的木星、土星、天王星、海王星與冥王星，速度
較快的行星所帶來的影響，不過是一些小小的勝利與無謂的小煩惱。真相

會更複雜一些，不過，掌握這些概念，在我們理解預測技術的路上，會創造出秩序。即使我們無法永遠把速度快的行星拋諸腦後，但是我們實際的第一步，就是暫時忽略它們。

行運速度較慢的外行星，建立起意義、環境以及個人長期發展的時期。忽視太陽、月亮、水星、金星與火星這些行運的建議，是否代表我們會失去重要的每日細節呢？不全然是。內行星在行運理論裡扮演著中心角色，只不過它們的角色不同於外行星。我們不能忽視內行星，這是不行的。它們確實有自己的意義，它們的本質並非「次要」或忘記也沒關係。它們的速度可能無法像外行星那樣產生長期的主題，但是它們扮演另一種更多采多姿的角色。它們協助決定那些長期的主題會在什麼時候，從可能性的世界衝出來，撞進事件的世界。

產生主題的外行星，會創造出一個可能性的大場域。移動快速的內行星則會觸發這些場域產生行動。

外行星通常會在重要相位的軌道上停留好幾個月。木星是外行星中最快的一個，有時候經過一個相位，只會停留幾週。冥王星則是最慢的行星，可以停留在一個敏感區域長達三、四年。所有的外行星都會因為逆行而重複經過一個觸發點好幾次，延長它們停留的時間。透過整個緩慢的行運時期產生的影響，個體會逐漸將某些新的智慧、觀點或技巧整合到自己的個性裡，至少有機會整合。但是這類步驟通常需要「行運儀式」將之整合到個人覺知之中。這些「行運儀式」常常採取事件的形式，以某種獨特的行動，展現整個時期的重要性。要訂出這些事件的時間點，以及描述如何成功使用這些事件，就要轉向去看內在行星的行運。內行星之於外行星，以電影產業來比喻，就像導演之於製片。他們處理實際的產品創造，

外行星則負責定義與提出需求。

　　舉例來說，水星行運與莎莉・瑞德的本命太陽／火星合相那天，太空梭升空。它就像觸發器，融合（合相）了她基本的身分認同、強化的智力、警覺以及適應性（水星）。同樣的行運在過去也觸及過她很多次，通常都只是帶來比較聰明機智的幾天而已。在一九八三年六月十八日，它肩負著更深的目的。為什麼？因為在那一天，水星觸發了比它本身更深的東西，也就是天王星的長時間行運，同樣的邏輯適用於分析在小大角潰敗的卡斯特將軍。土星行運四分他的太陽月亮，建立起他這個人生篇章的基本主題。火星就像是觸發器，指出特定的那幾天，是在一個較大的循環中，一個重要的「行運儀式」。就他來講，是有點太重大了。

什麼是逆行？

　　閉上你的左眼，伸長手臂，伸出你的食指。張開左眼，然後閉上右眼。會發生什麼事？你的手指看起來似乎往右邊跳了。雙眼交換眨眼，手指就會前後擺盪。現在，把你的手指慢慢往右邊飄移，現在又會發生什麼事？基本上會發生一樣的事情。當你眨眼睛時，手指最明顯的移動，還是它的擺盪。會往右走一英吋，然後又退回四分之三英吋，然後再前進一英吋，反覆進行，漸漸朝向右邊前進。

　　行星的運行也是相同的方式。地球要花六個月從軌道的這一邊走到另一邊，這段期間，冥王星實際上的位置變化不超過一度。但是我們看到的可不是這樣，冥王星看起來前進的速度比我們看到的還快，但是接下來的六個月，卻倒退的比前進還多。就好像軌道的一邊是我們的左眼，另一邊

是我們的右眼。我們對著緩慢移動的外行星眨眼睛，明顯的擺盪重疊在它們實際的移動上，這些擺盪與行星本身沒有任何直接關係。

當我們自己的移動，使行星表現出往後退的樣子，我們就會說這顆行星是在逆行。當它們的動作表現出正常的樣子，我們就會說是順行。當它們靜止不動，即將轉向逆行或順行時，我們稱之為停滯。

一個人的出生星盤上有逆行行星，代表在正常狀況下，往外流動的行星能量有一部分反過來流動。它象徵的心理功能會變得比較**內在化**與**個人化**，沉入自己的特質中，而偶爾輕率地對外表達，則會付出代價。行運的逆行也是類似的道理。**行運逆行期間常代表一段相對安靜的成長過程，這段期間的突破與發展主要都是呈現在內在態度上，常會剛好遇到一段重新評估與反思的時期。**

當一顆行星行運經過一個觸發點，轉為逆行時，其所象徵的發展過程，會傾向於轉向內在，與外在事件無關。

實務上這條原則有例外。這條原則確實代表著一種傾向，但並非一成不變。內在產生的變化很少不涉及某些外在的、可見的影響。就像外在發生的事情，極少不會以某種方式觸動內在。

在逆行行運的同時，我們還必須考慮其他同時發生的行運。火星可能觸發了某個人七宮宮頭，當土星正逆行與星盤主人本命金星合相的時候。土星行運速度慢，觸發他以現實的角度評估（土星）他的關係狀態（金星），並且在逆行期間，這項評估大多傾向於私人且主觀。火星進入婚姻宮，以一種外在的、可見的方式，火上加油。事件似乎接管一切，即使他主觀感覺「還沒準備好」、「事情進展太快」，還是會逼他出手。人生有

時候就是這樣，行運也是如此。逆行行星不想露面，還沒站好立場，但是其他行星會要求它出來表達立場。

在了解行運上，**停滯**也扮演了一個角色。當行星停滯，即將轉向逆行或順行，事件傾向於陷入困境，這樣的行運常常代表著「潮流轉向」。在出生星盤上的停滯行星，代表著一種特別有力量，以及可能特別頑固的個性面向，行運行星發生停滯，通常代表著這齣發展劇會有更強烈的劇情。

在我們把行運理論編織進連貫的整體前，需要掌握更多通則。最後一個概念則是相當明顯的例子，必須理解相位的容許度，相位在容許度這個大區間裡運作。參考前面的圖三，莎莉‧瑞德的本命太陽，在五宮雙子座五度，當太空梭發射的時候，行運天王星在射手座六度，只超過完美對分相一點點，但還是近到足以讓它發揮效力。事實上，天王星有可能離開精確觸發點很多度之後，還會有影響力。在行運中，沒有「按下開關」或「關閉開關」，就像人生中大部分的過程，行運是一種漸進式、流動的感覺，它們緩緩地建立，然後逐漸消失，就像漫長的夏日傍晚。

通則如下：

行運的相位越精確，它的影響力就越強。

容許度絕對不會被定義為分秒不差的正確度數，若試圖這麼做，就很像是我們嘗試要精確的定義「現代時期」開始的日期或「我長大的那一天」。

以經驗法則來說，當任何一顆速度較快的行星進入行運相位，距離觸發點約六度的時候，就要考慮它的影響力。速度較慢的外行星，四度的容

許度比較剛好。如果有人跟你爭辯，認為容許度要更大或是更小，請微笑以對，然後走開。他們也是對的，這個問題端看我們要把界線畫在哪裡而已。

行運通常都很複雜，我個人喜歡設定比較緊密的容許度，將自己限定在那些最重要、最有壓力的行星配置上。換句話說，我是撒下一張大網眼的網子，我用這個方式，只抓大魚。如果你要品嘗小魚，那你就把容許度設寬一點。

我們到目前為止學到了些什麼？把所有學到的整合起來，是這本書後面一點的主題。現在，我們還要把基本的象徵符號線頭解開，編織進天空的變化之中。我們有了一張出生星盤，首先，在我們嘗試寫出一個句子之前，要先學會詞彙。不用擔心要如何在實務上運用這一切，你很快就會有足以應用的材料。現在讓我們快速回顧一下，在特定的行運活動中那些高峰與低谷。

土星接近一個觸發點，當它距離約六度時，開始感受到土星的影響力，隨著容許度縮小，徹底建立起影響力。事件開始發生，透過較快速行星的行運，點燃各種行運儀式，釐清那段時期的意義。行運相位接近準確度數，然後，隨著土星繼續前進，影響力漸漸減弱。

一場危機過去了。也許這就是結束。但是土星現在慢慢停下來，產生停滯，即將轉向逆行。再一次，某種危機來到，問題更大。土星逆行，不管這個人心裡在想什麼，都會傾向於有段時間變得更安靜、更主觀，他在「爭取時間」——至少他努力這麼做。

快速行星觸發帶來的影響，持續點燃事件，但是現在他更猶豫不決，

在新的心理領域對自己有些不確定。環境可能會讓他感到壓力，但是他此刻的態度是更安靜且被動反思。延遲策略吸引著他，通常這也是此刻的最佳策略。然後，相位再度來到準確位置，另一個高峰來到，但是此刻這個高峰主要聚焦在他的內在世界。逆行持續，帶著土星漸漸消失的影響力，直到另一個停滯來到，當行星再度移動到準確的觸發點時，事件的速度會加快，主動而向外，快速朝向最後的爆發與高潮。

這是一張清晰的照片，可能比人生任何時刻更清晰。它仍然是一個準則，使我們了解典型外行星行運的大致輪廓。雖然速度快的行星，產生的火花會遮蔽外行星的行運效果，但是大部分都符合這個模式，也會有其他因素參與其中。

例如，你可能有個海王星行運與土星行運同時發生，這顆帶環行星各個階段會發生輕微的高峰與低谷。最後，就純粹是人為因素了。

有時基於某些原因，我們永遠無法用占星學去探查一個人，特別是「準備好」要學習某個行運功課的人。一般來講，這樣的人會快速而果斷的採取反應，會在相關外在事件一發生就去面對。

反之，若一個人極端抗拒行運的訊息，延遲真實的發展直到最後，或是可能永遠無法真正吸收這些訊息，那麼他們會在許多噪音與靜電中虛度這段行運，完全錯過時機點。這個面向純粹是個人性的，無法預知或是以占星的方式去理解。再說一次，我們不是機器，我們是人。

行運結束後

　　行運結束後會怎樣？接下來呢？這是個重要的問題，在傳統的占星書裡常被忽略。我們很容易會以為，當行運行星離開了相位的容許度之後，它的影響就結束了。事實上，這些影響才剛開始。一顆行星也許停止影響出生星盤一陣子，但是它經過觸發點的行運，會永遠跟著我們。**如果面對行運所帶來的課題，我們給出堅強、自我覺察的反應，那麼我們內在的某些東西就會永遠改變。**我們與行運剛開始時已經不同了，這些新的理解與技巧會一直跟著我們。

　　閱讀這些文字對你來講毫不費力。你甚至根本處於無意識地閱讀。你的注意力放在概念本身，而不是概念被傳達的方式。事情可不是一直如此容易，多年以前的人，要獲得閱讀技術，必須投入相當大的心力。即使是要能夠閱讀，也是建立在更大的努力之上，你還是要花上生命中的最初十年來掌握語言的雛形。這一切的奮鬥努力，現在都自然而然地跟隨著你。於是，概念很理所當然地成為每個識字成人本質上的一部分。這就是行運運作的方式。

　　當一個人對行運作出正向回應時，這些新的力量與洞見，就會永遠潛藏在人格之中，當環境需要的時候，就可以毫不費力地自動啟動。

　　如果在行運的理論中沒有堅守這條原則，那麼整個過程就都是空泛無用。我們就會像是乒乓球似的存在，受到隨機與非個人的占星力量推動。但是生命是一種進化的過程，透過記憶的媒介，我們的本質每分每秒都在轉化，總是朝向更有知識、更覺知的方向前進。就好像結婚或開始一項專業，行運代表一個事件。就像任何事件的後果，我們**記**得這些事件。我們

不只是回想起外在細節這些明顯的方式，更是以一種更深刻的方式去記憶，也就是因為這些經驗而發生改變。

　　讓我們允許行運來教導我們，如何在我們自己裡面創造有意義的、持續的改變。我們不需要把自己限制在短暫的預言裡，我們可以變成永恆的建築師。

第四章

行運 II：老師與騙徒

就如我們在《內在的天空》裡學到的，太陽、月亮與眾行星，代表心理功能，就像佛洛伊德發展出來的自我－本我－超我模型，它們代表一條普世的道路地圖，在人類的心智裡運作，任何人都適用。主要的不同是，占星模型比佛洛伊德的模型更加精確。他看見的心智分成三個「車廂」，但是占星師則看到十個。

我們可以舉個例子，當我們好奇某位女士如何表達出她的自信與領域意識，我們會立刻去看她的火星——具有侵略功能的行星符號。它在哪個星座？在哪一宮？它有哪些相位？火星如何與她整張星盤的調性搭配？很快地，一張圖象就浮現出來了。火星在牡羊座，這位「戰爭之神」（她的自信獨斷功能）受到戰士星座的激勵，變得滾燙。但是位於她的四宮，被土星與月亮對分，因此，這位戰士被隱藏起來且受到控制。

現在，將我們的焦點擴大。圖上其他的部分呢？她二宮雙魚，上升點是魔羯座，對於火熱的火星來說，這是個陌生的框架。模式出現了，她擁有銳利刀鋒，但是她把刀放在絲綢刀鞘裡。她的火焰已燒到白熱化，但是悶在裡面，刀沒有出鞘。

　　這位女士的火星活動力很強，就像其他有生命力的東西一樣，可以改變與成長。我們無法知道她會怎麼拆解她眼前這顆紅色行星的謎題，但是我們可能可以為她描述出，當她處於健康快樂的狀態時火星會如何運作，並且警告她，當她糾結時，火星會有更多陰影的表現。

　　這些洞見可能對她人生的任何一個時機點都有幫助。為什麼？因為我們談的是她的生出圖，在出生星盤中的行星，終其一生都會在她的星盤上持續相同的動力。我們對這些行星的反應有可能會變成熟，但是基本的課題：策略、資源、陰影……會從我們呼進第一口氣，一直持續到嚥下最後一口氣。

　　在行運裡，所有行星都會變化。我們使用相同的行星，這些行星也還是代表著相同的關鍵概念，不同的是我們的焦點。

　　我們從一般解釋轉向特定解釋，從抽象描述轉移到對當下的描述，從觀察整個人生，轉而觀察行運的那幾天、幾分與幾秒。如果在出生星盤上的行星像是一位丈夫或妻子，那麼行運的行星則是震撼我們的情人，震撼完後就繼續往前走。情人也許會賦予我們關於生命的某些東西，可能留給我們一些憤怒的傷疤。不管是什麼，情人就是走了，我們從經驗中收穫的不管是智慧還是未了之情，都是我們自己的事。

　　將行運的行星擬人化，把它們想成情人或老師，對我而言是很有效的策略。也許，古代希臘羅馬人稱呼這些行星為「神」，並非那麼遙不可及。就某種程度而言，每顆行星確實都有一種個性，有時就像我們自己，這些行星「亦正亦邪」。行運的行星會以它們的哪一面特質來碰觸我們？那就要看我們自己了。

木星老師

軌道週期：十二年。

禮物：有能力想像新的可能性，抓住機會以及未來的潛力。

挑戰：你是否能夠認出比過去所知更好的某些東西？這些嶄新又正面的事物，此刻觸手可及，但你能否找到方法去掌握它？

　　向外擴展，邁向未來——當木星行運經過出生星盤上的觸發點時，這確實是木星的精神。對中世紀占星師而言，木星是「偉大的吉星」，他們傾向於視其行運為最鼓舞人心的光。當我們以**騙徒**的角度來演繹木星時，會看見事實更加微妙。不過，這顆行星確實把機會拿到我們門口，問題在於我們能否認得出它？要獲得木星行運的所有好處，我們必須由**想像力**來引導，某些新的機會就在我們身邊，但是到底在哪裡？改變了什麼？我們又是如何低估了自己？當木星抵達一個觸發點，我們性格中的某些面向（也就是由行星、宮位、星座與相位所描述出的自我），透過希望、幸運、自信的湧入，來到了療癒與重生的時刻。

　　這場療癒也許會採取**危機**的形式，而老派占星師常常會忽略這點。破產、分手、嚴父嚴母的死亡……我看過這些狀況發生在「幸運」木星行運時期。好運的面貌，有時看起來良善，有時看起來兇暴。不管它用何種面目出現，學著去認出它，去抓住它給予的禮物，無論如何木星還是會帶來禮物。這就是木星扮演**老師**身分的方式。

　　對愛因斯坦來說，希特勒的反猶太主義如芒刺在背，前途顯然不妙，他抓住機會逃離德國，前往美國，此時木星行運對分他本命太陽。在木星行運合相本命太陽的時候，尤比・布萊克（Eubie Blake），著名的拉格泰

姆鋼琴家與作曲家,在一九一四年的美國,抓住種族主義牆上的一道裂縫,成功出版了他的第一本音樂作品。在行運木星對分本命太陽時,泰德・透納(Ted Turner)在最近發射的 SATCOM 通信衛星上,看到了新的、未曾有人涉足的可能性,創造非凡成功的國際有線電視網。以上每一個人都讓木星展現了老師的那一面,使他們的人生進入新的可能性領域。但是它並非必然如此。木星還有另一張臉,那是我們永遠都不想遇到的。

木星騙徒

陷阱:引誘我們沉浸在浮華、過度自信、自大或尚未完成的成功所營造出的溫暖感受中,使我們陷入懶散與愚昧。

謊言:別擔心,船到橋頭自然直。

　　木星騙徒不是用突如其來的噩耗或不幸來攻擊,而是用我們自己的小我創造出來的內在敵人來攻擊,然後,我們會為自己創造出噩耗與不幸。在木星行運期間,我們可能會感到很幸運,有可能我們真的很幸運,但是可能沒有感覺到的那麼幸運。我們開始鬆懈,沒注意細節,然後就可能遇上麻煩。我們可能會落入「所有閃閃發光的都不是黃金」這樣的劇本裡。霸道、浮華、囂張、低估對手……如果我們聽信木星的謊言,就可能有這些表現。這就好像某個獄卒不小心把鑰匙掉在地牢門口。我們這時候該做的事情就是:伸出手,抓住鑰匙,打開門鎖逃走。但是我們決定享受這個片刻,我們把準備小憩片刻(就像現在)存起來的一片巧克力拿出來,讓我們看著那些鑰匙幾分鐘,我們要慢慢吸吮這片巧克力的美好,不需要急。

　　約翰・德羅寧(John DeLorean)廣為人知的卡可因事件就發生在行

運木星合相他本命土星時期。他的過度自信（木星）遇到了現實（土星）。往上回溯幾個世紀，當查理大帝的後衛不知所措，在龍塞斯瓦耶斯（Roncesvalles）遭到巴斯克人殺害（後來，在著名的羅蘭之歌中被神話化為摩爾人）。木星騙徒忙得很，四分他本命的天王星。過度自信（木星）在他的自由與個體性中（天王星）創造出危機（四分相）。當木星合相本命木星時，亨利‧大衛‧梭羅（Henry David Thoreau）向艾倫‧蘇瓦（Ellen Sewell）求婚被拒，也是過度自信的例子。

　　不管是老師還是騙徒，木星都會給我們的生活帶來有力的影響。要記住，以上沒有任何一個相位或星座會讓木星成為老師，而是我們自己願意正向思考，不讓正向被滲透為自大與驕傲，才能使木星成為老師。

土星老師

軌道週期：二十九年。
禮物：有能力看清楚現實，有效率且有決心地回應現實。
挑戰：是否能把妄想或恐懼的想法放在一邊，以紀律、耐心與實際的策略回應具體問題？有需要的話，你是否能獨立完成？

　　土星時期一般會被傳統占星師當作可怕的事情。我必須承認，當我在自己的人生裡看到土星來到時，有時我也希望自己如果是別人該有多好。但是，只要好好反省就會發現，那些來自土星的拜訪，可能會比其他行星的行運更能使我們有所收穫。在它們被喚醒的期間所留下的禮物，常常是安靜且珍貴的，例如成熟、尊嚴與自尊。不管我們內在成長與學習了多少，總會來到某個時間點，要將那些內在的成長轉換成**具體而外在的條件**，這就是土星行運在做的事情。**土星是現實的行星，不太與我們的感受**

有關，比較與我們實際上必須做什麼有關。土星的行運總是召喚我們在真實世界採取行動。

土星行運的古典稱呼是「父親時期」，它的行運總是與潛在的成熟主題有關。土星的碰觸，指出一段「長大」的時期，調整到它在生命週期中的位置，「放棄孩子氣的事物」。當土星接近一個觸發點，第一個要想的是，它碰觸到你的哪一個部分（換句話說，即你的哪個本命行星）。然後去想：在我生命的這個部分，有哪些行為浪費我很多時間，即使我心裡明明知道那些行為太幼稚了？暫時忘記那些懷舊、傷感與自我懷疑，為你自己籌畫一個現實、有效的行為改變計畫，即使沒人會衝到你身邊來恭喜你，也要堅定執行這個計畫。一座山在你眼前，攀爬這座山會使你精疲力盡，但是不去攀爬，則會把你卡在過時、幼稚的原地。

凱薩・查維斯（Cesar Chavez）是加州農民工著名的五年「葡萄罷工」領導者，他看到憤怒與放棄的現實，威脅著要推翻他非暴力的理想，他受到甘地啟發，持續絕食二十五天，成功重新鼓舞了他的追隨者。

此時土星行運正與他的太陽合相，增強的自律意識（土星）融合了他的自我形象（太陽）。德蕾莎修女（Mother Teresa），最廣為人知的就是她在加爾各答的窮人之間的工作，當土星行運經過她的金星時，她接收到啟示，必須離開修道院，讓基督之愛的金星理想實現。而當土星行運經過神祕製造機冥王星時，喬治盧卡斯（George Lucas）將他對神話與寓言那份不可思議的感覺，結晶成形，發行了他的史詩級電影《星際大戰》（*Star Wars*），在無意識的層面影響了一整個世代。

土星騙徒

陷阱：當現實看起來似乎在跟我們對著幹時，會引誘我們陷入失望與挫折之中。

謊言：你無法贏。

　　土星騙徒可能是所有行星敵人中最難纏的一個。它建立起一座一英里高的牆，擋在我們的人生之路上，讓我們充滿了無能為力與自憐的感覺。我們瞪著這座高牆，說服自己，認為自己永遠會卡在這裡跨不過去。當我們被土星騙徒抓住時，我們常常會忘記，那座牆很高，但並不寬。我們可以繞過它，只要我們改變路線去適應正在變化的環境。

　　我們內在某些部分要改變，外在則不用。成熟的路線改變是需要的，但也會令人卻步。土星總是會安排某些與現實的碰撞，不管它是老師還是騙徒。騙徒的策略會依賴我們的固執、僵化，使我們壓抑且失去活力，因而掉入狹窄、悲傷的主觀想法，搶走那些有效面對現實所需的能量。土星騙徒很大程度依賴於這個事實：一開始，那些真正的改變總讓我們感覺起來很不自然，它用這種感覺讓我們偏離正軌。它的黑暗藝術就在於欺騙我們，讓我們相信自己已經窮途末路，轉移我們的注意力，讓我們忘記自己其實應該展開翅膀，專注於學習飛行。

　　卡斯特將軍面對現實時的僵化，是第三章後半段的主題。他在小大角發生的潰敗，正遇到土星四分他本命的太陽與月亮。查理大帝在龍塞斯耶維斯的損失，發生在土星四分天王星，更複雜的是，同時可以看到行運木星也四分了本命天王星。當查理・曼森（Charles Manson）的追隨者謀殺沙朗・泰特（Sharon Tate）時，他的土星正經過他本命上升點，他創造出

來的現實，失去控制，並且很快地墜毀。當土星行運與托馬斯・伊格頓（Thomas Eagleton）的木星合相時，他退出了副總統候選人的資格。土星騙徒是否暫時奪走了他的擴展、自信與對未來的希望（木星）呢？我們不能確定，但那當然是我們針對他人生那段困難時期，會給予他的警告。

天王星老師

軌道週期：八十四年。

禮物：從家族、朋友與社群對我們的渴望與幻想中，分辨出自己個體性的能力。

挑戰：面對譴責與拒絕以及面對任何你可能不經意內化的社會習俗時，你能不能為了做自己的權利，去對抗「必須與大家一樣」的壓力？

在某些傳統裡，會將天王星視為主管行星。我認為這是很正確的，占星與天王星都有一個共同的目標：將我們從任何使我們受限，不讓我們完整且健康表達自己的天性中釋放出來，使我們獲得自由。

社會，是來自他人對我們施加的壓力，是個大罪人。從我們出生那一刻起，「如何做一個人」的指示就將我們包圍起來。什麼是成功？什麼是失敗？你與陌生人的眼神接觸應該要多久？你應該站離他多遠？一個接一個的指示，直到生活中的每一個微細之處，都碰巧與我們原生的部族社會氣味相投為止。但若是極端地宣稱所有指示都有害，那又太愚蠢了。文化是一種祝福，我們要對文化心存感激。但是某些教條對我們來說是有違自然的，如果想要幸福，就必須清除這類教條。這種清除，就是天王星行運所需要的轉化本質。

掌握天王星行運的祕密，就在於了解即使天王星常常在我們與周遭人的關係裡產生某些火花，但這些火花是次要的。

那些對我們的虛假描述如何在我們的心智中獲得力量，這才是我們該關注的重點。

天王星提供我們自由，逐步地、一場戰鬥接著一場戰鬥，一個一個地實現。天王星象徵的改變多於其他任何行星。天王星老師最怕的敵人就是改變的對立面：習慣。一切都與我們所說的相反，我們內在有某些東西恨惡改變。我們對此感到困窘，因為我們對自己的習慣模式是如此的上癮。想像你正調侃著一個交往很久的朋友，她很愛謀殺推理故事，你發誓你自己絕對不會浪費時間去看這種書。有一天，你在等公車，你發現自己沉迷在一本叫做《瘦子》（*The Thin Man*）的推理小說裡。你會多快向你的朋友承認這件事情？這只是一件愚蠢小事，但是如果她來找你，你會把書放在臥室，放在視線不可及之處，為什麼？避免尷尬，你不想被當場抓到與自己過去的言行不一。抓出歷史與文化的影響當然是天王星的流程，但是就如一直以來一樣，我們常常會比較快認出外在敵人，而非內在敵人。我們對現狀上癮，並且自豪於可以保持現狀，這就是內在的敵人，如果我們想要天王星當我們的老師，就必須認出它，打敗它。

凱薩・薩維斯給了我們一個很好的例子，他面對特別沉重的社會壓力，為他的個體性起而奮戰。當行運天王星與他的本命太陽對分時，他在加州因某些商用農業利益以及他組織聯合工會的活動，使他必須面對企圖反抗他的人所籌畫的暗殺行動。

在前一章裡，我們看到同樣的行運，為莎莉・瑞德展現出怎樣的個人突破，透過她，一個象徵性的突破，反抗了根深蒂固女性氣質的文化觀

念。吉米‧卡特，在他當選總統以前，就在他喬治亞州普雷恩斯市
（Plains, Georgia）的教堂裡，對會眾慷慨陳詞贊成接納黑人。在一九六
五年夏天，在那個南方鄉下，這種見解總是得不到好評。是什麼觸發他要
突破部族傳統？正是行運天王星正與他的本命太陽合相。

天王星騙徒

陷阱：服從群體的誘惑，因為這麼做既務實，報酬率也高。也因為根本沒
有其他選擇。
謊言：你無法對抗政府。

　　掉入天王星騙徒的陷阱，會對一個人的人生產生災難性的影響。由於
這顆行星的軌道週期是八十四年，因此它的行運就真的是一生只有一次的
機會。如果我們錯過，它就永遠離開了。我們遊走在整個人生之中，活出
我們做出的那些決定帶來的結果。就好像我們走在一座長長的大廳裡，無
法改變我們的路線。

　　我們決定要有個小孩，很自然的，就會啟動未來二十年的親職工作。
我們拿到電機工程畢業證書，自然就很難拿到心理諮商師的工作。但是當
天王星來到觸發點，它的訊號顯示，我們已經來到大廳的最後面了，我們
是自由的，準備好要進入一個都是門的房間。如果觸發點真的是個重要的
位置，比如說，合相上升點之類的，我們受到的挑戰是去重新塑造自己。
為什麼？因為我們生活的老舊形式已經耗盡，沒有用了，我們準備好把這
幾年拋諸腦後，充滿熱情且具有創造性地進入生命的新面向。

　　如果成功，我們將會容光煥發。但是如果我們因為其他人抗拒我們改

變，或是因爲我們的恐懼而凍結這個過程，那麼我們就會卡在過去，過著與眞實自我毫不相干的生活。

喜劇演員李察・普瑞爾（Richard Pryor）在早期的生涯中嘗試讓他的表演框限在有禮貌的範圍，因爲那是社會的要求。他本質是草根粗鄙的，但是有一陣子，他讓天王星騙徒說服他，說他沒有選擇，只能照規則做。在一九六七年，緊繃來到最高點。他當時正在拉斯維加斯的阿拉丁飯店（Aladdin Hotel）做爲期十七天的表演，這段期間，他不知不覺開始用更符合他本質的風格表演，於是他因爲「猥褻」而當場遭到開除。行運天王星（他眞實的個體性）正對分（緊繃、危機）他的上升點（外表）。雖然這段軼事標示出對他而言的創意性突破，但他個人一定感到相當懊惱。

就占星的角度而言，我們的提問一定會是：他一開始在拉斯維加斯表演什麼？他能不能以更和諧的方式來採取這一步？在別人眼中的李察・普瑞爾與他眞正要成爲的樣子之間，這些戲劇性的、痛苦的衝突，使我們看見天王星騙徒毫不失誤的手。

海王星老師

軌道週期：一百六十五年。

禮物：面對人生這場戲，體驗寧靜、啓發、超越的能力，接收想像力的能力。

挑戰：你能夠有意識地進入意識轉換的狀態嗎？是否能對所謂的神或更深的自我開放你的覺察？

談海王星行運時，很難避開神祕語言。一般而言，這是一段做夢期，

當我們經歷這個行運時，夢境栩栩如生，回顧時，我們常常很難描述，甚至難以憶起。人類的精神廣闊深邃，比腦袋裡攜帶的「人格」版本更加複雜。我們擁有的深刻根源，將我們與神祕的領域連結。夢在哪裡浮現？藝術的啓發來自哪裡？靈光一閃又是怎麼回事？這些不知來自何處的經驗，帶給我們活力，使我們煥然一新，而且常是以一種我們無法用邏輯來理解的方式出現。

當海王星碰觸到觸發點，就好像在隱藏的心理領域中升起一個訊號，告訴我們，外在的人格已經變得太僵硬、太自我中心，太過於相信自己的正當性。內在與外在已經解離，我們盲目而機械化地追求那些越來越缺乏真實感或靈性相關的經驗，心靈岌岌可危。在溝通路線遭到外在世界拉扯到突然斷裂之前，內在世界正在嘗試著重新建立溝通線路。

當海王星接近觸發點時，首先要採取什麼行動？先丟開採取行動的想法，放輕鬆就好。就算我們可能感到焦躁不安，也不需要做任何事情。「做」，事實上很妨礙海王星老師正嘗試突破的行動。我們要做的就只是去感覺，去「與自己調頻」。

承認我們對自己的人生需要「夢想」，我們遺失的夢想。當海王星敲出一個和弦，要記住：你就是問題。你內在某種珍貴的東西已經脫離了真實生活。同時，你的外在自我還會繼續開心地生活，試圖假裝那些老舊模式依然行得通。請聆聽心靈深處的聲音，允許那聲音引導你，想像、做夢、流動。

不管問題的本質是什麼，解答會來自於人格之外，來自於深層自我中產生的靈光一閃。解答只有在你停止用那種老舊陳腐的方式描述你自己，並且願意聆聽時才會產生。

　　那麼我們該怎麼做？我們可以冥想，花時間獨處、深度沉思、呈現接受性的心智狀態。我們允許深處自我透過藝術與幻想去玩耍或表達自己。也許我們會去找個心理諮商師。也許我們會對占星或其他象徵系統產生興趣，讓我們的無意識對我們說話。我們要避免思想的記憶循環，嚴格剷除掉所有個人的老套與確定性。為什麼？因為如果我們要在瓶子裡裝新酒，就一定要先把舊的酒倒空。我們無法創造奇蹟，但是至少可以騰出空間來讓奇蹟發生。

　　一九六八年，佩姬‧弗萊明（Peggy Fleming）獲得花式溜冰的奧運金牌時，她以超自然的海王星式優雅風靡全世界。海王星純粹的啟發，透過她流動進入這個世界，當時海王星行運正經過她的上升點（外在形象；風格）。當海王星三分邁爾斯‧戴維斯的太陽時，他開始在紐約展開他作為爵士音樂人的生涯。啟發（海王星）強化了（三分）他的自我形象（太陽）。另一個人的方式，則是確保自己有一些可以冥想的安靜時刻：當海王星與他本命的太陽合相時，索爾‧海達爾（Thor Heyerdahl）乘坐他聞名的木筏康堤基號（Kon Tiki），漂浮在太平洋上一千天。古代的「海神」，通常隱喻指稱為「意識之海」，現在透過海王星與太陽的合相，成為他身分認同的一部分。

海王星騙徒

陷阱：引誘人用迷人的謊言欺騙或消耗自己。引誘人採取自我毀滅的逃脫模式。

謊言：說不定你明天就會死，那麼今朝有酒今朝醉，享樂吧！

　　海王星騙徒是個精明而陰險的敵人，會與我們性格中隨便一個弱點共

鳴。好似一位巧妙的柔道大師等著我們移動，然後有效率地借力使力，反過來對抗我們，他自己一滴汗都沒流。

它利用我們深埋在心裡的願望與恐懼，我們學會把那些不理性的情緒深埋於內，直到海王星觸及我們人生中某個觸發點為止。如果我們夠聰明，能夠避開騙徒，那麼此時，就要用新的方式讓這些情緒滾動起來，重新吸收這些情緒，然後讓外在人格跟上我們內心深處已作好的準備。當然這只是個理論，騙徒有別的計畫。

它知道這些情感之前不曾面對過現實，它們不知道能做什麼，天真而不成熟……並且相當飢渴。海王星潛伏在那裡等待，就好像老練的娼妓等著一整船學生到來。

哄抬——這是騙徒最愛的武器。它很愛誇大我們的需要與恐懼，找出一個事實，然後扭曲這個事實，把它變成最令人信服且具破壞性的謊言。它深愛誘惑的魔咒，使人對最俗氣的物品與選項充滿渴望，魅惑我們落入愚蠢與浪費。當海王星來到出生星盤上的觸發點時，在你採取行動前，請窮盡一切努力考量現實。當你有一個「奇幻的想法」，請冷靜個三天，然後再想一次。海王星行運對反省時期比對行動時期有用。騙徒的目標則是要我們忘記這個關鍵。它最愛我們濫用酒精與藥物，因為這些東西很容易讓我們塞滿非理性的熱情。同理，它也喜歡自我毀滅式的情緒與性方面的糾葛。

它每次都會拿出來用的另一個武器是驕傲。一旦我們對自己的自我發展出非理性的狂熱，我們就逃不出騙徒的手掌心。

尤比・布萊克（Eubie Blake）十五歲時在一間妓院裡彈鋼琴。處在這

些「迷人的誘惑」之間，他以還能運作的創造性能量，以自身的特質與騙力擺脫那個環境。騙徒還真的是使盡全力：行運海王星在那段期間，同時三分他的太陽、合相他的木星，並且四分他的天王星。約翰·德羅寧（John DeLorean）的運氣就沒麼好了，當他的古柯鹼生意被聯邦調查局祕密錄音時，海王星（自我欺騙）正坐在他本命水星的頭頂上（溝通與警報），騙徒先馳得點。

冥王星老師

軌道週期：兩百四十八年。

禮物：具有療癒靈魂的能力，讓我們能重新獲得能量，去找到人生中無私的使命，於是，我們的意識會充滿這份終極意義感。

挑戰：你能面對自己最深的傷口與恐懼嗎？你能認出生命賦予你內在的夢想或天賦嗎？為了實現這份天賦或夢想，你是否有勇氣謙卑地貢獻出自己？

　　正如我們所知，冥王星是最後一顆行星，因此，它代表了最遠、最難以覺察的狀態。我們攀爬成長的階梯，變得更有智慧、更有愛、更能夠表達出獨特性……那又怎樣？誰在乎？這一切到頭來有何意義？這就是冥王星的提問。在那麼多世紀的背景中，人類充滿難以計算且被遺忘的苦難，還有沒人記得的光榮勝利，你的存在有什麼重要性？

　　當冥王星行運經過一個觸發點，你最好已經準備好自己的答案，越誠心誠意回應越好。只有絕對的誠心誠意，才能在這位老師摧毀式的審查中存活下來。

　　臣服，這是把冥王星當老師而非騙徒的關鍵字。但是要向什麼臣服？這個答案說來容易，要活出來可就難了。答案是，我們必須臣服於我們的使命，我們必須完全認同於某些更大、更有意義的道德框架，在這個框架下就不會再關注於自我。這麼一來，我們會達到超意識狀態，更認同人性以及歷史的進程，而非認同那些較狹隘的追求。

　　行運冥王星不會老是把我們放在新聞時段，它是可以那樣做，從某些例子的確可以看得出來。對大多數的人類而言，它的行動會更安靜一點，它透過我們去運作，在文化或歷史的層次上去影響改變的源頭。國會正在進行法案審查，大家都在打哈欠。但是在一個炎熱的星期二凌晨，一輛巴士橫越達拉斯與休斯頓之間，一個年輕人與一位陌生人討論著軍備控制。這位陌生人後來與一位朋友分享這段對話，這位朋友又在飛往芝加哥的飛機上，把這段話傳給另一個偶遇的人。這個人隔天要與總統打高爾夫球，這個時刻，總統接受了對於軍備控制的新想法。那位坐在前往休士頓巴士上的年輕人，正處於冥王星行運。當然他不了解自己的行動所設下的事件循環，那也無所謂，總之他對這個行運的回應很強。

　　為什麼？因為他冒險對一個陌生人，在道德原則的層次表達了自己的看法。

　　有個女人歷盡千辛萬苦，就為了幫家暴婦女建立一個家。為什麼？「因為她就是希望自己的人生能做點什麼。」這個感覺讓我們立刻注意到行運冥王星。說不定從她所居住的地方，到整個大陸都存在著對這個家的需求。冥王星拉著她往那裡去，超越她所能控制的環境出現了，使她搬家、提供她一個冥王星式的機會，只有在她驀然回首時才會發現。再一次，就像那個坐在前往休士頓巴士上的年輕人一樣，重點不是理解，重點

在於這個女人臣服於她的直覺，只關注個人純粹的需要，移動進入一個更廣大、更無私的框架中。

與冥王星行運有關的內容裡，我們常常會讀到**再生**與**轉化**這兩個詞。為了能夠有充足的能量去面對靈魂的挑戰，我們畫出以上的輪廓，我們常常需要做一些嚴肅的「靈魂存取」，下到我們內在的地獄，面對生活中任何傷害過我們的事物，也即我們所承受的羞辱、謊言與辱罵。這個過程不是為膽小鬼所準備的，然而，冥王星就是會這樣壓迫我們。冥王星的整個主題複雜到我必須專門寫一本書來談它，如果你有興趣，可以讀一下《冥王星之書》（*The Book of Pluto*）。

布魯斯・史普林斯汀（Bruce Springsteen）的音樂深深打動大眾，在冥王星行運經過他的本命太陽時，他與哥倫比亞唱片簽了第一張唱片合約。他的個人（太陽）轉化成文化的、歷史層級上（冥王星）的象徵。吉米・卡特（Gimmy Carter）被提名並當選總統時也發生了完全相同的行運。就像史普林斯汀，卡特的個人視野被強化並提升到對歷史的進程會發生影響的程度。亞伯拉罕・林肯（Abraham Lincoln）是個水瓶座，因此，他天生就對水瓶座／天王星的個體自由的理想很有共鳴。當行運冥王星對分他本命天王星時，他無法控制的外在環境逼他面對個人權利的感受，使他採取行動，桑特堡（Fort Sumter）遭到攻擊，南北戰爭爆發，林肯公布解放奴隸宣言（Emancipation Proclamation），讓奴隸自由。

冥王星騙徒

陷阱：讓我們被死板、教條主義、威權絆倒，落入狹隘的觀點，讓我們的自我因犬儒主義、失望與虛無主義而疏離。強迫我們重新演出那些在過去

傷害過我們的戲碼。

謊言：人不為己，天誅地滅。

　　冥王星騙徒很可能是行星敵人中最無情的一個。他用一種極其邪惡的方式使人的靈性墮落腐敗。當其他行星騙徒用謊言欺騙我們時，冥王星則是用**真相**摧毀我們。冥王星的真相給得太快、太多，超過我們能應付的範圍。然後它便退開，看著我們把自己撕碎。關於它的真相是什麼？「這是一個廣大無邊又冰冷的宇宙，裡面當然只有死亡。」我們從那裡接管自己，制定了兩條法則，那是冥王星騙徒絕對不會說出來，卻將深埋於我們內心的兩條法則：「自掃門前雪」以及「打鐵趁熱」。心胸狹窄、小氣的機會主義與恐懼控制著我們，使我們看不到超個人的可能性，但這個可能性才是冥王星問句的真正答案。

　　思考冥王星老師前面那幾段，我們想像一個女人被超乎她所能控制或了解的力量給推動，橫越整個國度的搬家使她有機會為受暴婦女重建一個家庭。這些力量會採取何種呈現形式？我們永遠不會知道。特別是冥王星就是可以調動那些社會或歷史性的壓力，足以壓垮一個人。

　　有可能是她的丈夫從事鋼鐵業，但是國外競爭者將他擊垮，於是他必須攜家帶眷橫越整個國度去找另一份工作。如果冥王星覺得有必要讓她待在洛杉磯，就會採取任何必要的手段讓她去那裡。這點對冥王星老師與騙徒都是真實的，但是她搬過去之後就得靠自己了。也許她會超越自我，認出眼前的需要與機會，但如果騙徒贏了呢？那麼她就會陷入絕望，怨嘆自己搬到美西，感覺被騙，人生隨時出現的殘酷讓她崩潰，進入一個可怕、艱辛、收縮的心智狀態，在那個狀態中會面臨各式各樣、各種層面的崩潰，就像是一個利己主義者的黑洞。

　　一旦發生冥王星式的崩潰，心靈會在被動與主動兩條路中選擇，兩者都會走向悲慘。在被動之路上，個體會靜靜進入一種虛無主義與徒勞無功的感覺，更進一步則陷入存在主義式的無可奈何。在主動之路上，冥王星的失望會以憤怒的形式釋放，絕望地試著再次宣告存在的意義，該人會嘗試以征服與獨裁來強化自己，掌控那些愚蠢或無力抵抗的人。

　　在這些行為不端與自我折磨底下，則是一條非常簡單的原則。在冥王星行運期間，過去傷害過我們的一切都會重新浮現於我們的人生。如果小時候被拋棄，就會感到有股驅力要我們去拋棄別人，或是安排再度被拋棄。如果騙徒贏了，這些滄桑、淹沒我們的情緒就會浮上表面，主導我們的行動。在冥王星老師之下，我們可能還是會感受到這些脈衝，但是不會重蹈覆轍，而是創造一個不同的未來。

　　阿道夫・希特勒（Adolf Hitler）是黑暗冥王星最典型的例子。整個第二次世界大戰，行運冥王星都四分他本命太陽。徒勞感（冥王星）惹惱（四分相）他的自我（太陽）。戰爭即將結束時，騙徒移動到與土星合相：他的自我強化（冥王星）撞上現實的磚牆（土星）。

　　甘地則是冥王星老師令人敬佩的例子，幾乎在他人生的每件事情上都產生影響。不過，我們知道在他人生的其中一段時期，騙徒給了他一記重擊。在那段期間，當甘地的非暴力抗爭理想橫掃整個印度時，感到挫折、憤怒的英國士兵無差別謀殺了一大群在阿姆利則的男人、女人與小孩。以非暴力去面對暴力，這樣的道德原則受到嚴重考驗。冥王星騙徒（狹隘與犬儒）正四分甘地的太陽（他基本的身分認同），也許正引誘著他放棄他的理想。但他挺住了，這場謀殺製造了全球性的醜聞，其餘的已被寫入歷史。

　　這些老師與騙徒，偉大的主題編織者，外行星的輪子是如此緩慢地繞著我們的出生星盤走。徹底理解他們的禮物與謊言，是有效率解讀預測占星的先決條件。即使我們忽略那些較快、觸發行動的內行星，這些外行星的知識，依然會使我們對數年期間的概況有個清晰的觀點。但是放下快速行運的行星不管，我們則會錯失那些較大主題所製造出來的具體特殊事件（行運儀式）發生的精確時間點。

　　這個錯失並不是一場災難，只是不需要這樣的錯失。較快行星作為理解老師與騙徒的添加劑，可以帶給我們很大的幫助。土星行運可能建議你，某段時間你應該要盡可能地展現耐心、自我控制，在工作或專業上更務實些。它可能會告訴你，以上建議適用期的間大約是八個月。知道這一點很有用，不過，要是知道「六月第三週」在那段期間特別重要，在某方面而言會更有用。持續幾天不自然地維持高水準的「好行為」是一回事，要努力維持好幾個月就是另一回事了。

　　現在我們來更近一點查看快速移動的觸發器行星。

火星

觸發器： 以充滿勇氣的方式，立即且意圖明確的使用意志，作為一個身、心、靈的存在體，努力活下來，正確地運用自信與侵略性的戰術。
弄巧成拙的表現： 被恐懼凍結，意識轉向自我毀滅或毫無意義的攻擊那些無關緊要且手無寸鐵的目標。

　　行運火星是強大的**觸發器**，促成緩慢移動行星所暗示的那齣戲。除此之外，行運火星召喚你採取當機立斷的行動。我們必須面對恐懼，打擊那

些橫亙在我們與我們該追求的目標之間的所有事物。

　　神經可能會被磨損，更細緻的情感陰影可能會被掩埋。無論如何，敏感與內省都與這顆紅色行星沒什麼關係，有效率的行動才與它有關。我們做我們該做的，稍後再來舔舐我們的傷口。你需要與那位你根本不期待會有好話的伴侶談一下嗎？如果火星經過你的敏感區域，那麼現在正是時候。你二樓屋頂的漏水呢？雖說你對於爬樓梯快速越過傾斜的屋頂感到害怕，但火星不是來療癒的。遇到火星，我們只能深呼吸，然後需要做什麼就去做。也許情況會在我們面前爆發，但是這只是也許。如果我們不採取行動，那麼這場爆發當然可能會在最後大爆炸時展現更強大的破壞力。

　　擦槍走火的火星行運，就像一頭咆哮的德國牧羊犬，眼神呆滯，滿嘴唾沫。我們感到不知所措，有時候會覺得自己身處可怕逆境，或是承受身體或情緒的傷痛，火星似乎會透過意外或他人的惡意，冷不防地打擊我們。

　　「我洗盤子時割傷自己了，這種事誰都有可能發生！」誘人的邏輯，這種自憐式分析很少能通過嚴密的檢驗。也許有時候是真的，但是要小心！為什麼你會偏偏就在那一晚弄傷自己？是否火星正對分你的本命金星？你是不是在某些需要討論的問題上，惹火了伴侶或生意夥伴？這一切是不是你咎由自取？

　　正確表達合理的憤怒，當然是火星的策略，但是在表達憤怒之前，要先正確認出是「誰」或「什麼」才是我們斷然表達憤怒或沮喪的目標。線索存在於出生星盤中，火星觸發了什麼？我們壓抑了什麼？我們是否真的被隔壁鄰居小狗留在草坪上的小小「禮物」給激怒了？還是我們真正的目

的隱藏在其他地方，我們是那麼地害怕，以至於寧願把這個壓力發洩在鄰居身上，搞得大家都很難看？

在火星行運期間，如果我們有勇氣提問，那麼類似上述的問題將會引導我們。否則，自我不是陷入沮喪，感覺自己是個「受害者」，不然就是爆發成為無知、傲慢、儒弱的破壞波。與火星行運有關的各種勇敢行為的例子，莎莉・瑞德在火星行運與她本命土星四分相時，搭乘太空梭。勇氣（火星）與她個人受限的感覺（土星）產生摩擦。尤金・賽爾南（Eugene Cernan），另一位太空人，搭乘雙子座九號進入地球軌道時，火星正四分他的本命月亮。六年後，當火星三分他的本命月亮時，他帶領阿波羅十七號前往陶拉斯山（Taurus Mountains）基地，靠近月球隕石坑利特羅（Littrow）。索爾・海達爾開始他著名的康堤基冒險那一天，火星對分他的本命太陽。恐懼（火星）挑戰（對分）他的身分認同（太陽）。

當火星三分他的水星，六分他的木星時，愛德麥拉・皮理（Admiral Peary）成為第一個站在北極點的人類。在這些和諧的火星相位之下，他自然地擴展（木星）。火星啓發的勇敢行為說也說不盡，但也是有黑暗的例子。我們在第一章看到海明威在火星經過他的上升點時，讓他決定自殺。在第三章我們也看到卡斯特將軍如何在小大角遭遇到他的命運，當時火星同時對分他本命所在位置以及四分冥王星，使他在應該要警覺時卻輕忽大意。

斐代爾・卡斯楚（Fidel Castro）則讓我們同時看到火星的兩面，這顆紅色行星與冥王星共同主管他的天蠍上升點，因此，他對火星的所有行運都特別敏感。在與古巴的腐敗政權巴蒂斯塔（Batista）多年戰鬥之後，他在一九九五年一月行軍進入哈瓦那（Havana），當時行運火星四分他的本

命太陽。接著，當火星合相他的太陽時，他可能就沒那麼勇敢了。他愚蠢地讓蘇聯將核導彈放在他的土地上，付出的代價就是蘇聯在那場不名譽的古巴導彈危機中，封鎖他的港口。這一切原本可以避免，只要他站出來抵抗蘇聯的要求。最後一個例子是薩爾瓦多・阿葉德（Salvador Allende），他是智利的直選總統，當火星四分他的本命太陽時，他在 CIA 教唆的政變中遭到謀殺，取而代之的是一個殘酷的獨裁政權。

　　他是否單純只是紅色行星天真無邪的受害者？我不排除這種可能性，但是我知道我們常常會爲了圖方便，反倒爲火星式的災難架設好舞臺。阿葉德面對壓力時是否能更有決斷力地回應？說不定就可以救自己一命，也救了智利的民主政治？除非我們身處在那個環境之下，否則我們永遠都不會知道。

金星

觸發器：分辨休息與重組的機會，認出別人提供幫助的可能性，鞏固聯盟。

弄巧成拙的表現：沉浸在昏昏欲睡之中，因爲無力與自我耽溺而感到無聊。以狡猾、諂媚、魅力操控別人的同時，尋求增強自我。

　　如果說騙徒有時令人疲於應付，那麼在老師的指引下伸展，就只是令人精疲力竭。雖然老師會獎賞我們的努力，而騙徒只會剝奪與嘲笑我們，但無論是用何種方式，我們情緒的資源都會被推向極限，被榨得一乾二淨。不過，即使在這些外行星行運熱度提高的轟炸之中，還是有休息時間。

當短暫的和平來到，我們要快速認出它。我們需要這些喘息空間，就像我們需要睡眠那樣理所當然。如果不好好利用金星行運，那麼我們就無法重新給自己加油，當壓力回來，疲勞將會使我們更容易受到騙徒詭計的影響。

我們要如何認出這些重組的機會？那就要觀察金星的行運，她是和平女神，如果我們合作，她會觸發我們進入**重新整合**與**恢復**的過程。有時她會塑造一個讓人暫時無法採取正向行動的環境來完成這項觸發，會有一段時間，球不在我們的球場上，我們必須休息到球再度彈回來為止。有時金星會展示出她另一個古代身分：藝術女神。她可能會讓我們透過與美的接觸，提供我們重新修復與更新的機會。在劇院度過一晚、聆聽音樂的傍晚、在滿是晨露的樹林裡散步，或者更好的是，在一個無所事事的午後，拿起我們的水彩或是撥動一把老吉他。

作為愛的女神，金星還會帶來其他的恩典：我們了解我們並非孤單一人。這段期間，我們必須轉向我們的同盟、朋友、我們的伴侶（如果有的話）、親切的陌生人。為什麼？因為生物們給予的純粹撫慰也是它的意義之一。

一個擁抱，善意的話語，**關心的表現或鼓勵**，這些可能都沒有實際上的價值，卻會給我們帶來實質的撫慰，強化我們的決心。洗腦與審訊的大師最了解這一點，當他們要瓦解一個靈魂，單獨監禁往往是最有效的策略。不管我們可能要面臨多艱辛的時期，金星行運總是讓我們在獨處中看見休息的機會，只要我們願意接受。

接受是關鍵字。這些同盟帶給我們的，常常不只是使我們安心，很多時候，他們會帶來智慧、某些新的觀點，或是超乎我們覺察範圍的建議。

沒有這些朋友輸入的新觀點，可能就像是離開朋友時把一張紙掉在車外，我們卻花上好幾小時在口袋裡找那張紙。也許這些同盟的忠告讓我們感到備受威脅，或是單純覺得不吸引人，不管是以什麼樣的形式，金星行運都會警告我們，我們手上的碎片不夠拼完我們想拼的整張拼圖。如果想拼完，我們最好退一步，做個深呼吸，並且努力讓自己能夠接受愛與協助。

金星觸發器是如何壞掉的？很可能我們只是沒有認出它來，讓它經過而沒有好好利用。即便休息的機會到了眼前，我們還是繼續狂亂或過度擴張。另一個危險則是，出於驕傲，我們拒絕接受幫助，於是，我們就繼續徒勞地在自己的口袋裡翻找。

上述是對金星的消極反應，我們受到的傷害來自拒絕自助。這裡有一個非常悲慘的可能性，如果我們對休息的召喚反應過度的話，金星有可能把我們推向自我毀滅的極端。在一週辛苦工作之間，金星也許會給我們一個安靜的晚上，在家縮著身體喝一杯茶。但我們可能還是留在外面直到凌晨，喝著百威啤酒，抽著駱駝香菸，這只會使我們早上醒來更加精疲力盡，更加虛弱無力。我們也可能愚蠢的利用金星行運給我們帶來的吸引力或魅力，在操控活動（manipulative campaign）中浪費掉接受真正幫助的機會，自我也沒什麼成長。行運經過，我們沒有利用在颱風眼的平靜中划動我們的船，反而在鏡子前面沾沾自喜，檢查每一根頭髮是否服貼整齊，白白浪費大好機會。在我們知道這個狀況之前，風再度咆嘯，我們狼狽不堪，船也沉沒了。

亞伯特・愛因斯坦（Albert Einstein）的相對論在一九〇五年夏天發表，它深深挑戰了我們對宇宙理解的基礎，激起整個科學界的極端反應。關於想法的正確性，持續爭論了超過十四年。要是愛因斯坦沒有盟友，可

以提供他單獨一人無法擁有的支持，那麼這個爭論可能還會持續十四個世紀。

　　有位英國探險家出發前往南半球。這趟的目的是要研究日蝕，爲了調查太陽的重力是否會扭曲經過太陽發黑圓盤附近的星光。如果會，愛因斯坦就是正確的。如果不會，那麼他就是錯的。當然，愛因斯坦被證實是正確的，他的名字在這個世界上成了天才的同義詞。對他來講，那段時期的星象發生了什麼事？單憑金星無法製造這樣的轉捩點，就像其他較快的行星，它只是觸發器。行運冥王星（有能力影響歷史）與行運木星（勝利與機會）同時在日蝕那段時間，與愛因斯坦的上升點（公開的人格）融合，架設好強大的潛力，等待著某種信號。當英國探險隊架設好它的設備時，行運金星衝進黃道帶的相同部分（愛因斯坦位於巨蟹座前面度數的上升點），而且當日蝕發生時，它才剛超過幾度而已。透過金星策略性觸發了木星與冥王星的影響，透過與盟友的合作爲我們帶來影響。

　　愛因斯坦以一種較爲和諧的方式爲我們展示金星的另一面。愛因斯坦渴望他的理論被證明，但是他對於緊接而來的盛名毫無準備。探險隊爲了要謹愼檢驗結果，把他們的發現隱藏了好幾個月。日蝕發生在一九一九年五月。到十一月才正式發表。愛因斯坦對他自己的驚慌失措表示「一覺醒來，才發現自己出名了」，他那平靜、隱遁的生活永遠被打亂了。冥王星還在他的上升點，放大與加速他的自我表達，但是行運金星（個人的吸引力）現在移動到對分（緊繃）他的本命太陽（身分與自我形象）。他怎麼栽，就怎麼收穫，金星觸發了他不知不覺間贏得的名聲。

水星

觸發器：對新的可能性開放你的心智，主動使用聰明才智與邏輯，刺激我們想要學習的意願。

弄巧成拙的表現：對新資訊的抗拒使人感到困惑，無法控制的心智加速，經驗到焦慮與漫無目的地橫衝直撞的傾向。

　　當老師與騙徒在我們面前擺好拼圖，有一項商品變得異常珍貴：**資訊**。「外面」這個世界無限複雜，我們可能永遠無法探測清楚其神祕。當我們活著，我們會建立第二個世界，一個內在的、主觀的、以外在世界作為模型，但在細節上不同的世界。我們接受或內化的真理，可能會有某程度的錯誤，又或是缺少某些資訊，導致我們犯錯。

　　我們很喜歡相信自己是活在真實世界裡，然而事實上我們其實是活在第二個世界，也就是我們的心智建構起來的世界。傑克與吉兒約會要去看電影，傑克認為吉兒在生氣，真相卻是吉兒很高興跟他在一起，但是她不敢提說她頭痛，怕毀了他們的夜晚。他認為吉兒的沉默表明了她在生氣，於是採取防衛反應，這使得吉兒的頭更痛了。狀況加劇，變得無法收拾，全都是因為他們根據主觀的世界模型所採取的態度與行動。這個案例中的模式完全與客觀真相無關。

　　我們要如何調校這兩個世界？這是個艱難且持續不斷的過程，儘管會帶來明顯的回報，但是我們卻常常抗拒它。心智必須維持對學習的熱切，對改變與重新定義保持開放，渴望新的經驗。一定要小心，心智的本能傾向於將能量灌注在守護這個世界的舊模式，而非把能量用在拓展嶄新的模式。行運水星經過觸發點，代表心智在調校我們與客觀真相的過程中逐漸增強。

　　當水星擦槍走火，心智會變得過度緊張，有焦慮傾向。我們喋喋不休地鬼打牆，幾乎成不了什麼事。為什麼我們會這麼狂亂？通常是因為我們抗拒某些重要的新概念，絕望地想抓住舊模式的世界，而不是允許自己流入更清晰、更成熟的生命圖像，以及我們在那個圖像中的位置。在這個時間點，心靈最愛的一個詭計就是一直說，不斷的說。即使沒人聽，還是在心裡持續叨唸著，就好像我們嘗試透過語言與重複的力量，維持住那些對我們的環境，已經過時的、錯誤的描述。那也是一種強迫式的陳腔濫調。真相「就在那裡」也沒用，我們就是持續忽略它，判自己的刑，讓自己經歷另一個可恥失敗與不愉快的循環。

　　我們很多人都讀過卡羅斯·卡斯塔尼達 （Carlos Castaneda）的書，描述他與印第安部落「薩滿巫師」唐璜（don Juan）的工作。卡斯塔尼達在他成為學徒前的人生心智圖像，很明顯是一九六○年代早期，一個典型的人類學家──邏輯、線性以及「合理性」。當他在一九六一年六月二十三日，開始他與唐望的田野工作時，一個對他而言全然陌生新穎的人生觀衝擊著他。

　　我們可以懷疑水星牽涉其中，但那只是他星盤中，醞釀更深刻事件的一個觸發器。有一些部份我們只能在掌握了二次推運的重要性之後才能了解，不過，即使單獨看行運，某些基本的、謎樣變化的證據就很明顯了。冥王星（有能力影響歷史）與卡斯塔尼達的海王星（經驗更高的實相）融合。海王星本身受到高度刺激，與本命海王星有六分相（刺激）。受到現實的衝擊，則是一個非常特別的土星事件，這個部份我們會在第七章詳細思考，這顆帶環行星這時已經繞完出生星盤一圈了。

　　混合了揮發性與可能性的水星，觸發了在卡斯塔尼達生命中，令人注

目的轉捩點，透過水星行運對分他的本命太陽，用那些有關生命的新而更加複雜層次的資訊（水星）來驚嚇他，在他的基本身分認同（太陽）施加緊張（對分相）。

太陽

觸發器：自我本身去衝撞這個世界，或是相反，由世界衝向自我。
弄巧成拙的表現：固執的驕傲、自私與保守主義，搞砸了我們在外在世界與內在生命往前進的機會。

　　對我們出生盤上的元素，太陽給予我們的可能是最純粹、最沒有扭曲的觀點。不管太陽碰觸到什麼，它就只是藉由接觸來強調**覺察**。雖然太陽有它特別的意義（身分的構成），但這個意義很廣泛，與其他主要的象徵相較，它似乎自成一格。

　　在天文學上，太陽與其他行星是如此不同，在占星上也扮演著獨一無二的角色，它代表著生命的自然脈衝，通向九個心智的「迴路」，激活它們而存在。當行運太陽打到一個觸發點，就很像是我們所有強烈的生命能量都聚焦在那個特別的存在空間。為什麼太陽會被降格到只有**觸發性影響**呢？太陽聽起來應該要更偉大一點才對，這似乎更像是騙徒與老師之類的問題，當然很有這個可能，除了一個悲劇性的瑕疵：太陽移動速度太快，它的行運無法為那些移動較慢的行星帶來意義特質、建立深度與複雜度。太陽繞星盤一圈的旅程只需一年，而它維持在一個相位容許度內的時間只有幾週。

　　觀察太陽行運的最佳方式，就是把它視為一個大型的天空探照燈。它

扮演的是一個高強度的自我覺察光束，切斷那些行星觸發點在我們星盤上撒下層層疊疊的蜘蛛網。不管它觸及到心智的哪個部分，都會讓我們暫時專注在自我，佔據我們所有注意力，並且表達它的需求。太陽行運中，自我扮演它的雙手，無論呈現方式是好是壞。好比說，它觸發的可能是木星。也許我們一直以來，對於這些行星的部分都保持著合理健康的樣貌。我們在這個世界全力擴張，不是傲慢地，而是安靜、堅定，帶著自信。然後，太陽行運經過木星時，我們感到明亮而廣闊。我們會採取一些正向的步驟，然後這個世界會給予我們回應，派一輛大轎車給我們。從另一個角度來看，我們也可能會讓自己發展出傲慢的態度（木星的通病）。一旦太陽觸及，那份傲慢就像許多髒衣服被掛出來一樣。也可能我們有另一種木星帶來的問題：不夠有自信，而太陽把這個問題帶了出場。我們最後會對那些一直「對我們作威作福的人」表達我們的憤怒，或許這是為我們隱藏的所有委屈與怨恨做一次清晰的導覽。

亨利・大衛・梭羅 （Henry David Thoreau）開始他著名的瓦爾登湖（Walden Pond）隱居時，非常接近他的生日（換句話說，就是行運太陽與他本命太陽處於合相）。身分（太陽）的危機在他內在暗流湧動，來到表面，需要在行動的世界裡表達。

月亮

觸發器： 未整合、壓抑或誤解的情緒需要表達出來，包含意識心智中的情緒。重新恢復整體的完整。

弄巧成拙的表現： 被憂鬱淹沒，我們性格中幽暗、孩子氣的面向，暫時控制了我們的行為。

對外在世界而言，月亮行運很少具有戲劇性。它們觸發的事件，不常會有太大的重要性。就跟分辨緩慢、編織主題的行星與快速、觸發器的行星的法則一樣，月亮的行運是速度最快的，沒什麼時間去產生深刻的意義。月亮可能停留在一個敏感相位的容許度內最多十二個小時，這實在很難讓我們有足夠的時間在內在形成深刻的理解。那麼我們可以忽略月亮的行運嗎？如果我們的焦點是人生中的主要發展，那麼答案是：是的，可以忽略。但是如果我們要觀察一個人成長中每分每秒的微細架構，就不能不去了解月亮。月亮的行運照亮了**潛意識**每天對自我的影響，即**靈魂**對人格的影響。

月亮一如既往，象徵我們的**情緒**。情緒是一條電話線，將我們與所有分散以及壓抑的心理材料（把自己簡化，以便有效率的面對日常經驗）連接起來。小心觀察月亮的行運，當你為了成人生活，在情感上做出不可避免的妥協時，月亮的行運可以幫助你，與你所「拋開」的部分保持連結。

是不是有很多喜悅的感覺或個人的勝利，讓你忙到沒空坐下來好好去感受？當月亮通過你的木星或金星，你會在洗碗或倒垃圾時情不自禁地哼著歌。為什麼？因為你正在將還沒完全接收的快樂情緒整合到意識中。模式永遠都是一樣的：自我與感情兩者總是搭不到線，月亮的工作就是把兩者帶回和諧之中。

我們很難在歷史上找到月亮行運的例子，它的調性一直都是主觀的，很少與外在事件以及這些事件對我們的意義有關。本質上而言，月亮是非理性的，常會把我們性格中孩子氣的面向帶出來。

創造你自己的例子，觀察你出生盤上月亮的行運，它每個月都會碰觸所有觸發點一次，絕對不要讓意識與無意識離得越來越遠。觀察你的情

感，特別是當它們似乎在拉扯你，逼你進入一種情緒。通常任何一種強烈情緒都可以確定是出生盤中月亮的活動所造成的。然後，將你的情緒與行運月亮連結起來，很快地，你就可以扎實地掌握這個最神祕與纖細的占星力量。

第五章

行運 III：宮位循環

到目前為止，我們沒有談太多出生星盤上的宮位。在行運中，宮位也跟出生星盤一樣，提供很重要的資訊：星座／行星的動能，會在什麼地方釋放出來？宮位與實際生活領域（例如工作、婚姻、家庭……）的關係。

宮位會如何影響行運？本章最後會逐步解說解盤步驟，但是我們先來看一些簡單的例子：

火星有可能經過你在牡羊座的水星，形成合相。從前幾章，我們知道這個行運暫時將自信的元素與強勢溝通（水星牡羊座）融合（合相），這個理解沒有參照宮位象徵系統。現在，口語上的自信會展現在那些地方呢？

要回答這個問題，就要看合相在哪個宮位。是在**十宮**（事業與社群角色）嗎？那麼這個行運就會與你的**公眾生活**有關。你可能在工作上與某人有衝突，或是在市議會裡發聲。

如果合相發生在你的二宮（**個人資源**）會怎樣？現在畫面轉變：影響的不是事業，火星觸發器影響的是一個特別敏感區域——你的自信，還有

可能是你的荷包。這個行運會在你必須發聲維護自己或自我證明的狀況中
影響你幾天，不過，要小心不要隨便發脾氣。

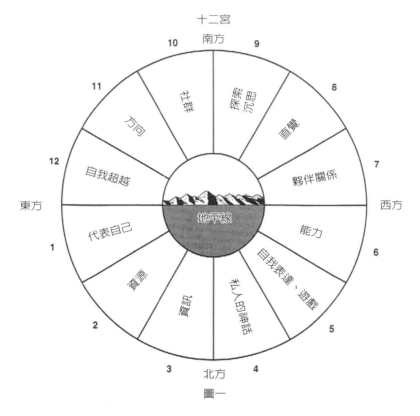

圖一

看一下圖一，我們有一張十二宮的圖，每一張出生星盤上都會有相同
的十二宮，圖上每一個區塊都有一到兩個關鍵字。

如果在行運期間，把或然率曲線畫向對我們有利的方向，將行星會變
成我們的老師，相關的宮位就會告訴我們可以期待在哪裡有所收穫。但是
如果我們不夠警覺，沒有避開騙徒，那麼這個行運就會像是描述我們體內
染病的過程，而宮位則告訴我們可以在哪裡看到症狀。

　　除了合相之外，所有行運都會牽涉到兩個宮位。本命行星所在的宮位，以及即使是最近的主要觸發點六分相，距離六十度遠，行運的行星還是一定會在不同宮位（除了出生在高緯度地區的人）。因此，大部分的行運都連結兩個不同且不相干的「區域」，把這兩個區域綁在一起幾天，甚或幾年。

圖二

　　現在看一下圖二。在這個例子裡，有位女士本命盤上有金星在第五宮，如果這位女士有能力發揮她所有的存在可能，那麼她的創造性直覺（金星）一定會學習具體地展示它們自己（宮位）。生命的這個部分，我們稱為**自我表達、表演與樂趣（第五宮）**。換句話說，她的金星和諧感與平衡感，應該會流暢而有效率地在她的行為中表達出來。

　　她是位畫家，可以說她對本命盤的配置做了很有力的回應。在某個夏天，行運木星進入她的九宮（長程跨海旅行）並且三分她五宮的金星。有個具有九宮本質（旅行、教育）的機會（木星）出現，強化了她金星的潛力（三分相）。有可能是她得到獎學金，能讓她在義大利學習畫畫。

　　她是否會利用這個行運？唯有讓木星當她的老師，認出並抓住木星給予的機會才有可能。如果她讓木星展示的是黑暗面，那麼她可能會讓這個機會從指間溜走，在三分相的平和與木星的過度自信中放鬆，很可能她會說服自己，說這種獎學金常常都會有，或是覺得自己夠厲害了，上這種課學不到什麼。不管是哪一種，九宮的可能性會與她的五宮金星有關，彼此會有幾週的關聯，過了那段時間，兩者的連結就會消失。

週期模式

　　所謂週期，就是任何會重複一段時間並固定發展的模式。例如，當一個嬰兒出生，就會進入人類生命週期。除非有意料之外的事件，否則小孩會長大成人，經驗中年生活，接著老年，最後死亡。這些是年齡進展的各個階段，我們可以在各個階段開放自己，盡情經驗不同的人生，但是各年齡的發展階段是固定的。

　　每顆行星的軌道週期也類似，以本質上規律的方式，經過黃道帶的每個星座（或宮位）。金牛座接在牡羊座後面，牡羊座接在雙魚座後面，行星按照順序穿越整個黃道帶。逆行也許會使模式複雜一點點，但是這個複雜只不過是在表面泛起一點漣漪而已。基本的模式維持永遠不變，就像我們身體的老化一樣。

在第六章，我們會詳細研究行星週期。現在我們要來理解更基本的事情：宮位本身代表著根植於任何生命過程中，主要的發展週期。若跟著某個行星走過十二個宮位，我們會觀察到階段的週期模式，其他任何行星的行運也是如此。行運水星，當然表達了在心智層次上的發展階段，海王星行運，則是在靈性或心理層次的發展階段。每個人的心智層次雖有不同，但是各階段的發展都一樣，就好像人生總是從頭髮茂密到稀疏微薄那樣地理所當然。

在《內在的天空》一書中，宮位是以一種靜止的方式來呈現。每個宮位都代表一個特定的領域，如果你出生時該領域有行星，那麼你的整個人生都會與該領域有關，不過，希望多年之後，你駕馭那顆行星的能力會更爐火純青。只要我們不受限於出生星盤的解讀，這個觀點就沒問題。一旦進入預測占星，一切就不一樣了。

不管在我們的出生盤上是否有行星在那個宮位，至少在我們的經驗中，每個宮位都扮演傳遞的角色。行星藉由穿越空白的宮位，暫時活化它，**行運的行星通常會讓我們面對一些與出生盤沒有直接相關的機會與挑戰**。「害羞的紫羅蘭」早晚都要面對一整間房子的人群致詞演說。而有時候，「流氓」會遇到需要滿口仁義道德的狀況，或是失去所有尊嚴與自尊，這些不是「基礎預測」的一部分，但是確實會發生。它們有什麼意義？通常它們的工作是幫之後那些與出生星盤更直接相關的事件設置舞臺。它們是發展週期中各階段所教導的課題，爲的是要讓一個人準備好，以便在更直接相關的領域，把行星駕馭得更好。

在這裡，我們要記住三個重要概念：

一、當行星週期性穿越出生星盤上的宮位時，它使我們面對由十二個重要階段組成，累積起來的發展過程。

二、如果對行星經過一個宮位提出的問題做出良好的回應，我們就準備好有效率地回應它在下一個宮位提出的問題。

三、如果我們無法有效率地回應，那麼這個週期會部分中斷，我們失敗的程度越高，後續階段的表達會就越弱。

　　預測占星就是運用上述三個概念來理解宮位的核心。思考一下這個例子：有位女士生來就具備成為偉大提琴家的潛力，但這股潛力並不能保證她一定會成為提琴家。在這位女士可以開始表達那股潛力之前，她必須先長大，成功經歷人類生活週期的初期發展階段，例如，她必須學會控制自己的身體，必須學習閱讀，必須發展某種程度的自信等等。每個階段都是必要的，每一個階段都必須好好駕馭。每個階段都有失敗的可能性，如果是根本性的失敗，那麼要表達出她與生俱來的潛力，就毫無希望了。宮位的運作方式也一樣。在第二宮成功，不保證你在第三宮也能成功，但是可以創造在第三宮成功的可能性。

　　讓我們用不同的眼光來看占星的宮位，與我們在《內在的天空》所用的方式不同。我們不是航行在各自獨立的區域，而是生命最基本的週期，每個階段都息息相關，密不可分。

第一宮

階段：開始、出現、新生。

過程：發明、即興、創造。

盟友：勇氣。

失敗的結果：在壓力下崩潰，緊接著是炸彈驚恐症與自我放棄。（第一宮在第十二宮之後，你不能完全脫離整體線路來理解第一宮，你必須在讀完第十二宮幾分鐘之後，再來讀一次這個段落。）

意識面對著一塊空白石板，上面什麼都沒有，催促當事者去創造出新的現實或新的環境，獨立、史無前例，與過去無關。行運一宮必須是一段「自私」的時間，以自我及意志的力量為中心。象徵著一段徹底強化**自由**的時期，而自由總是與不確定性同義。我們對於自己正在做什麼並不是百分之百了解，但是我們感受到一股採取行動的衝動，一種緊迫性。

在生命的這個階段，我們感知到自己的力量，但常常不清楚要如何使用這股力量。一個新的開始在我們生活中形成。我們感到難以控制，只能撐下去，並且信任我們的直覺，讓它引導我們。

在一宮的時期，隨時要記住：**行動就是一切**。我們正在為新的經驗週期播下種子，那就是一個新的身分，當我們往後面幾個宮位移動時，這個新身分的完整本質才會漸漸顯露。

某天早上，你一醒來就感覺有些事不太對勁。奇怪的黃光在你閉上的眼皮另一側閃爍，你張開眼睛，映入眼簾的是一團火把，你身處在一個通風良好的中世紀房間，某個人畢恭畢敬地靠近你。

「早安，陛下。」

哇！昨晚上床時你還是個芝加哥的女服務生，醒來時卻是英國女王。你會怎麼做？你即興表演！開始裝模作樣，讓你相信自己就是女王。為什麼？因為你發現自己就處於那樣的現實之中，適應這個環境令人感到困惑與壓力，可是，不去適應的話，後果會不堪設想。如果你開始喋喋不休地表明自己是來自芝加哥的女服務生，在你能說出一切都只是一場夢之前，可能會先被軟禁在倫敦塔裡。

對於眼下所發生的事情你需要點時間來反應，事件的步調與壓力讓你避免上述狀況發生。現在，所有能量必須轉向，去適應更新自己的過程。這就是任何行星週期在第一宮時的感受。

就第一宮的本質而言，創造「新自我」的過程總是令人感到不自然。你的工作不再是隨桌服務客人，你現在是女王了。西班牙國王已經提議結盟，他今天就要答案。這一切真是又刺激又可怕。

第二宮

階段：凝固、維持、動力。
過程：持續、建立內在與外在的資源、獲得信心。
盟友：信念。
失敗的結果：神經損傷，接著退縮回到過去。

第一宮的階段是一列雲霄飛車，每件事情都發生地如此之快，我們只有一點點時間去思考。我們很忙，邊走邊即興表演，日子都被塞滿了。當

我們來到第二宮的時期，塵埃落定。我們在新的模式裡開始感到舒適一些，身外之物對我們來說開始比較自然，而且突然之間，我們有餘裕感受到可怕了，我們受到神經嚴重衰弱的威脅。「喔！我的天啊！我到底成了什麼樣？」我們這樣問自己，感覺窘迫又不確定。在我們的新角色裡，我們感覺像是個冒名頂替者。

我們常常渴望回頭去看過去的安全感，即使那個安全感完全就是一段悲慘的過去。「我早上四點怎麼會忘了要起床去做歐姆蛋！」有時我們的自我質疑會使我們執著於得到金錢或名聲一類的保障。無論發生何事，我們都必須**持續前進**。時間會不斷流逝，無法重來。不管我們有多麼渴望過去，過去那扇門已經在我們身後關上了。我們必須**繼續**那條已經展開的路。要怎麼做？那就得建立內在與外在的**資源基礎**，以適應我們的新環境。有時古代「金錢宮」的概念會來參一腳，我們會整頓財務來為新的方向騰出空間。有時這些強化信心的資源，會以建議者或贊助者的形式出現，也可能是我們取得的新技術與工具，用來支持我們內在的、態度上的改變。信念與信心是**關鍵**，我們必須向自己證明，懷抱著信念，超越質疑的陰影。

第三宮

階段：勘查、蒐集資訊。

過程：變得更了解環境、搜尋、提問。

盟友：好奇心。

失敗的結果：過度擴張，到頭來變得放蕩、失焦。

　　如果第二宮的旅程是成功的，那麼我們現在就會充滿理性踏實的感覺，我們向自己證明了自己。現在的我們變得好奇且善於溝通，渴望學習，也渴望去教導。焦躁不安與心智活動將成為主要的人格特點。第三宮這個階段通常是忙碌的時期，充滿新的想法、有趣的陌生人，當事人也會更加投入這個世界。

　　雖然我們很少意識到生活中的活動水準很戲劇化地被提升了。但是我們的自我了解變得較為寬廣，新的表達載體已經功能完備，現在必須尋找某種目標或方向。但是這個目標或方向在哪裡？在第一宮的階段就已經知道舊的法則失敗了。對於這個問題，沒有浮現清楚的答案，於是，意識採取唯一合邏輯的步驟：隨機丟骰子，盡可能多方嘗試。這個策略是有效率的，但是它的危險在於我們有可能過度擴張自己，來到精神耗盡的點上，而且如果我們一直走在這條路上，到頭來，我們往往會用漫無目的的碎念以及執迷於無意義的活動來釋放壓力。

第四宮

階段：策略性的退隱、專注於自我深處。
過程：調頻至覺察的根源。
盟友：感覺。
失敗的結果：情緒上的放縱，接著產生心靈麻痺。

　　在第三宮，我們存在的宇宙是由資訊定義。在第四宮，我們進入了一個由**感受**定義的宮位，我們轉向**內在**，尋找**心靈根源**。麻煩的是，我們可能會變得沉醉在於在的迷霧而忘了生活。即便這項探索安全可靠，然而我們現在還是必須進入一段長時間自我控管的精神分析。試著發現我們的靈

魂變成什麼樣子。我們詳細搜索在過去三個階段中儲存起來的記憶，在《內在的天空》裡見過的「英雄」與「陰影」，膨脹的願望與恐懼，現在浮上意識層面。

在這段期間，我們常常會被往回拉，與家人進入深度的接觸。探究根源再度成為主題，雖然我們可能不了解它，但是我們都在重現自己內在神話的路上，裡頭包含了基本價值、洞見與啓發，這些都會在剩下的八個階段裡構成我們行動的基礎，激勵我們所有的行動。我們會減少第三階段那些狂熱的外在活動，第四階段會是一段晦暗不明的時期，但是在心智生活中，這是個重要的階段。

第五宮

階段：自我表達、自我揭露、心靈充電。
過程：玩樂的、偶然的自我慶祝。
盟友：隨興自發。
失敗的結果：放蕩與自我感覺良好，然後在幼稚的個人劇碼中迷失自我。

在第四階段裡，與自我深處的接觸帶給我們養分，我們現在渴望揭露靈魂變成的樣貌。在第五宮，我們開始**創造**，創意採取的形式不只是藝術，也可能是炫耀與嬉鬧。這是一段自我慶祝的時期，如何慶祝？在第四宮裡，內在領域的探險以看得見的象徵被創造出來。突然，我們與一輛跑車、帆船、或是一本很炫的法國菜食譜一起出現。

新朋友或情人（我們的「玩伴」）常常在這個時間點來到我們的生活中，幫助我們打破對過去的上癮。不要被「玩伴」這個詞給愚弄了，以為

我們與這些人的相處沒有意義。**好玩**，是我們此刻的關鍵字，是我們需要重新學習的事物。只有在**自發性的玩樂**中，我們那硬梆梆的自我才能允許新的材料去打破那些積習與慣性的牆。雖然我們與這些玩伴的關係進展都很短暫，他們的任務卻很重要：他們鼓勵我們自發性的、不自覺地自我揭露。他們幫助我們像孩子那樣出於本能去做，透過遊戲來讓自己準備好達到心智上的「成熟」。他們是我們的啦啦隊，如果接受他們的幫助，他們就會幫助我們從第四宮的子宮生出來，讓我們螺旋向上，脫離我們的「孩子氣」。

第六宮

階段：獲得技能，臣服於更偉大的目的。
過程：學習變得有用。
盟友：稱職。
失敗的結果：匱乏感，單調沉悶的工作與怨恨。

在第六宮，我們反對本質上自私導向的第五階段。意識再度感到焦躁不安，尋找某種更大的意義框架。我們開始渴望**有意義的責任**，源自於我們在前面五個階段學到的東西。我們充滿了渴望，想要表現出自己能夠勝任新的層次。第六宮代表一種深刻的危機：純粹的自利不再能夠支持我們。不管我們過去一直逃避面對內在的什麼東西，現在都會追上我們。自我導向的宇宙已變得太過狹隘。

我們開始知道，要維持自己的身分與自尊，就得倚賴他人。我們超越第五宮的自戀，往外擴展，想要透過被別人需要來建立持續性的關係，我們也可能會失敗，為了要獲得愛而淪落到去從事單調無聊的工作，心生憤

慨與恥辱。這種形成關係的策略是眾多方式中最粗糙的一種，然而，它會為下個階段即將發生的深刻夥伴關係架設舞臺。如何架設？它會給我們兩種禮物，使成人之間得以建立起長久的愛。這兩份禮物就是「謙卑」與「責任感」。

這些事情可能帶有實驗性質，有些不確定感，像是一種前奏。六宮常常會再度回應第二宮，對我們終極的價值充滿不確定與疑問。當我們開始分享前半圈宮位週期中所學到的事物時，這個階段通常與簡樸辛苦的工作和自我犧牲有關，同時也準備要衝破障礙，進入下一個半圈宮位週期。

第七宮

階段：合作、互相依賴、知道有「別人」存在。
過程：選擇與建立長期夥伴關係。
盟友：愛。
失敗的結果：對他人上癮，然後失去自我。

下半圈開始，第六階段的所有暗示此刻變得再清晰不過。從現在開始的宮位週期，不再能滿足於自我個人導向的狹隘框架了。透過他人所象徵的其他現實，開始滋養我們的成長。在第七宮裡，我們理解到，自己沒有能力獨自完成接下來的進程，我們會卡住。我們在前面六個階段所創造的洞見也許還不錯，但是加起來並不足以提供一個解答。我們還能做什麼？我們必須學習去愛。

現在，新的夥伴進入我們的生活，並且要求我們仔細檢查、重新評估那些長期關係。我們創造或再造與生活伴侶的長期連結，所謂的生活伴侶

是我們認定會與我們維持長久關係的人，而且會給我們可靠的支持資源，並且能夠理解我們，使我們得到一些對自己的洞見，這是我們獨自一人絕對無法產生的洞見。這段期間遇到的人不同於在第五階段的「玩伴」，在第七宮遇到的人幾乎打從一開始就沒那麼「輕浮」，感覺較為平實或熟悉。與第五宮的接觸相較，第七宮比較不會牽涉到安全感，比較不需要保證與安撫。比較不會因為世俗的問題而動搖，比方爭論誰要倒垃圾或洗碗之類的工作。

　　知道自己需要誠實、平等的夥伴，是第一步。在第六宮這個謙卑的轉折點，讓我們準備好迎接這樣的夥伴，幫助我們移除過去在第五宮的自我導向觀點。第二步則是學習選出志同道合的同盟。他們是誰？我們常常墜入情網，往往只有在回顧時才會對自己做過的選擇感到困惑。常常在反省時，我們才理解，自己經驗到的是一種對伙伴的主觀需求，然後貪圖方便，把這種感覺轉嫁到隨便一個對象上。在第七宮，我們必須對抗這個問題。此階段的重點是要發展出清晰看見別人的能力，不再因為我們自己的需要與恐懼而對他人上癮或扭曲彼此的關係，也不再失去自我的軌道。理論上**愛情**是第七宮的一部分，但是主要的課題是尊重、接受、真實的溝通，以及不可避免的妥協。

第八宮

階段：整合、感覺強化、心靈大掃除。
過程：專注於心靈暗流。
盟友：誠實。
失敗的結果：抗拒、否認、恐懼，然後意志消沉。

　　與第四宮的過程類似，我們的覺察再度轉向內在，在無意識迷宮之中尋求重新振奮與自我驗證。但是現在這座迷宮走得更深，我們面對內在次元的蜘蛛網，那裡更加私密，但又具有共通性。我們進入了**直覺**的領域，當這些直覺浮現時，常常使我們滿懷憂鬱與思慮。在前面七個階段，被便宜行事地「丟在一旁」不去注意的材料，現在跑出來了，而且往往令人刻骨銘心。我們比以前更加覺察到自己的動機以及含糊的心理狀態。

　　占星師史蒂芬・阿若優（Stephen Arroyo）曾指出，第八宮的過程常讓人覺得有走過煉獄的感覺，這個說法貼切地表達出八宮的樣貌。我們遭到清理，在這個階段，自我變強，甚至強得過頭了。它不再是前幾宮那個虛弱無力、不確定的生物了，現在它擁有危險的能力，不只是對自己說謊，還能成功地圓謊。第八個階段有可能無法解決這些問題，我們會抗拒這些深刻的事物，墜落進入一段沮喪期。重點在於重新將自我人格與位於無意識心智的根源調頻，在這個過程中，我們最偉大的同盟就是勇氣，勇於誠實與自己相處，勇於正視那些為了更加成熟而遭遇的成長之痛。

　　在這個階段，一切本能的心理過程都會情緒性地來到眼前。例如，我們在第七宮建立了愛的連結，這個連結會被深化，被測試。如果撐過測試，我們將烙印在別人心裡，因而獲得力量，並理解**性本能**的真實意義。我們會在成熟的過程中直覺地知道自己所處何處，下意識覺知自己的肉身終將殞滅。有時在這段期間，死亡就發生在我們身邊，提醒我們人生短暫，沒有多少時間可以浪費在跟自己或別人玩遊戲。有時我們會在這個階段點亮靈性或超覺感官的燈，本能地感知到生命中存在著許多超乎肉眼所見的事物。第八宮的主題永遠都是準備好要一嘗智慧的真諦，前提是你得拿勇氣來換。

第九宮

階段：擴張、探險、教育，實現展望。

過程：打破常規。

盟友：感到驚奇。

失敗的結果：食古不化，變得愚蠢呆滯。

　　在電影《礦坑的女兒》（*Coal Miner's Daughter*）中，羅莉塔・林恩（Loretta Lynn）扮演的西西・史派克（Sissy Spacek）角色被說愚蠢，她生氣地回擊：「我不是愚蠢，我是天真。」這幾乎完全就是我們離開那個幽閉恐懼，狹窄聚焦的第八宮，進入第九宮的寬闊場域的感覺。通過那個「深度」宮位，意識再度受到滋養，在第四宮，我們與無意識心智較私人的部分接觸，引導我們爆發出第五宮階段的創造力與自我表達。現在通過了第八宮這個更具爆炸性、更強制性的領域，我們浮現出對追尋願景的渴望。生命的意義是什麼？我的人生使命是什麼？什麼是對？什麼是錯？我們也許不知道答案，但是我們準備好要趕走無知了。

　　通常經歷了第八宮無止盡的自我審查之後，就會出現倦怠的情緒。我們厭倦了心理學、厭倦了心智迷宮，想要某種更廣大、更實在東西。但是我們也會害怕，因為改變總是令人膽怯。

　　假設我們的旅程是成功的，那麼第九宮就會是一段擴張與探險的時期。我們經常旅行，教育自己，於是，我們總是會遇到來自我們一般朋友圈之外的奇妙人士。「外國人」會讓我們面對新奇而富有挑戰的想法。在第八階段，我們清除掉前面幾個時期未處理的心理殘渣，如今到了第九階段，在這段期間，我們準備好要突破那些殘渣創造出來的慣性行為與思

想，更新它，這就是第九宮的精神。我們需要更寬廣的觀點來拓展自己的眼界，簡言之，我們的任務就是讓生命本身帶給我們驚喜。

第十宮

階段：賦權、宣告、公開。
過程：連結自我與社群。
盟友：正直。
失敗的結果：虛偽，然後陷入受限的角色。

　　有第九宮的教育在後面支撐我們，現在，我們準備好在社會化過程裡扮演更直接的一環。我們擁有技術和支持性的關係網路。我們有價值觀，是時候讓我們「闖出一番事業」，或是取得公開的、具有社群論述的身分了。這一宮常常會強調**事業發展**，不過，它的範圍遠大於我們所謂的事業。它代表著整個**社群**的概念，以及我們在社群中的角色。問題是，你是誰？我們要記得這個問題所來自的觀點。我們的親密朋友可能會有一個答案，但是現在這個問句來自於整個社群。事業往往是第十宮的重點，我經常看到有人在行運十宮時結婚，他們的關係在第七宮影響下形成，但是他們的婚禮是對社群的一個陳述，那是第十宮的事務。任何需要公開見證其意義的行運儀式，都會讓我們將注意力放到這一宮。不管這個行運儀式與讚美認可有關，還是與反抗社會有關，那都沒有關係，**公開的可見度**是關鍵，這是開花結果的時期，不管第一宮產生了多私人、多內在的啓發，現在都必須公開出來，讓它面對大家的檢視。

第十一宮

階段：自我導向、設定目標、建立策略聯盟。
過程：尋找路徑。
盟友：清楚定義優先順序。
失敗的結果：猶豫不決，然後隨波逐流。

　　我們在前面幾個宮位追蹤的個人發展週期在這裡邁入高潮。第十一宮代表完成的時期。先回到第一階段，很久以前我們就為自己設下目標，但是我們很難清晰定義，那些充其量就是直覺。現在，我們已經在第十宮建立了公開身分，我們經驗了完整感，擁有自我認識。第一個階段的即興表演現在具體成形，我們帶著某種姿態與確信成為某號人物。未來開展在我們面前，可以說，我們的夢想就要成真了。

　　主觀來講，十一宮的經驗並不像上述那樣，十一宮的感覺並不夢幻，但是精確地說，發生的事情就是這樣。如果我們回到第一階段，只敢做小夢，那麼我們現在就只能嘗到難吃的果實。如果我們的夢想比較遠大，我們在經過前面的宮位時卡住了，那麼此時就是掌聲、獎賞與下重要決定的時期。我們接下來要往哪裡去？我們現在擁有力量，要如何使用？「長大」是份需要全時間投入的工作，足以吸引我們全部的注意力。現在我們長大成熟了，所有期待的眼光都投向我們，我們的能量要放在哪裡？決定、目標、策略。

　　「現在你拿到博士學位了，接下來呢？」要回答這種問題，答案必須來自你的心。只有我們自己才能決定那些形塑我們人生的較高目標與價值。設定優先順序是我們在此階段要發展的技巧。信譽與聲望有多重要？

家庭生活與事業進展要如何平衡？這些決定將會打造出生命的寬廣輪廓，也是我們在十一宮要面臨的抉擇。

　　策略聯盟在這裡扮演著重要角色，我們獨自決定自己的目標，但是常常需要協助才能達成。通常這類協助來自於**志同道合**的人，不管我們遇到誰，第十一宮階段代表著一段接受和給予指引的時期，使我們對於自己在第一宮時那種抱持「初生之犢不畏虎」的天真之情所開展的旅程，有更全面的了解。

第十二宮

階段：分解、臣服、自我超越。
過程：放手。
盟友：永恆感。
失敗的結果：對於改變以及心靈赤裸的恐懼，緊接著會感到苦澀、困惑與逃避現實。

　　如果塑造這個宇宙的力量，是那種走溫和路線的諮商師，那麼可能就只會有十一個占星宮位，週期可能就在此結束，我們設定要做的事情已經完成了。我們創造了一個已經實現自我的身分，對於「生命的意義與目的」已有了解，在一個健康的關係網路裡運作，適應了自己的性別，並且舒適地、具創造性地融入社群。此時一個走溫和路線的諮商師還能做什麼？然而塑造這個宇宙的力量有不同的規則，它還留了一手，多給我們一個宮位去體驗。現在我們必須放下那個汗流浹背，耗費精力創造出的自我身分。我們必須知道，這十一個階段都只有一個目的，那就是在我們的意

識品質中，創造出某些永恆的改變。外在事件總是千變萬化，但是事件本身毫不重要，重要的是我們在環境裡的改變。

多嚇人啊！在第十二宮，鋪在自我下方的地毯被抽走。自我過去認為重要的事情，現在轉而成空，只是個玩笑。在第十一宮裡最後辛苦努力贏得的獎品，現在躺在水溝裡沒人要，也沒人惋惜。到底發生了什麼事？我們在第一宮為自己設定的目標已經過時了，現在目標已經達成，對我們已經沒有意義了。為什麼？因為過程才是重點。第十二宮認為達成目標太令人掃興了。這個規則對自我而言是最終的剝奪。

我們必須活出自我嗎？如果是，那麼中世紀將十二宮命名為「麻煩之宮」，這名稱取得還真好。但是我們不僅止於此。我們也是觀看自我劇碼的那個意識，反射性地吸收這些劇碼，將之提煉為智慧。然後，將有用之處加以利用，接著忘了它們。

如果我們內在相信永恆，那麼第十二宮會是豐富的時期，是終點，也是起點。但是如果我們試圖抓住無常的外境，依賴我們的陳舊迷思，那麼就會有一段傷痛、困惑的時期。我們正處於週期的結束點，我們需要隱私。如果我們在這個時間點與世界交流，常常會心不在焉，容易發生愚蠢的意外。我們的心不在焉被拉向深處。花已經開過，現在它將要凋謝，從藤蔓上墜落。但是在大地深處，在根源處，某些東西正在攪動、移動、呼吸。

你已看過全部宮位，現在花幾分鐘回去重讀第一階段的材料。就占星的角度來看，生命不是一條沒有盡頭的直線，而是沒有終止的螺旋。

宮位的實務應用

　　有兩個因素會影響到我們學過的宮位週期在實務上的應用。第一個因素是**行運行星的本質**，第二個是這些**行星移動的速度快慢**。了解行星本質，我們就會知道該特質正在面對什麼階段性功課。

　　好比土星行運到你的十二宮，你曾經定義的土星功能對你來說已經過時了，現在，在你對現實（土星）的假設裡，有某些與自律有關的事物已經太固定了，有些則太穩定、太受限。這些老舊模式對你不再有幫助，它們已經進入週期中的第十二個階段，但是你可能太習慣這些模式，會連想都沒想就視之為理所當然。

　　在你發現並清除行為中這些過時的部分之前，你都會是土星騙徒的獵物。它的謊言總是：「你贏不了。」在你改變之前，它說得都對。你自律的能力被扭曲，你的現實感有破洞。也許你會辛苦工作，過於嚴厲地鍛鍊自己，拿頭去撞根本沒擋在路上的牆。這些牆並沒有改變，而是你的路改變了。你必須允許自己暫時臣服，蒐集土星功能的觀點，認出某些在該部分你本來信任的行為模式，現在已經燒毀、蒸發，成為動能，準備好被重新吸收與重新定義。

　　土星是一顆緩慢的行星，要花上二十九年才能繞行完所有宮位，那會為我們帶來第二個重要的因素：**速度**。就如我們在第二章學到，一顆行星移動得越慢，行運的時間就越長，會給它象徵的意義建立深度與複雜度。同樣的法則適用於其通過宮位的時候，越慢的行星，在緩慢穿越整個週期時，會產生基本主題，速度快的行星則在生命的表層運作，觸發事件，幫助我們了解織入我們生命的主題。即使我們的人生很長，土星的軌道只允

許它通過每個房間三次，而每次通過都具有深刻的意義。冥王星更慢，通常一生會碰觸到四個宮位左右，知道是哪四個宮位，以及何時會進入，我們就能得知，在較大框架的意義（冥王星）下會面臨的改變，這個人免不了必須將這個意義掛在命運的織錦上。

與外行星的沉重節奏相反，內行星閃亮舞動，宛如螢火蟲。月亮滑行繞一圈只要一個月，平均在每個宮位只停留兩天半。第一天，我們感到（月亮）充滿能量，準備要開始新的案子（第一宮），過幾天，我們追蹤已經展開的事物（第二宮）。然後，有好幾天，我們感到躁動不安與好奇（第三宮），緊接著產生一點點退縮與反思的情緒（第四宮）。星期六，我們從安靜的星期三與星期四出現，準備好要遊戲（第五宮）。星期天則帶來責任（第六宮）。星期三，我們與一位老朋友一起共度午餐（第七宮）。接下來的幾天，我們躲起來，那個老朋友帶給我們某種複雜感受，淹沒了我們（第八宮）。這些感受有一部分消散了，我們覺得有股力量催促我們向外伸展，做點不同的事，此時的月亮在第九宮。在某個傍晚，我們略過喜歡的電視節目，穿越整個小鎮，來了一趟隨意而漫長的散步。這個行動讓我們頭腦清醒，想清楚一些事情，獲得一些觀點。然後，二天後，當月亮來到十宮，我們因為看到附近鄉鎮在傾倒有毒廢棄物而投書媒體。接著，那封信開始發酵，我們參加了一個關心有毒廢棄物傾倒的市民團體（十一宮）。最後，月亮進入十二宮，我們的車子留下了凹痕，這觸動我們理解到，雖然傾倒廢棄物是件嚴重的問題，但是我們某些熱情是來自於我們對老朋友那些沒有處理的憤怒。承認這一點是謙卑的，但是我們立刻充滿了想要更新自己的渴望（再度回到第一宮）。

如果你的壽命大概在平均值附近，那麼那個月亮週期大概會穿越你的星盤九百次，每次都會上演一齣不同的戲碼，但是任何一個週期的核心階

段都會持續不變。只有當你的自我意識層次改變，那麼緩慢行星的行運，就會創造出更大、更有意義的環境。

在我們的例子裡，最被強調的點被放在與老友共度晚餐的對話上。為什麼？也許木星與天王星正好進入你的七宮，在你的親密關係（第七宮）裡發出了訊號，你會有一段時間要開拓視野（木星），還要叛逆的重新定義（天王星）。你的內在醞釀著一個極大的可能性，月亮來到，觸發了這兩顆行星，而且整個月亮在那個月的宮位週期都染上了這兩顆行星更加強大的動力，進入遠比它們循環更長的新階段。

在宮位裡的觸發點

每個宮位都包含著高電力的觸發點之網，當一顆行星碰觸到其中一個觸發點，按鈕就被按下，事件就發生了，反映並點亮了那個階段的意義。這些觸發點有三個不同來源：一個是在其他宮位裡，與其他行星所創造出來的相位。另一個是在宮位裡的本命行星所象徵的觸發點。最後一個是非常重要的觸發點，那就是宮位本身的宮頭所象徵的觸發點。在我們離開宮位系統這個主題前，我們需要好好了解這些觸發點。

第一種觸發點：相位。這是第二章與第三章的主題，就如我們在本章開頭學到的，宮位只是增加我們早先學習內容的正確度。它幫我們定義出這些行運經過哪些地方，揭露出行星的配置。現在，我們要更深地掌握宮位，這可以加強我們的理解。

回去參考圖二，我們可以看到行運木星觸及這位女士九宮的一個觸發

點，也就是三分她本命第五宮的金星。也許還有一點點遠，這顆行運行星觸碰到她另一個觸發點，透過另一個三分相連接到她的上升點。那麼當木星在她的第九宮領域移動，它幾乎同時透過和諧與強化觸發了她的上升點。

更深一點來看她的第九宮，行運木星可能與她本命十二宮的巨蟹月亮有四分相。接著，它很可能還六分十一宮的海王星，透過創造第九宮本質的木星事件（暫時與她十一宮海王星的永久課題產生關聯），刺激了她基本特質的那個面向。

十個主要行星象徵，每一個都在本命圖上，織出一張七個不同相位的觸發點。我們可以很容易理解，十二個宮位如何包含這麼多的敏感區域。

一個人的出生星盤上，許多宮位都會包含一些行星，也就是本命行星。這些行星由他們所在的星座塑造能量，讓能量透過宮位運作，這是我們在《內在的天空》中學會的基本「小片拼圖」，十片這種「小拼圖」聚集起來，創造出個人出生星盤中獨特的人格。

每顆行星都是一塊意義的金礦或礦場。賦予涉及宮位獨特的重要性，是成功駕馭的關鍵之一，會給當事人帶來快樂與滿足。很明顯的是，當一個行運行星觸及那個點，不管是直接還是透過主要相位，都會撥響一組深刻的和絃。

我們要如何理解這樣的事件？首先我們要掌握那一小片拼圖本身的意義。第二，我們要了解刺激那一小片拼圖（即行運行星）的本質。第三，我們要去看連接這兩顆行星的相位，發生在它們之間的過程具有什麼樣的特性？第四，我們要觀察那顆行星行經哪個宮位（正在刺激本命盤的哪一

塊），也就是事件發生的場域。

一分鐘前，我們思考行運木星穿越某個女人的九宮，我們觀察到在這段行運期間，在木星與本命十二宮的巨蟹月亮會形成四分相。讓我們將我們的規則套用在這裡，試著去了解會發生什麼事。

步驟一：分析「小片拼圖」

月亮在十二宮巨蟹座。

以眞空狀態去看出生星盤中的任何一個部分都是有風險的，但是爲了舉例，我們暫且先這樣做。從這位女士的出生星盤來看，她的情緒、主觀功能（月亮）主要是受到爲了滋養深層情感與記憶，而創造安全環境的催促所驅動——巨蟹座的「自我管理精神分析」。這個過程出現在我們生命的那個部分——我們稱爲第十二宮，永恆、超越、靈性的觀點。她的配置清楚包含神祕的、浪漫的元素，以及強烈的退隱與自我保護主題。

步驟二：了解行運行星的本質

作爲老師的木星：信心、新觀點、找到機會的能力，走向未來的勇氣。如果木星成爲騙徒：因過度自信與驕傲而一事無成。

步驟三：掌握行運行星連結到「小片拼圖」的相位

四分相：代表摩擦、衝突、「天生敵人」的相位，互相威脅但又需要彼此共同成長與優化。

步驟四：了解行運行星經過的宮位

第九宮：擴張、冒險、教育、獲得觀點。我們視木星行經的宮位是更新、活化熱情的時期，同時意識到先前沒看到的潛力（木星事物）。它藉由提供新的機會去旅行、學習、做哲學性地擴張、打破原本的陳舊日常（九宮範疇），使這位女士的精神擴展。

結果會發生什麼事？就如我一直說的，這位女士自己握著另外半副牌。這些可能性的精確本質都存在於她身邊，當然，她會怎麼回應這些可能性，就無法用占星來預知了。我們知道的是，在這段行運期間，有個很大的九宮木星機會降臨在她身上，這讓她害羞、內向的十二宮巨蟹月亮感到驚嚇，甚至比自己一個人在暴風雨夜晚，在一間發生過謀殺案的房間看希區考克（Alfred Hitchcock）的電影還恐怖。

換句話說，木星的禮物與月亮「那片拼圖」所封住的課題產生了磨擦（四分相）。對大家而言像是恩賜的東西，卻使她充滿不祥的預感與不知所措。像是被雷打到一樣——她贏得六個月前參加比賽的獎品，一趟免費的印度之旅。她總是對瑜珈與冥想非常著迷，但是現在，在所有的鼓勵與慶賀之中，她內在那個安靜、孤寂的聲音，開始擔心：外國人、會遇到陌生人、危險、詭異的風俗、食物中的小蟲……我當初幹嘛要參加那個愚蠢的比賽？如果她去了，她的巨蟹月亮會受到行運木星四分向的摩擦，逼她進行一次進化的飛躍，超越那些本質上較脆弱，並且可能限制她整體發展的部分。

這是老師的工作，但是也許騙徒會贏，會安撫她、哄騙她，讓她沉浸在令人寬心的理性中，她會讓這趟印度之旅溜走，一切都恍若一場她從未真正相信會實現的夢。

觸發點的第三課很容易理解：每一宮的宮頭。宮頭就是每一宮的起始

處，我們會說是它們的「門口」。通常宮頭的定義很明確，常常會精確到幾度幾分。實務上，會有一個相對寬的區域，幅度大約是以宮頭為中心的三度弧度。舉例來講，如果你的第三宮開始在金牛座十三度三十九分（記住，一度是六十分），當行運行星移動到距離那個點一度三十分左右時，假設是金牛座十二度九分，它就開始刺激第三宮的活動與事件。而且它的刺激非常有力，宮頭代表著每一宮最敏感的區域。換句話說，宮位是從一聲巨響開始。雖然在宮位裡的相位觸發點，在實務上，會變更這個原則，不過通則是：**任何一個宮位獨立、內在的能量結構，在宮頭處達到高峰，然後漸漸變弱。**可以看到一顆行運行星進入一個宮位時，會發生在該階段裡最戲劇化或最顯著的事件。

在宮位的內在能量結構裡，還可以辨識出另一個模式，雖然這個模式可能比「宮頭法則」稍微不可靠一點。**常常在一個行運裡，當某行星靠近這個宮位的尾端時，會是該活動的第二個高峰。**就好像靈魂突然了解到時間快不夠用了，還沒有完成的事情迫在眉睫。事件，特別是理解，會在此刻受到強化。離開一個宮位，就像進入一個宮位一樣伴隨著轟然巨響。

上述都與宮位有關，在下一章，我們要來到行運的最後一步：了解個人的行星的內在週期，然後，我們就準備好進入新的領域。

給各位幾句鼓勵的話：我們正在這裡學習新的語言，就像我們在《內在的天空》裡一樣。再說一次，第一步要專注在詞彙與文法。我們只能靠自己，準備好開始造句。如果你覺得自己還沒準備好把所學應用在實務上，不用擔心。你的目標是正確的，預測占星是一張有許多碎片的拼圖。在我們把每一塊碎片拼在一起之前，我們要先熟悉它們的形狀，全部整合起來則是之後的主題了。

第六章

行運 IV：生命週期

　　你會爲一個五歲的孩子做「事業發展」的預測，還是會對一個臥病在床，老到記得法蘭克林‧羅斯福（Franklin Roosevelt）就職典禮的老女人做何時會有性愛機會的預測嗎？這種預測忽略了個人位於人類生命週期中的位置，最終通常會像鬧劇一樣預測失敗。

　　在上一章，我們將占星宮位與一般人的生命週期做了類比。青春期之後，接著就是長大成熟變大人，就像第十宮在第九宮之後。兩者都是**發展的固定模式**，只是每個階段要做的選擇，都要自己來。

　　但是生命週期本身呢？我們每個人從小是如何開始，又如何從起點開始前進？

　　每一個占星預測都必須放在人類生命週期的脈絡裡來看，必須連結固定的現實與每個人的年紀，來描述部分的意義。

　　這條規則很有力量，但應用起來要更細緻、更敏感。時代正在變化，我們的決定與生命模式並不像一個世紀前那樣，事先被規定好。五十歲的

男人也會有求愛活動，性的問題也可能會使一位七十歲的女性感到壓力。現代社會與以前不同，年齡已經不是行為的決定性因素了。

　　現代占星必須知道這些社會的改變，但是同時也要努力掌握每一個生命階段的真實本質。有些面向對預測占星來說是如此重要，而有些則因占星師個人的偏見與狹隘心智而受到扭曲。

　　在預測占星上，常識與我們自己的生活經驗是很有潛力的工具。如果你正在閱讀本書，那麼你至少已經度過了童年早期。如果你是位上了年紀的人，那麼整個生命風景都在你的身後，在理解這些模式時，你就處於非常有利的位置。我們這些處於中年的人，在解盤時有一部分必須透過經驗，有一部分則透過想像，以及個人與解盤者之間的熟悉程度。

　　人類累積了一百多年的智慧，超越了個人經驗，透過口頭禪與慣用語，將生命週期相關的智慧傳遞給我們。比如「可怕的兩歲小孩」、「青春叛逆期」、「中年危機」、「返老還童」，人不等於這些俗諺，但是這些想法確實傳遞了某種普遍性，存在於每個人獨特的經驗之中。

　　占星可以了解更深、更多，不只是讓這些約定俗成的觀念更有活力或更豐富，還能給出各個轉捩點在生命裡出現的精確時間。要了解占星理論的脈絡，就必須再增加一項元素到行星行運的成長圖像上。我們必須了解行星本身運行期間裡的週期循環。不是土星與出生星盤的關係，而是土星跟本命土星之間的進化關係。

　　舉例來說，一個人也許出生時土星在獅子座，他「本命」土星就會停留在那裡，當然，他的「行運」土星會往前進，穿越所有星座，與它在本命盤上的位置產生一連串的相位，最後回到其起點。

行星的循環

　　根據個人出生星盤的本質，大部分的占星事件會在一個人一生中的任何時間點發生。舉例來說，緩慢移動的海王星可以在他十七歲的時候對分本命金星，因爲這兩顆行星在他出生時位置靠得很近，十七年就足以形成這個相位。另一個人則可能等到五十四歲時才經驗相同的行運，在抵達那個特別的金星觸發點前，還要走很久。第三個人則可能永遠不會經驗這個行運，爲什麼？因爲海王星要花一百六十四年繞太陽（或出生星盤）一圈。在如此漫長的運行週期，某些海王星相位永遠不可能形成，除非那個人老到足以成爲鄉野奇談。一生的時間不夠長，所以各種行運的發生有某種「隨機性」。

　　有一種特殊的行運例外，這種行運給予我們打開人類生命循環謎題的鑰匙。雖然我們不知海王星何時會對分某人的金星，但是我們可以粗略知道它何時會與自己對分。換句話說，我們會知道行運海王星何時對分本命海王星。我們怎麼會知道呢？因爲我們知道海王星要花多久才能走完一圈出生星盤：一百六十四年。

　　一百六十四年的一半時間，它會來到旅程的中途，並且與它自己本來的位置形成對分相。即使我們對一個人的出生星盤毫無理解，只知道他現在八十三歲，我們至少可以粗略地知道，他正在經驗行運海王星對分本命海王星。同理，我們會知道當這個人大約在四十一歲時，海王星四分他的出生位置。

　　如何知道？因爲四十一年是海王星運行週期的四分之一，我們知道在那時行星已經移動了九十度，或是走過出生星盤的四分之一。既然所有行

星的運行週期恆常不變，相同的邏輯就可以應用在它們身上。於是，某個年紀就會對應某個特定的占星事件。

兩者交織在一起，給了我們一幅人類生命循環的占星圖像，這是一張我們共同擁有的圖像。當中出現的基本生命劇碼，「每一個人」的人生，藉由出生這個事實，將基本的生命劇本編寫進每個人裡面。我們的生命劇本疊印在占星事件的模式上，會發現其他各種行運，展現出更多個人的、隨機的發展循環。

這裡有個要留心的重點。**行星會因爲它們繞行地球的橢圓形軌道而加快或減慢**。因此，我們不能像上面舉的例子那樣，將他們的運行週期簡單地除以二、除以四，來決定我們何時會觸及這些相位，這種除法只會給我們粗略的圖像，細節稍後會談。

每個人的人生都爲我們展示出一幅高度複雜的占星圖像。一如既往，我們最好先選出最重要的元素，之後再決定是否要把細節納入。

要理解一顆行星的循環並不難，但是要同時掌握十顆行星，就可能不會讓人獲得智慧，而是讓人頭痛了。

簡化是必須的，生命循環裡哪一個轉捩點才是眞正重要的？我們遇到的困境，類似於剛開始介紹行運的困境。把所有行運都找出來，就像要試著數一整群蚊子一樣困難。

將慢速行星與快速行星區分開來，這種相同的分辨方式會再度解救我們。快速行星：太陽、月亮、水星、金星與火星，在我們著手人類生命循環問題時可以忽略。爲什麼？因爲他們的範圍太狹窄，即使以十年爲單

位，他們重複的次數還是非常多。這類行運可能可以告訴我們這週有何感受，但是無法告訴我們，在我們整個發展過程中，這一年具有什麼意義。

剩下的就是木星、土星、天王星、海王星與冥王星這些慢速行星了。是這些行星編織出每個人的人生之網。老師與騙徒，它們會按照預定時間，移動到與自己出生星盤所在位置產生重要相位關係的位置，創造出挑戰與劇碼，創造出傳奇與可恥的失敗，這一切形成了人類生命循環的模式。

每顆行星都有自己的節奏，因為它們的運行週期都不相同，當一顆行星的影響達到「高峰」，其他行星通常會相對安靜。大部分的人生裡，當木星在舞臺中心時，土星都還在化妝室。當天王星抓住我們的注意力時，冥王星則在出生星盤的黑暗角落休息。它們的循環長度不同，大部分的時間，彼此都處在不同階段。當然，我們還是會發現，很多時候這些循環彼此重疊，互相強化。我們很快就會看到，這類行運代表危機與機會。我們的人生線可能會因此混亂，但或許也可以抓住機會，勇敢一躍，跳進嶄新且更加快樂的未來。

較慢的循環在我們四周打轉，在敏感區域轉進轉出，進出每一個階段，一個行星消失時，另一個又出現，直到我們進入生命裡第九個十年的中間時期。那時會有一大群行星聚集在一起，類似出生時的環境（請看表一）。雖然我們有些人會活得久一點，但是大部分人不會活那麼久，在某種原型占星層次上，我們很難逃離那個概念，那是在我們完成了生命循環的八十幾歲時會發生的大集合（great convergence）。我們出去，就像我們進來時那樣伴隨著一聲巨響。

行星	運行週期（單位：年）	循環資訊
木星	11.88	七個循環 = 83 年
土星	29.42	三個循環 = 88 年
天王星	83.75	一個循環 = 84 年
海王星	163.74	半個循環（對分相）= 82 年
冥王星	245.33	三分之一個循環（三分相）= 82 年

表一：行星循環

＊冥王星的循環比較複雜，請參考後面有關冥王星的段落

　　這些行星的每個循環都有不同的意義，每一個都與性格不同面向的進化有關，就像每個階段一樣。在合相時，我們總會發現強化行星對我們態度的影響，有時候，是在我們內在撒下種子。六分相時，則會有非常大的活力，去發展前面撒下種子的那個功能。我們開始以一種新的方式成熟，並且感受到嶄新且無法駕馭的力量湧現，我們就像一頭年輕的獅子。四分相時，年輕獅子遇到了他的對手，我們撞上一面牆，我們的活力遭到檢驗，必須開始去適應現實：外面有其他的獅子，比我們大，且他們有不同的計畫。三分相時，我們再度感受到能量與機會，但由於經歷過四分相所發生的事件淬鍊，我們會以更成熟的形式來感受。三分相之後，就是對分相。

　　對分相時，我們挑戰現實本身，往複雜的環境擴展、建立、伸展、征服。那顆在合相時種下的種子，現在開花了。年輕獅子正處於他力量的巔峰時期，現在不做，就永遠沒機會了。他必須挑戰國王，也許他會贏，也許他會輸。一切都看他的準備。換句話說，一切都要看他在第一個半圈循

環裡，把功課學得多好而定。

接下來，我們進入漸虧循環，漸盈時期向外伸展的特質已經過去了，已經過時了。征服不再是我們的目標，我們不想要再加強世界對我們的印象，不再留下印記。

現在我們渴望回家，在這個漸虧階段，心智後退，朝著循環起始點前進。也許是勝利的歸來，也許不是，但是總是伴隨著一組思考重點：我過去的旅程有什麼意義？我在這漫長的旅程中，要如何使用這個意義？我能夠從這段經驗中學到什麼？如果漸盈循環代表著行動，或是擴展進入環境裡，那麼漸虧循環則象徵反思，或是把經驗整合到我們既存記憶與想法的過程。

漸虧時期的能量並不會比漸盈時期少，但是這個能量比較看不見，能量朝向整理的過程，整理那些漸盈循環所發生的事件，將之編織進性格的織錦。

起初，整合過程和諧流動（漸虧三分相），雖然我們會有睡著、忘記，以及扭曲我們經歷過的一切。接著來到衝突的時期，漸虧四分相，我們感覺「無法同步」，我們抗拒在經驗之光中重新定義自己。如果漸虧四分相期間，你只會抗拒，那麼你就會感覺這像是一場與現實之間墮落而迷失的戰鬥。然後步入漸虧六分相，理想上這是一段興奮刺激的時期，新的經驗整合使我們充滿活力，然後獲得力量，我們跑回合相。一顆新的種子被種下，無限的循環螺旋再度往外，根據我們是否從第一輪裡學到功課而決定這是個全新的循環，抑或是重蹈覆轍。

每個行星循環都可以按照漸盈漸虧的變化來理解，在我們對相位理解

上增加新的層次。比如，四分相一樣還是四分相，其基本定義——「摩擦」還是沒有變。但是現在我們理解到，漸盈四分相的摩擦，是來自於將我們的意志刺入這個世界。在漸虧四分相裡，摩擦則存在於我們現在創造的新環境與陳舊的自我意象之間，陳舊的內在意象可能無法跟上外在的成就。換句話說，在漸盈的相位中，我們與環境交流。在漸虧的相位中，我們從環境與我們的交流中學到東西。

　　海王星與冥王星移動地如此緩慢，這兩顆行星終其一生只會形成少許相位。由於很稀有，因此每個海王星或冥王星的相位都相對重要。木星速度則快多了，完整走完七個主要相位的循環只要十二年。

　　每個相位都很重要，但是若要處理所有相位，圖像會複雜讓人無法消化。由於本書重視實用多於理論，因此必須除掉某些雜草。數年來，我發現這些行星的某些轉捩點，在情緒上與發展上都受到高度充電。其他的則似乎漸漸消失在背景中。我們會專注在真正重要的部分，一般來說，合相總是意義的發電所。基於木星的速度，我們將只會考慮它回歸到本命的位置（合相），每十二年，都會給我們一個漸強的木星式活動。同樣的邏輯適用於土星，每二十九年半都會來到一個高峰。

　　次於合相的強度，則是對分相，最後是四分相。對於天王星，我們把範圍放寬一點，也把這些階段包含進來。海王星具有一百六十四年的循環，在一個人到達生命的終點前，很少進入它的漸虧階段，因為它很慢，因此每個相位都有時間建立其意義的深度與複雜度。每個相位都要仔細檢查，同樣的邏輯也適用於冥王星，它很少遠到超過對分相。

　　在我們開始一個一個看每個行星循環之前，還有一件事情要注意。行星的軌道接近圓形，但不是正圓形，技術上來講，它們是橢圓形，是「被

拉長」的圓。因此，**走過運行軌道的某個部分可能會比其他部分花更長時間。這對木星與土星的影響很輕微，但是對天王星、海王星與冥王星，影響則相當顯著。**這類差異帶來實務上的結果，就如我們先前提及，無法單純把運行軌道除以一半或三分之一，去看各種相位何時會形成，應該說差不多簡單，但又不全然是如此。要以個案方式確認這些外行星何時觸及到那些轉捩點，就必須查閱星曆表，上面會列出超過幾十年的行星位置。我們這裡是以大約的時間來呈現，只是作為指引，很接近事實，但只是平均值。

　　我們來探索每一個循環，按照時間順序將它們連結起來，看看它們的相互作用，創造出來的基本生命旋律，我們如何配合這些旋律，即興演出旋律與個人的優美音符。

土星

身分認同的循環
軌道週期：29.42 年

　　傳統占星師常把「限制」這個字跟土星綁在一起，邏輯上來說，對於帶環行星的影響，做這樣的評估很正確，但是就情緒面而言，這樣形容會造成誤導。

　　我們會不假思索地把限制當成人生路上惱人的路障。事實上，經常感受到那個限制對我們有好處。就好像午夜時走在下雨的鄉村道路上，靠路上的標誌才能行走，這些標誌幫我們認識自己是誰，以及該在哪一條路轉彎。**土星循環最正確的目的就是讓我們藉由面對一連串的限制，去釐清、定義、強化我們的身分認同。**只有在我們臣服於土星騙徒那句「你無法

贏」的謊言時，這個過程就會比較苦澀。

莎莉寶寶（Baby Sally）某天早上醒來突然有個深刻的理解：「我是一個女孩。」就某方面來講，這是一種限制，就像身為男孩也是一種限制一樣。她發現了她其中一個路標，除了以外科手術介入之外，她似乎必須維持女生的身分，男性的經驗對她關上了門，如同禁區。

她會因此感到悲傷嗎？也許吧。但她更有可能是快樂的，她的女性感受會變成她身分認同的堡壘，掌握這個基本限制，她會感覺更安全、更被清楚定義。

稍後她會了解到其他限制：她的種族、她的國家、她的宗教，每一種都餵養著建立身分認同的過程，每一種都是一個路標，也是帶環行星的禮物。當她成熟時，土星會更具體地說出她的路標，更明確地定義她的身分，並且更徹底地限制她。「我是女性主義者、素食者、在軍備控制上支持民主黨。」

還會有更多路標、更多限制，這個過程會繼續下去，至死方休。每天，她都在幫自己更加精確的畫設界線，但是在這個過程裡有個高峰，當那個重要時刻來臨，她必須重新以某種基本方式來定義自己，可能還要丟掉一些原本的定義。

會有兩次這類的土星事件，稱為**土星回歸**，標示出在所有行星循環裡，最基本最讓人議論紛紛的時期。這個「回歸」發生在土星繞完出生星盤一圈的時刻（或繞太陽軌道一圈，兩者是一樣的），它回到出生時的位置。

　　第一次土星回歸發生在我們即將進入三十歲的時候，第二次則是即將邁入六十歲時。兩次回歸將一生分割成三個土星循環，提供我們打開每個人人生傳記的第一把鑰匙。

　　在第一次土星循環期間，我們處於描繪個人身分輪廓、尋找人生願景的過程裡。經驗過這個階段，我們的路標就是我們自己個性與命運的洞察力。它們的最終目的是要引導我們變成熟，也代表我們可能會成為誰的夢想。在這個循環的早期，這些夢想是非現實的，充滿閃亮亮、不可能的神話。

　　「提米，你是誰？」「我是超人！」一個四歲小孩扮演自己心目中的英雄並非在浪費時間，他是在建立基本的神經迴路，這麼做會讓他長大後有能力承擔責任。但是一個十六歲的孩子還在玩這個遊戲，那就有問題了，他的夢想應該要務實一點。此時，超人被判出局，但是「想當搖滾明星」就是個合理的夢想，如果這會讓他受到鼓舞的話。當一個「搖滾明星」可能不是他真正的目的地，但是在他第一個土星循環中期，那個夢想可能是最佳路標。

　　最後，夢想必須與現實妥協，現實是個最難討價還價的討厭鬼。超人並不存在，一萬個無法溫飽的音樂家中才會出一個搖滾明星。土星回歸是討價還價的時刻了。也許充滿幹勁決定要當「搖滾明星」的年輕人成了一位音樂老師。他妥協了，但年少時的願景依然完好無缺地在他心裡。

　　土星回歸的現實擋在我們面前，使我們清醒過來，挑戰我們，要求我們長大。那通常是段辛苦的時期，典型的「身分認同危機」，就跟我們在青年與中年之間轉換一樣。即使我們的夢想已經變得比較成熟，然而這些

夢想之中還是可能有一些青春期的成分：我們想要名聲、財富、完美的婚姻、開悟……即使這一切都已經離我們的生活很遙遠，有一句話還是可以讓我們舒適的逃避：我們還是可以說「我長大以後要……」，但是在土星回歸時，這句逃避用的臺詞就遭到瓦解，那是強烈的心理衝擊：「天啊！我已經三十歲了！」我們已經長大了，我們內在深處明明知道，但卻不知該怎麼辦。

土星不會要求我們停止夢想，重點是，既然我們現在已經長大了，我們就要找到讓夢想變成現實的方法，個人地、專業地、哲學式地，土星回歸是**承諾**的時刻。承諾什麼？對真正的可能性許下承諾，堅持我們的夢想，只有透過自律、誠實的自我評價、合理地妥協以及接受現實，才能讓可能性實現。

第一次土星回歸之後，我們還是會做白日夢，但是現在我們的夢想收斂了，我們並沒有向現實低頭，而是透過決心和耐心去和現實世界討價還價，現在我們準備好前往人生的下一個主要階段。占星師視此為第二次土星循環，但是我們大部分只會稱之為「長大」。

成功駕馭土星回歸的人，就能維持其人生中的強度以及使命或靈感的品質。為什麼？因為他們創造出來的成人身分反映了年少時期的願景，雖然經過修正與部分妥協，但還是辨識得出來。如果人格的結構是第一個循環的目標，那麼第二個循環的目標就是命運的結構。這些成功的駕駛準備好了：他們讓土星當老師。

青少年幻想要當個吉他英雄，於是辛苦練習，現在正在大學教音樂；小女孩扮家家酒當護士，後來研讀生物學，現在主修神經外科；小孩讀著

海明威的著作，後來自力完成了兩本未出版的小說，現在的他是位暢銷作家……有很多這類值得讚賞的人，但是也許要描述他們的成就，最簡潔的方式就是縮減到這個簡單、單一的想法：他們並不討厭星期一開工日。為什麼？因為他們為自己創造出來的成年生活，反映出他們年輕時靈魂的啟發。他們的現實工作緊密地與真實自我連結，活出了自身的願景。

可怕的土星回歸失敗，常常隱藏在「成熟」與「務實」的薄紗之後，我們往下看著三十歲這個轉捩點，我們四分五裂地瓦解了。我們會投降：「我以前會做白日夢，現在我不會了。」

習慣性的緊繃線條開始在我們臉上成形，出現在那些等著承受下一次打擊的人身上。我們遺留下來的夢想變得不真實、像是癡人說夢或被縮小到只能夢想去夏威夷度假、買輛酷炫的保時捷或來場性愛冒險。我們的年輕時期變成一種奇妙的懷念與嘲諷的混和體，開始進入意識，我們的中年圖像變成面對一連串失敗時徒勞無益的努力。

「我以前煩惱著要拯救世界，現在則煩惱著怎麼拯救我自己。」這類是土星騙徒的標語，如果土星騙徒成功地在這個重要時間點讓我們受騙上當，那麼這句話也會是我們的標語。

年輕人在他們的第一個循環，遇到那些在土星回歸壓力下崩潰的人，總是會用輕視的眼光看他們，說他們空泛、枯燥無聊、物質主義。我們這些持續懷抱夢想進入中年的人，則會用更有同理心的觀點，因為我們知道自己是如何在土星回歸之下僥倖成功。我們知道土星騙徒要把我們的活力搶走有多麼容易。我們這些以土星為師的人，比較不會太快下判斷，比較容易同理。

　　第二次土星回歸大約在五十九歲，跟第一次有許多相同之處。我們再度來到一個轉捩點，必須再次換檔，進入生命的新階段。我們的所有部分再次遭遇挑戰，要去**接受現實**。第一次土星回歸時，我們受到挑戰，要從青春期進入成熟期。現在，第二次回歸，我們要從成熟進入老年。

　　等一下，我們真的在五十九歲就變「老」了嗎？二十七歲是「青春期」嗎？不盡然，這些只是方便的標籤，目的在於將每一個階段的某種精神具象化。重點在於**第三個（一般來講也是最後一個）土星循環，會在我們快要六十歲時開始**。種子已經種下，當它開花時，我們就會變成一個「村落耆老」，享受生命的這個階段，就像我們享受前面兩個階段一樣。

　　這種開花結果並非自動發生。那些抱怨、怨天尤人的老男人與老女人、詛咒現在，活在浪漫、錯誤的回憶裡，他們錯過了第二次土星回歸的功課。我們的目標，是要以優雅的轉化，進入下一個三分之一人生，透過現在的生活學習接受新的規則。

　　在第一個循環，我們活在人格之中。人生強調的重點自然落在自我發現上。我們花了很多時間盯著鏡子瞧。在第二個循環裡，這些練習並沒有消失，只是強調點換了。現在我們在意的是命運與我們自我發現的產物。**成就感**是人生第二個循環裡的主要一塊。那份成就感也許來自我們的工作，或是好好維持一個家。如果我們駕馭得好，我們對社群就會具有某種象徵。然後，第二次土星回歸來到，並且開始了第三次循環。現在呢？「命運」之後是什麼？生命即將結束，但是我們內在的活力還是很強壯。我們要如何引導這些能量？當然，我們還沒準備要回休息室。

　　人生的第三個循環，是靈性或不朽的循環。這可不代表，這個循環的重點充滿了基督教徒可怕的死前對話。我們的任務是把我們存在的某些證

據留下來，交給我們的後繼之人。我們必須教導我們所學會的，將我們的智慧傳遞出去。為什麼？因為這是年長者永恆而自然的任務，因為我們會自然的因此獲得滿足。

　　一般來說，我們可以說我們正在準備死亡，雖然這樣說有點陰暗，不太適合這裡。小提琴製作大師現在尋找學徒，想要傳授他所有的祕訣；一位出色的心理醫生正在寫他的書；有錢的企業人士成立了基金會；老爺爺開始為孫子存教育基金……這一切都意味著將火炬傳給下一代的過程，這是第三次循環的精髓。

　　利他主義是這些行為的動機嗎？不，不是利他主義，是開悟後的自利。我們越來越老，或快或慢，死亡都將追上我們。我們必須開始放下自己所創造的一切，享受它，免費供應給我們的後繼者，而不是把它藏起來。就像舊印度的神祕吠陀國王，當時候來到，我們就要宣布退位，把國家交給兒女，把注意力從無常轉向永恆。

　　許多人會失敗，許多人害怕變老，這些恐懼扭曲了隱含在他們的基因與染色體裡的智慧。「喔！天啊！我就快要六十了！」土星騙徒可要大幹一場了。有個商人離開他結髮三十年的妻子，買了一輛紅色跑車，然後被一個二十八歲的女人傷透了心。如果我們充滿否認而非接受的態度，那麼這就是一段危險時期。

　　有沒有一些現實生活中關於土星回歸的例子？這是一段戲劇化的時期，要找到例子很容易。

　　穆罕默德・阿里（Muhammad Ali）因為在越戰期間拒絕服役，被剝奪了重量級拳擊冠軍的頭銜，他慢慢奮戰贏回他的地位，最後獲得一場與

當時擁有冠軍頭銜的喬・弗雷澤（Joe Frazier）的比賽，阿里在他土星回歸期間奮戰，而且輸了。後來他繼續努力想要奪回冠軍，但是在那段期間，他撞上了現實之牆。他不再那麼自傲，堅持下去，辛苦訓練，後來奪回了頭銜。

　　對很多人來說，這面牆就像是一份博士論文，對黛安娜・羅絲（Diana Ross）而言，則是以電影《難補情天恨》（*Lady Sings the Blues*）中，飾演歌手比莉・哈樂黛（Billie Holiday）令人驚訝的勇敢表演，她擺脫芭比娃娃的形象。對導演喬治・盧卡斯來說，則是他的第一部重要電影《美國風情畫》（*American Graffiti*）。傳統上說，釋迦牟尼佛在二十九歲時離開了父親的宮殿，在森林裡尋找開悟，也是在土星回歸期間。

　　特里斯坦・瓊斯（Tristan Jones）是位作家與探險家，他有一長串探險資歷，大部分都是獨自一人搭乘一艘小船完成。比如，他花費幾乎兩年的時間，單獨一人，只有他的狗尼爾森陪伴，停留在靠近格陵蘭附近冰凍的北極海上。在他第二次土星回歸時，他受到對他人格來說非常戲劇化的限制打擊：他的腿被截肢了。他如何反應？在我寫這些文字的時候，他正駕馭著他的小艇「截肢號」環遊世界，讓大家注意到他建立的組織，那是個幫助殘障人士克服障礙，踏上自我冒險之旅的組織。在六十歲時，這位了不起的威爾斯人是個活生生的例子，讓人看到如何健康地回應第三次循環，他找到了傳遞火炬的方式。

天王星

個體化的循環
軌道週期：83.75 年

　　天王星這顆行星似乎與人類有一種特殊的親緣關係，在占星學上象徵天才、個體性、對限制的反抗以及固執的笨蛋，它的特質跟我們相近的程度，大於那些與我們共享地球的熊、海獺或金魚。

　　好像是要證明此關係一樣，我們觀察到天王星繞行太陽的軌道週期是八十四年，非常接近人類生命的長度。就好像偉大聖靈下令，要天王星給我們每一個人掙脫的機會，在我們的出生星盤上，出現每一種相位的可能性。

　　自由是天王星的主要概念。社會訓練我們、裝扮我們、教導我們意義與技術，還有語言與道德。對這一切，我們應該要感激，但是好事裡總藏著壞事。社會常常會把我們變成扯線木偶，用風格、姿態取代我們的直接經驗，用禮教規矩來取代人與人之間真實的交流。天王星則是面對這種世族綑綁的解藥，吹響我們內在叛逆的號角，使我們質疑權威，誠實面對暴行，喜歡惡作劇。

　　大約在十四歲時，行運天王星會與本命天王星形成漸盈六分相。這個相位具有的興奮特質，充滿我們初初嶄露的個體性，第一次瞥見真實天王星的自由。就像許多父母都證實，我們第一次使用這股爆發性能量時，常常弄得一團糟。青春期正在進展中，突然間，性需求驅動我們進入複雜的社會，這種狀況加速了個體化的發展。我們還沒準備好，但這是學習的好時機。

　　離家是此處重要課題。傷感的父母必須加倍努力讓兒女在這個階段認真的行使離家的權利，因爲天王星六分相是「結束童年」的相位。

　　下一個天王星轉捩點是**漸盈四分相**。此時，我們來到一個社會公認重要的年紀：二十一**歲**前後。摩擦存在於我們正在長出來的個體性與我們覺知到社會加諸在我們身上的限制之間。在這個階段，我們準備好要了解，和社會處處對著幹是自我毀滅。有時亂鬧脾氣的孩子氣，會在天王星四分相期間在我們內在死去，會讓我們去適應，與其他六兆人分享人生的現實。這裡有個很大的危險，如果這個過程走過頭，會在這個關鍵點精神崩潰，會使年輕人變得沒有情緒，服從習俗。也可能孩子氣的怒火拒絕成熟，個體性的火花在這個時間點開始犯罪、麻木不仁，最終自我毀滅。

　　三分相大約會在二十八歲時到來，爲土星回歸做準備。現在個體性更加成熟，準備好跳進隔年即將來臨的生命中繼站。我們感到自己的人格開始與社會現實處於和諧狀態，透過我們出生所在的社會儀式與不成文的規範，成功地表達自己。寓言中的「尷尬青年」在這個時間點開始漸漸消失，除非我們像梭羅一樣，在天王星形成相位時溜進自己的瓦爾登湖隱居。

　　在整個個體化循環中，天王星形成的所有相位中，最重要的是**對分相**。發生在大概四十二歲的時候，雖然會有點來回擺盪，相當於經典的「中年危機」。在極端緊繃的對分相之下，我們就是厭倦於照著別人說的去做，我們感覺到自己正在看著生命的下半場，那讓我們興奮不已，迫使我們採取行動。天王星使我們全然渴望去做我們喜歡的事，去做改變。我們的個體性已經成熟，正在尋找表達的機會。

如果我們被困在一個自己不熱衷的工作，或是一段讓我們感到虛假的婚姻，此時就是爆發的時期，就像在這些結構裡裝好了炸藥。「我就是我」——這就是這個歪曲但興奮時期的精神。在天王星的影響下，提摩西‧李瑞（Timothy Leary）在 LSD 實驗的早期階段，丟了他在哈佛心理系的教授職位。泰德‧透納（Ted Turner）將他的媒體帝國交給別人，跑去划船，駕馭他的勇氣號贏得美國盃。

現在，天王星循環開始進入漸虧。個體變得更會反省，更少「演出」他那齣戲。**漸虧三分相**約發生在**五十六歲**的時候，是一段更為成熟的時期，生命的經驗開始在我們裡面凝結。我們非常了解自己，可能與自己的本質相處起來感覺更輕鬆，更勝於在循環中的任何其他點。我們為兩年後即將來臨的第二次土星回歸收集力量。不管性別為何，即便是個「有肚子的男人」（這在義大利可是一種尊敬的說法），這個說法很貼切地形容此時期的我們。不管是瘦或胖，我們都怡然自如。我們的個體在這個世界如魚得水，即使 *Mademoiselle* 或 *GQ* 這些時尚雜誌不找我們當封面人物也無所謂。

漸虧天王星四分相大約在**六十三歲**時來到，這個行運有可能會是真正的驚嚇。我們與社會之間再度發生摩擦，我們感受到長江後浪推前浪的壓力。

通常，我們會感受到肉體更加虛弱，比較無法守護自己的地盤。面對此刻這個相位的挑戰，要採取正向的回應，就必須重新定義自己的個體性，而且是以一種較少依賴社會認可的方式。

充滿熱情的退休生活、充滿私人規畫，這通常是對天王星的提問最健

康的答案。還有其他答案，但是全部都與仔細檢視我們自己的動機，以及清除掉那些想要從社會裡收集到好寶寶點數的一切有關。

漸虧六分相大約在**七十歲**時來到，我們稱之爲「黃金年紀」。我們常常會在此時找到新的活力爆發。火熱的老男人、靈性的老女人，這些原型在此時嘗試融合到我們的個性中。

最後，我們回到起點，回到**合相**，大約在**八十四歲**時。象徵上，這是生命的結束，雖然有些人會來到某種新生，進入新的天王星循環。這個新循環的意義，就留給那些九十幾歲的人來告訴我了。合相本身代表的是完成我們的個體性。我們完成了一整個循環，看盡一切世事，美麗的老男人與老女人活過了一整個人生，擁有高貴的靈魂與寬容的心，在自己的個體性裡有絕對的從容，沒什麼需要去證明，也不需要讓誰印象深刻，對一切展現仁慈的尊敬，對任何虛僞展現會心一笑的幽默，平靜面對他們的死亡，因此，也不急著要緊抓住任何東西、甚至也不需要一直回憶。這是天王星回歸的精神，是生命的目標，至少在精神層次上是如此。很少人抵達，然而這些人卻鼓舞了我們。

尤比・布萊克這拉格泰姆作曲家就是個好例子。他的人生八十歲才開始。哥倫比亞唱片公司發行了一張很成功的唱片《尤比・布萊克的八十六歲》。只有他的音樂啓發人們嗎？不只，這個人本身就成了一種象徵，象徵人類精神不朽的價值與幽默。

天王星硬幣的另一面，可以在伊朗領袖何梅尼（Ayatollah Khomeini）身上看到。在這個行運下，他使伊拉克戰爭升級，甚至把自動武器交到孩子手上並派赴前線。他的天王星自我，眞實個體性的陰影，失去控制的暴怒，就像火山般冒火。徹底自我中心的老男人或老女人，會不斷訴說他們

身體的疾病、批評周遭的道德與生活型態，使我們感到厭煩不已。這就是失敗的天王星合相。在何梅尼身上，我們看到這場失敗颳起的狂風，扭曲了整個世界。

海王星

靈性的循環

運行週期：163.74 年

海王星漫長的軌道，限制了它可以產生的轉捩點數量。除非我們活到一百一十歲，否則不會形成任何一個主要的漸虧相位。就實用的目的而言，**對分相會大約在八十二歲**時出現，代表人類生命循環的結束。對分相之外，我們必須思考的只有漸盈六分相、四分相與三分相。按照我們的通則，較慢的行運有時間發展意義的深度與複雜度，因此擁有力量，不管海王星觸發了我們內在的什麼，我們都會立刻知道，這顆從容不迫的行星，其觸發肯定非常深而複雜。

就如我們在《內在的天空》裡學到的，海王星這顆行星是**意識**本身。在本書的第三章，我們介紹了海王星老師，這顆行運行星打開了我們的心，讓我們聆聽可被稱爲內在或是「心中之神」的聲音。超越、平靜、對靈性訊息開放，這些都是海王星的禮物。但是我們在第四章也看到，騙徒也活著，它會用魅力與誇大的言詞來欺騙我們，哄騙我們逃避，並踏上那條漸漸敗壞、疲乏與心智衰退之路。

我們每個人都不只是人格而已——這是冥王星的訊息。在我們之上，還有一個神祕的世界，一個眞實的世界，如果知道如何轉動那把鑰匙，我們就可以進入那個世界。要知道如何轉動鑰匙，我們就要知道，我們的意

識可以抵達自我無法抵達之處。

在這裡，態度要有細微的轉換，遠離我們一般的自我導向，做一點改變，使我們有能力使用某些海王星的技巧：冥想、祈禱、催眠、出神、看破虛空。當海王星抵達它漫長循環中的其中一個觸發點時，就是我們準備好要與那個宇宙觀點更靠近一步的時候。也可能是那個宇宙觀點已經準備好要再靠近我們一步（先把自我晾在一邊）。兩種經驗難以分辨，不管是哪一種，我們都準備好在意識裡做一次量子跳躍，如果我們失敗了，會經歷一段窘迫的期間，充滿了貧乏的現實考驗、逃避現實與愚蠢，這都是海王星騙徒給予的暗黑禮物。

海王星給我們很多時間，讓我們從騙徒裡篩選出老師。不像土星與天王星，海王星這些行運的緩慢速度，以及它們產生的問題模糊度，常常使海王星轉捩點的長度拖過兩年，有時候到三年。我們在下面按照年齡，提供的這顆行星活動的巔峰時期，當我們在這些靈感之光中發展時，要記得考慮到前一年與後一年，要記得每一個人實際的時間點都有些許不同。

漸盈海王星六分相，發生在大約二十八歲的時候，剛好遇到天王星三分相，也常常與第一次土星回歸的早期階段重疊。在占星上，二十幾歲晚期顯然是很重要的幾年。我們要做很多決定，無論是實際上的還是哲學上的，這些決定會形塑我們的成年生活。在土星與天王星熬煮的人生裡，海王星會加上靈性成熟的調味料，或至少是靈性成熟的可能性。透過六分相的刺激，我們內在會升起一股渴望某種更寬廣的生命觀。

有些人會去做心理治療，有些人放棄了年輕時對教會的叛離，重新回到原來的信仰。有些人開始練習冥想。常常在這個時間點會有個外在的觸發，深化我們的神祕學感官。就像卡斯塔尼達的例子，他在海王星六分相

時第一次遇到唐璜。

　　海王星六分相的大危險是，它傾向於激起我們內在想要逃避，將一切拋諸腦後的渴望。在這裡，我們在騙徒迷惑人的注視之下，「喜歡喝飲料的孩子」成了長大成人的酒鬼，或是易受騙的年輕男女，跟隨著某些假大師走上花言巧語的承諾之路。六分相總是象徵著令人暈眩的能量，有力量，但容易過度。

　　在另一個海王星相位形成之前，需要經過很多年，當相位再度發生時，我們發現這個相位再度與天王星的轉捩點相遇，給予這個時期特別重要的品質。海王星相位的**漸盈四分相**，通常會出現在我們**四十一歲**生日前後，即將進入我們大約四十二歲時，天王星將形成很有力量的對分相所代表的「中年危機」。

　　這個四分相對我們正在成長的靈性感受造成磨擦。我們現在很飢渴，渴望某些神、真理，亦或較高實相的直接經驗。我們想要證明，而天王星的能量使我們對那些靈性權威給出的「聖誕老人」這種簡單答案產生質疑。懷疑的種子已經種下，信念可能會動搖或跳到新的層次。

　　一如往常，四分相需要努力，這時，出現了某種力量，使我們的信念變成疑問，要撐下去，信念一定會成長，而且常常會透過某種「偉大的工作」成長。在漸盈海王星四分相時期，凱薩・薩維斯於一九六八年，在農場聯合工會葡萄罷工那段最黑暗的日子，將他的非暴力精神價值推向極限。他可以放棄，但是他反而把內在的力量推向新層次，他從二月十三日到三月十日持續禁食，啟發了他的追隨者，也重新啟發了自己。三週後，他四十一歲了，更有深度、更有智慧，成功地將這段棘手的過程導向令人驚豔的開始。

　　循環的下一個階段，**漸盈海王星三分相**，發生在**五十五歲**左右，在漸盈天王星三分相前一年。另一個中世紀時期認爲的「好」相位，海王星三分相確實是我們內在發生靈性和諧的可能性，會使我們充滿平靜。保證一定會平靜嗎？不，三分相的風險是，我們傾向於在沉睡中渡過這段期間，錯過了它們提供的機會。在雙重天王星與海王星三分相之下，這些年通常帶有甜美的品質，「有肚子的男人」階段，風險是可能太甜美了。嗜睡與困乏使我們沉入夢鄉，加上有時候還來幾杯昂貴的蘇格蘭威士忌。也許那也沒有多壞，除了海王星三分相之後，立刻跟著來的第二次土星回歸。我們以一小時七十五英里的速度撞到牆、昏睡。好好駕馭的話，這些年可以用來準備。現在是爲第三個土星循環建立靈性基礎的時刻，由三分相帶來的靈性基礎，只要我們醒來。

　　法蘭西斯・奇徹斯特爵士（Sir Francis Chichester），英國飛行員與帆船駕駛先驅，給了我們關於海王星三分相神祕面向的有用例子。一九五七年，在這個相位下，他被診斷出晚期肺癌，醫生推測他時日無多。他選擇進入靈性導向的「自然療法」醫院，而且奇蹟式地找回了健康，又活了將近十年之久。

　　癌症很可怕，當你被告知只剩下六個月可以活時，那感覺會有多「甜美」？通常，海王星三分相不會把人逼到這種絕境，這比較像四分相。

　　無論如何，我們必須記住，每一個人的生活只是我們經驗的脊柱，其他的循環與我們自己特定那張出生星盤的內在邏輯連結，覆蓋這些較寬廣的模式。當法蘭西斯爵士被診斷出肺癌，除了這個三分相還有更多其他的相位，同時還有行運天王星摩擦（四分）他本命的火星（勇氣、恐懼、存活的本能）。這使圖像變得複雜，對於「基因上」海王星三分如何應用在

特定個體上，有更細緻的理解。

　　海王星對分它自己本命的位置，平均發生在大約我們八十三歲的時候，正好是我們不久前介紹過的行星大集合時期。再次代表著終點，最後的考試。**我不等於這具身體，我不是這個人格，我是意識。**這些感受現在嘗試突破進入覺察，心靈獨立存在於生化過程之外，這就是海王星老師要傳遞的訊息。但是如果騙徒得道，那麼深層自我的閘門將會打開，沒有連結的形象之海將淹沒個人。對分相的黑暗面是自作自受的老糊塗，智慧則是對分相的目標。

　　我曾看過一段訪問影片，採訪偉大而神祕的瑞士心理學家榮格（Carl Jung），影片是在他去世前不久拍攝。在那個時候，他正處於非常早期階段的海王星對分。採訪節奏輕快，榮格用他的德式英語清晰回答複雜的理論問題，只有一次，他猶豫了。採訪者問：「榮格教授，你現在相信神嗎？」榮格望向他處，想了一下，回答：「現在？很難回答。我認識神，我不需要相信。我認識神。」

　　對榮格來講，對所有成功駕馭最後一次海王星轉捩點的人來講也一樣，「超越生命之境（beyond）」的存在，已經不是用猜想的了，而是就像晚風那樣真實且可以觸摸得到。再次地，如果我們過去成功駕馭，那麼那扇門後就不再是警報的源頭，而是奇蹟之源了。

冥王星

命運的循環；靈魂復原的循環

運行週期：245.33 年

　　終其一生，冥王星穿越每個星座的速度就像烏龜一樣緩慢。它很少走遠至對分相，這使我們只會得到四個冥王星轉捩點：數量比其他行星還少的對分相、三分相、四分相與六分相。

　　每個相位觸及我們的時間約三、四年，給了它很多時間建立意義。那些積極回應冥王星呼召的人，會被它清理乾淨，超越純個人世界，進入更大的社群或歷史的框架。那些習慣於較狹隘觀點的人，常常會暫時受困於精神疾病，他們可能會有一種到頭來一切都是空的、徒勞的感覺。一如既往，冰冷的冥王星穿透性的凝視，轉過頭來凝視我們，挑戰我們，要我們抓住更大的命運，超越我們自己。

　　冥王星的複雜軌道，使它的各個階段很難與固定的年紀連結。它整個二百四十八年的循環，移動非常緩慢，甚至它的第一個挑戰──六分相，在一個人到達四十歲前，從來沒出現在一個人身上。

　　冥王星的移動現在快多了，所謂的「現在」是指二十世紀後期，到二十一世紀這段期間。生命被加速，比如出生在一九五〇年左右的人，他們的冥王星六分相會伴隨著土星回歸，超前每個人的時間表，讓他們在結束青春期時，品嘗「中年危機」。為什麼？因為冥王星的軌道非常橢圓，因此，它的速度是所有行星中最不固定的那一個。生命將這些不同的時間框架織入生命劇本之中，讓每一代根據基本的冥王星主題，做不同的演出，好讓哲學家與神學家能做出最好的解釋。要確切知道個人相位發生的時間點，絕對需要參考星曆書。

　　不管何時發生，冥王星六分相的基礎就是激勵（excitation）。但是這種激勵以新的方式發生：每個人都受到刺激，要在這個世界留下他的印記。他感覺到有一種催促，要他去做大事，同時他又感受到某種生命的荒

謬感帶來的挫折，這種感覺縈繞不去。

「這就是一切了嗎？」騙徒回答：「是的，這就是一切。」於是，當我們在工作的權力鬥爭中，在朋友之間，在親密關係裡，把六分相的能量燃燒殆盡後，我們就被囚禁在狹隘、無意義的存在之中。

一如既往，冥王星存在的危險是，我們會盲目重演過去的傷痕劇碼。即使我們心裡有冥王星老師伴隨，對這個行運還是有一種「現在不做就永不可能」的氛圍。六分相加油添火，內在有個聲音激勵著我們：「做點事情！」而「那點事情」必然不只是買一輛新車。就像丟一顆石頭到池塘裡，必然會在社群裡引起漣漪，對這個世界發出訊號說：「我在這裡。」

凱薩・查維斯（Cesar Chavez）就對該階段提供了一個強力回應的鮮明例子。在他冥王星六分相期間，開始了著名的加州葡萄罷工，使他從無名小子變成名留青史的人物。甘地對印度人民的鼓舞越演越烈，就在他處於這個行運時，大英帝國終於必須加以注意，邀他前往倫敦。

「動起來，動起來，動起來！」冥王星在漸盈四分相時反覆叮唸著。要精確知道這個相位發生的時間，就要看我們出生在哪個歷史時期，且一定要查閱星曆書。平均年齡大約在六十二歲，但是這個相位在現代發生的時間早得多。比如說，出生在這個世紀中期的人，就會在他們三十幾歲晚期經驗這個四分相。不管這個相位何時發生，都會啟動極端的摩擦能量，訣竅是要知道，這個能量必須受到控制，必須給予一個任務。若沒有加油添上這種冥王星之火，自我就會遇到麻煩。在這個四分相之下，會出現壓力。生命對我們尖叫，堅持要我們給出點什麼，但是是用異國語尖叫。

要成功通過這項考驗，這些男男女女必須學習一種新的生命語言，跳

脫自我導向，超越那些老舊傷痕的行為程式，透過利他的努力與心理治療，或是自我管理等等，讓自己投入自我超越。為什麼？不是因為「這是對的」，而是因為「感覺是對的」。在這個四分相，不管我們是否理解，我們的快樂會與改善我們的靈魂以及我們的社群比較有關，而不是改善我們的身材或收入。

這個冥王星任務不需要多偉大，我們不需要像凱薩‧薩維茲或是甘地那樣，但是我們必須以某種理想的行運儀式，使我們的進化，從青年時狹窄、由心理決定的動機，轉變為適合後半生廣大的意義架構。

傑羅丁‧安妮‧費拉羅（Geraldine Ferraro）在這個四分相時，暴衝進入她較大命運的軌道上。在這相位的影響下，她出乎大眾所料，被徵召參選美國副總統。就如我們常常在冥王星上觀察到的，事件超乎她的控制與理解，把她拉進歷史的過程裡。在比較沒那麼多采多姿的等級上，我們常常發現在這個行運冥王星的相位期間會引導人去教堂或社區組織做志工，然而如果騙徒得逞，就會進入陰暗時期，此時生命似乎失去了一切意義。

四分相之後，是順流時期的三分相。如果我們在前面的冥王星轉捩點時期，建立了強大的基礎，我們的命運現在就像坐在雪橇上一樣，受到集體或歷史本質的力量加速。查理大帝受到歐洲人民更大歷史的推動，在這個三分相時期，被加冕為神聖羅馬皇帝。一般而言，這個相位會發生在人生晚期，是八十幾歲時群星大集合的一部份。現代人的人生似乎被「往前推」，那些出生在本世紀中期的人，這個三分相會提早在五十幾歲時出現，對分相的緊繃則保留給群星大集合。

很少祖先面對過的這個冥王星對分相，這點具有什麼意義？兩個世紀以前，冥王星移動速度就像現代一樣快，但是那個時代有多少人能夠見到

他們六十歲的生日？這是我們必須自己釐清的謎題，這個答案不只關乎每
一個人，也關乎這些時代。**緊繃**是這個相位的主題。當冥王星最後對分了
它在我們出生星盤上的位置，某種審判日來到。生命充滿疑問的瞪視著我
們，問：「你做過什麼偉大的工作？你記憶中，有什麼超越了驕傲與滿
足？你留下了什麼標記？」

　　這些提問，是我們這些正在閱讀的大部分人必須回答的，不是等舊約
聖經裡審判的神來到才回答，而是在我們自己更嚴厲的二十世紀意識法庭
裡。這些是艱辛而挑戰的問題，這些問題只有地球上極少比例的世代曾面
對過，或即將面對。

木星

機會的循環
運行週期：11.88 年

　　木星是太陽系裡最大也最重的星體，距離太陽很遠。在運行較慢、形
塑人生的行星中，它離地球最近。直覺上會認為，這麼一顆又重，又離這
麼近的行星，對我們的人生一定有明顯的影響。

　　木星確實會影響我們，把我們的屋脊弄得喀啦喀啦響。但是這顆巨人
行星有個悲劇性的瑕疵，會奪走一些我們在行運冥王星或其他行星身上會
有的深度。這個瑕疵就是速度。以老師與騙徒的標準，木星繞出生星盤一
整圈只要十二年。聽起來似乎是很長的時間，但是它在每個相位的容許度
裡，只停留約五個月。在這樣的期間，可以發展出的真正意義（我們很快
就會看到），與其他漫長行運的外行星比較，木星的長度幾乎無法轉變任
何人的內在生命。

換句話說，木星回歸——合相，是我們唯一需要考慮的相位。其他的相位當然有其重要性，但是在這一章，我們的目的是掌握人生循環，基於策略上的需要，我們要從占星產生的大量資訊中，小心選擇自己需要的資訊。即使我們限制自己只看它回歸本命盤的位置，但是木星在一般的人生過程裡，還是會創造七個轉捩點，加上我們看過的天王星四分相與對分相，這些資訊會淹沒我們，使我們失去目標。

傳統上，木星被視為「大吉星」，有幸運的影響力。就如我們在第三章學到的，木星騙徒會有不同的一張臉。它可以唬弄我們，使我們落入自己的驕傲、懶散與過度自信的圈套中。這顆行星掌管著機會的循環，但是機會必須被抓住，有時機會稍縱即逝。我們不需要負面看待木星，它可以帶給我們很棒的可能性。上面提到的概念是要理解，行星不會為我們做任何事情，我們是與行星合作，就像打乒乓球一樣，最後的結果是看打者雙方的表現。

「幸運」這個概念，常常要分解並仔細檢驗。在任何時刻，都會有某個人中了彩券，但更常見的是，當我們看到「幸運」，我們也看到了過往的辛勤工作、懷抱願景並努力不懈，使這個「幸運」的人在對的時間來到對的地方。

木星同時連結這兩方的故事，當鵝下金蛋的時候，就是常常有這樣的行運配置的時刻。但是這段時期常常也發出訊號，是我們已經準備好，為過去的努力收穫成果的時期，並為了更滿意的自我表達模式做準備。祕訣就是，把木星回歸時的每一分機會都擠壓出來，不要讓這顆行星放大我們的缺點，在勝利的當口被擊潰。

木星回歸時，已經為了好運架設好舞臺。機會就在那裡，等著被抓

第六章 / 行運 IV：生命週期　155

住。最好不要把它想成是禮物，它比較像是一場徵試會。我們有機會，但無法保證成功。有天份的女演員，獲得跟一位知名製片家試鏡的機會，試鏡前一晚還舉行了「勝利慶功宴」，這很可能會搞砸了這場試鏡。興高采烈的心情現在必須受到管理，必須以批判與謙卑來調和。不實際的高標準也可能阻礙我們，我們必須認出機會之門，並且當門打開時一躍而入。一旦穿過這道門，其他的路就會出現。

法蘭西斯・柯波拉（Francis Ford Coppola）在他木星回歸時，執導了他的第一部電影，黑白電影《癡情十三》（Dementia 13）。他利用這個機會之門，使他的堅持獲得獎賞，成為一名導演。順便一提，他的下一個木星回歸來到時，他推出了《教父》（The Godfather），奧斯卡金像獎在後面等著他。

李奧納德・尼莫伊（Leonard Nimoy）本來是個沒沒無名的演員，在一九六六年六月經歷木星回歸。幾週後，九月份，《星際爭霸戰》（Star Trek）第一集播出，他奇妙地扮演了瓦肯星科學官史巴克，站穩了歷史定位。木星之門在意料之外的地方為他開了扇門，尼莫伊有足夠的彈性，跳躍進入這扇門。他成功駕馭了木星回歸，在往後二十幾年持續為他帶來財富與機會。威廉・薛坦納（William Shatner）飾演艦長寇克，他只比飾演史巴克科學官的尼莫伊大四天，他們的本命木星合相，因此，薛坦納也在星際爭霸戰播出第一集前經歷了木星回歸，他也抓住了改變人生的機會。

法蘭西斯爵士遇到木星回歸全然的豐盛，可能比任何人表現得都好。一九六○年，在這個相位的影響下，他跟朋友賭半冠硬幣（約三十五分），他賭他可以駕駛小帆船橫越大西洋。朋友接受了，幾個月後，法蘭西斯爵士贏得了比賽與他的半冠。

那麼騙徒呢？木星經常被視為是吉祥的力量，但是我覺得可能很多人會在這顆行星來到觸發點時做出許多愚蠢、致命的駕駛錯誤。在汽車裡犯蠢是個很好的例子。不管是汽車還是木星，賭注總是高於眼前所見。得意忘形總是讓我們自以為無所不能。要在木星回歸時收獲好處，我們必須對外擴展，投入生活，承擔計畫中的風險，但絕對不要承擔沒必要的風險。然後，我們還要防止高估自己，這會導致傲慢，通常還會出醜或更糟。一八四〇年十一月，梭羅處於木星回歸之下，他向艾倫·蘇瓦求婚遭拒。

人生計畫

這是每個人的人生，基本的生命劇本，印在我們身體的細胞和頭腦的突觸中。這個劇本告訴我們什麼？人生本是一個循環，可以預測每一個階段。我們每個人在心智層面都面對著一連串可預見的危機與轉捩點，就如我們面對自己身體老化過程裡的一些徵兆。

沒有人可以倖免於外，除非你很短命，不然無法避開或是加快任何一個階段的到來。這些循環跟人類一樣古老，描述著一則永恆的故事，那是每個男男女女曾經活過的個人傳記，或是在另一個陌生的世界，當第一個孩子醒來前，即將活出來的故事。

我們的自由呢？我們是否注定永遠要演出那齣古老劇碼？這本生命劇本告訴我們很多事，但是它沒有說的部分，為每個人這張出生星盤上冰冷的演算注入了活力。每個存在的階段都是問句，每個人的回答都不一樣。比如說，就像我們前面發現的，凱薩·查維茲對行運冥王星六分本命冥王

星的回應，是領導農場工人爲了公平的工作條件而罷工。六分相的激勵，不只給了他領導能力，也給了他使命感，並且成功控制與引導這令人驚異的冥王星能量。查爾斯·曼森（Charles Manson）的追隨者犯下了可怕的泰特·拉比安卡（Tate LaBianca）謀殺案時，正好也具有同樣的領導力。我們也在希特勒的出生星盤上，看到在第二次世界大戰時啓動了相同的相位。是什麼使他們的表現不一樣？答案不在占星的範疇，而在我們自己手上。占星並沒有一體適用這回事，除非是做抽象描述。眞正存在於世的，是一群能夠自我選擇的人。

　　我們要如何在預測占星的具體實務中，使用這個生命劇本？再次提醒，眞正必要的策略，我們後面會談。現在，我們要先學習辭彙。如果我們要讓每個人的生命知識能夠對我們有所助益，而不是讓我們困惑，這裡有兩個交互作用的原則必須記住：

任何行運的意義，有一些部分取決於其行運發生的時間點，與生命循環的固定階段之間的關係。

疊加在這個生命循環的固定階段之上的，是每個人獨特的行運之網，深刻影響著固定階段的意義。

　　舉例來說，天王星的路徑經過某位女士與本命水星的對分位置，仔細查看她的「基礎預測」（出生星盤）之後，要理解這個行運，要按照幾個程序（我們在第三章談過的程序）。在她生命的這段期間，天王星的個體性是一個爆炸性元素，與她的智性、自我表達的風格（水星）呈現緊張（對分相）的狀態。社會壓力把她推往某個方向，她的內在聲音又把她推向另一個方向。不管她是十七歲還是九十三歲，都是非常眞實的描述。

　　了解她在這個生命循環的位置，能夠幫我們更進一步訴說這個女人的故事。天王星的行運發生在她接近二十九歲的時候。換句話說，她的生命劇本影響我們解讀這個天王星／水星的交互作用。她正在從青春期轉化至成熟，一切都需要置於這個光中去理解。天王星／水星的元素會在她的經驗上加上什麼？與她的年輕有所連結的某種自我表達的習性（水星），需要放下（天王星），但是在她四周的人已經習慣她這個習性，堅持她要繼續保持。這場為了自我表達的權利之戰，變成是與她成年有關的**行運儀式**之一。深受天王星的泛音影響，她的土星回歸多了點叛逆（天王星）的味道，如果她成功駕馭土星回歸，那麼必然會特別提防用陳腐的答案去回答她正在面對的問句。一般來講，這類的叛逆不在土星回歸的主要面向裡，但是就她而言，自由靈魂的天王星元素解開了她所有的窒礙。

　　這位女士就是黛安娜・羅絲（Diana Ross），占星上的劇碼展現在她初次擔任主角，演出《難補情天恨》。她放棄公開的閃亮少女形象，採取天王星的步驟，扮演藍調歌手比利・哈樂黛，以一種會讓所有想讓她維持玉女形象的人感到震驚的方式，傳遞（水星）她的成人身分認同。

　　因此，一個行運的時機點，與她個人的出生星盤連結，並且與普遍性的生命劇本產生交互作用，創造獨一無二的行運儀式。兩者都不可能被別人了解，事實上，把兩者分開只是一種學習方式，在實務上，主題與其變形是同樣一件事。

　　談到這裡，已經完成行星行運的研究了。如果你感到困惑，請不要擔心，或覺得自己必須回去複習任何你可能已經忘記的部分。只要繼續閱讀，稍後，當我們進入本書的最後一部分，我們會談談如何將所有的材料，融合到整體裡面。現在，我們還在拼圖過程的早期階段，我們還在檢

視每一塊碎片。

這些碎片告訴我們什麼？雖然我們解說了很多細節，但是其實已經讀過的這幾章，本質上很簡單。

首先，我們學會出生星盤本身是基礎預測。我們在開始思考行運之前，必須徹底了解這張出生星盤。

第二，我們學會了行運無法「對任何人做任何事」，人們是自由的，他們可以用有創意的方去回應這些行運。

第三，我們學會行運有兩個主要的分類：速度快與速度慢。速度慢的行星是「老師」與「騙徒」，它們形塑大部分的人生主題。速度快的行星是「觸發器」，它們創造每天發生的狀況，讓我們透過這些狀況去經驗這些大主題。

最後，我們學會某個特定的緩慢行運，總是會發生在特定的年紀。這些特定行運創造的主題是普世性的，在某個可以預測的時間點，發生在我們每個人身上。這部生命劇本影響著我們如何去回應其他的行運，以及這些行運對我們的意義。

如果能記得上述這些，那麼你就算學得很好了。

第三部

創造
未來

第七章

推運 I：什麼是推運？

種下一顆橡樹子，給它水、肥沃的土壤與陽光，附加一點運氣，結果會發生什麼事？一棵橡樹會從地上長出來。一個世紀後，它會高聳參天。現在，請畫出一棵橡樹百年後看上去的模樣，雖然此刻這裡什麼都沒有，只有發芽的橡樹子。然而，這並不是項難的挑戰，因為我們都知道橡樹通常會長成什麼樣子，我們知道葉子的形狀、樹幹的紋路。我們可以猜測出一個世紀後這棵樹的外觀，雖然我們只能以今天所知的普遍事實去畫出推測的未來。說不定二十年後，這棵樹被閃電打到，雖然活了下來，樹幹上卻裂了一條縫。或是強勁的西風吹襲，使它所有的枝幹都倒向一邊，搞不好因乾旱或暴露在酸雨中而發育不良。

當我們看著一顆橡樹子時，我們無法預先知道這些影響。這些影響都要在橡樹子與環境產生交流後才會發生，坐在新生橡樹的畫架前，手上拿著畫筆，我們只能想像這類環境因素，即使如此，我們對橡樹未來的描繪很大一部分都會是正確的。細節可能與事實差異很大，但不會有人把我們畫的樹誤認為是一隻斑馬或一朵菊花。為什麼？因為這顆種子的**本質**決定了結果的本質。理解第一步，至少會對之後的發展有個大致的輪廓。

　　這是占星技巧中推運的本質，一個獨立的預測系統，與行運並存，但運作方式不同。推運提供了一個工具，可以徹底了解種子的發展邏輯，在占星上，這顆種子就是個人的出生星盤。

　　推運與行運形成鮮明的對比，行運是環境因素，如果行運是人生之中的閃電、乾旱與水災，那麼推運就是每個人類的基因密碼，就像那顆橡樹種子，它們告訴我們，何時可以伸展我們的樹枝，何時開花，何時播種。

　　推運是否也跟上一章所說的一樣，有更多種「生命週期」呢？不盡然，雖然我們確實發現某些推運（就像某些行運）在時間點上具有普遍性，因此可以標示出更多個人的轉捩點，但是大部分的推運比較偏個人性。

　　就像前面所說，它們就像基因密碼，這些種子讓我們理解的不是普遍性的人生，而是獨特的人生。

　　不是每個人的基因密碼都相同，而是「第三宮水瓶座」或「七宮射手座，月亮在金牛座十二宮」。比如，某個人的基因會少年禿，但另一個人的基因則讓他擁有一頭雪白的頭髮。在占星上，某個人被設計成在四十五歲時自然來到某個事業活動忙碌的時期，而另一人卻在相同年紀時從世界隱退，推向自我的內在發展邏輯。

　　如何知道這些資訊？不是使用行運技巧，而是解開出生星盤上的進化節奏，我們要透過推運才能理解這種節奏。就像行運一樣，我們可以使用推運去分析人生的任何時期——過去、現在或未來。兩者在實務上是一樣的，只不過推運推測某些內在的事物，比行運還深。

推運揭示出本來就存在於每一個人出生星盤上，內在發展中的成長「基因密碼」，獨立於更大的環境之外。

一旦理解了推運，就可以完成預測系統。我們擁有出生星盤這個橡樹子，在第二部中，我們學會行運預測，即橡樹子在「宇宙天氣」這個環境下生長。現在，有了推運，我們可以揭露出橡樹子自己**隱藏的計畫**，描述它的**內在發展密碼**。

預測占星學無疑可能會變成一座令人困惑的象徵符號迷宮。這比分析出生星盤還要麻煩，就像大學比幼稚園麻煩一樣。有秩序的理解方式很重要，這也是為什麼本書的最後一部分主要聚焦於如何創造有效率的解讀策略。不過，在推運上我們有一張王牌：幾乎我們在行運上學過的每一種知識，同時也適用於推運。掌握其中一個，等於已經走在掌握另一個的路上了。

在兩個系統裡，行星會依循路徑環繞出生盤，刺激內建在「出生星盤」裡的可能性，碰觸到相位的觸發點，會先聚焦在自信上，然後聚焦在責任感、最後則是與性相關的議題。在前面六章裡面學到的規則依舊適用，只是快慢差異的重要性減少了，這是因為所有的推運速度都很慢，慢到實際上只有一顆比較快的星體會引起我們的注意。其他星體對我們來說就像縮減的冰川對一隻蜉蝣那樣，根本毫無意義。

一旦考慮到速度差異，所有行運理論的基本法則，也適用在推運上。

象徵的時間

行運是真實的事件，當你經驗到行運天王星穿越你的射手座上升點時，這個行星會實際上占據你出生時的那個天空區塊。一旦接受了這個基本的占星前提，在天體與塵世之間就可看到許多相似處，因此行運有一定的邏輯。

要掌握推運，我們就必須放棄邏輯。行運是經由觀測，推運是經由計算。推運與行運不同，它與真正的天文事件無關。我們進入推運的內在宇宙，不是由真實時間來管理，而是由象徵時間來管理。

也許你會感到驚訝，象徵時間的推運就跟真實時間的行運一樣，可以有效率地協助我們回答人生歷程中所面對的問題。它們也許是象徵性的，但會對應到心靈生活中一些相當真實的事情。

它們如何推演？事實上有很多種推運法，每一種的計算方式都不同。每種推運法都有一個共同的概念：**用一個較短的時期去代表較長的一段時期**。真實事件在出生後的十個「長單位」的時間點發生，反映在天文事件中，則是發生在出生後的十個「短單位」。舉例來講，二次推運的短單位是「日」，那麼長單位就是「年」。如果你要計算一個人二十三歲時的二次推運，就去查星曆書，看他出生後二十三天時，行星位於哪裡。這就是他二十三歲時的二次推運。

因此，一種自然的行星節奏（地球在地球軸線自轉）被設定為等於另一種自然的行星節奏（地球在軌道上的公轉）。換句話說，一天被設定為象徵一年。

　　雖然我們會簡短地介紹一下其他系統，不過，這些二次推運或「一天等於一年」推運以及行運，我會拿來作為預測占星的主力，至少在我的實務上是如此。讓我們來仔細看一下。

二次推運

　　一天等於一年，字面上來看這個概念的確模糊難懂。但是占星師不會從字面來理解。這個陳述只是象徵性的，在象徵的層次上是合理的。在我們的生活中也會使用相同的概念。比如我們可能會說：「以人類的年齡來看，羅福七十歲了。」每個人都知道那隻狗並沒那麼老，但是按照人類生命循環的比例來看，那個年紀確實符合牠的壽命。

　　我們會設定一個長單位的時間（人類生命循環）等於一個的時間短單位（狗的生命循環）。某個物種的各種階段，反映在另一個物種的各種階段，即使兩者生命的長度非常不同，就某種意義上來說，我們有了「推運的」狗生。

　　以更簡單的層次來說，我們可能會宣告：「喬將會經歷個人的重生。」這也是推運——我們把喬的人生與文明的生活並列在一起，將喬的人生各階段，反映在文明生活的各階段之中。這是象徵性的邏輯，在占星上沒什麼特別的。

　　擴展相同的推理，帶我們進入二次推運。當占星家說這一天等於這一年，他們其實是把兩種自然的行星節奏並列在一起。

　　再說一次，把一種週期的各個階段對應到另一種週期的各個階段。在這個連環中的最後一個環節，就是要了解星體週期與個人週期之間的對等性，當然，這是所有占星理論的基礎，一旦我們接受這個概念，那麼二次推運就合理了（就抽象的概念而言）。

　　這個理論對不對，就要實際到現實裡去測試才會知道。推運可行嗎？你很快就可以自己確定了。我自己的經驗是這樣：即使行運是根據真正的天文學上的事件，建構出比較「自然」的系統，比較吸引人，但是推運也有相等的威力。嘗試做預測占星，卻不用推運法，就像是飛行在霧裡卻沒有雷達一樣。你可能會注意到這裡有一棵橡樹，那裡有群羊，但是眼前陡峭的山峰卻可能被你給忽略了。

　　天數等於年數。你出生後一週行星行運的位置，等於你第七個生日的推運位置。行運行星在你出生後四十天的位置，就是你四十歲生日的推運位置。依此類推。因此，整個人生的推運，壓縮在出生後，最初那兩、三個月的行運之中。這意味著推運是以蝸牛的速度展開，緩慢的行星（行運理論的「老師與騙徒」）可能在數週間只移動一到兩度，在推運的移動裡面可能已經代表了幾十年。

　　所有的預測占星工作，最終都是要根據行星位置的改變來進行，這些超級慢的推運無法告訴我們太多事情。它們是否具有極微妙的意義，還是完全沒有意義，這點存在著爭議。在占星實務上，我們會忽略這些推運，除非在很特殊的情況下，比如當你的推運木星停滯，要從逆行轉向順行之類的。

　　現在談到老師與騙徒，這些品質在行運裡賦予了它們強大的威力，但是在我們理解推運時，緩慢的速度剝奪了其角色的重要性。於是我們只剩

下內行星要看：水星、金星與火星，加上太陽與月亮。這些速度快，足以在幾週內，在相位、星座與宮位上，展現清楚的變化。同時還有兩個重要的點：推運的上升點與中天，這些形成了推運理論的堡壘。

那麼它們到底代表什麼？

快速的行星保留了我們在《內在的天空》所見的基本意義。在本書第三章，我們看到這些快速行星成為木星、土星以及其他慢速行星所製作劇碼的觸發器。在推運裡，它們不只超越了觸發器的角色，如今快速行星本身就成為了老師與騙徒。

快速的內行星在推運理論裡是「老師」與「騙徒」。慢速移動的行星，動作太微弱，不會產生任何結果。

為了回應它們新層次的身分，我們現在必須在生命劇本裡為這些「觸發器行星」寫一個更重要的角色。

水星依然是智力與資料傳遞的象徵，但是現在它不再當那些外行星的祕書或研究助理了，它象徵一個人不斷進化的心理世界圖像，換句話說，它代表人們所有決策過程的基礎，這個基礎終其一生都會變化。

推運金星也類似，象徵一個人進化的態度、需要與在關係課題上的挑戰。它的角色也遠比行運金星重要得多。每顆行星的基本概念維持不變，但是現在因為推運移動速度緩慢，它們有時間建立真正的老師與騙徒的特質、意義的深度與複雜度。

要了解推運行星的意義，有個有用的規則：記住它們在出生星盤中代表的一般功能，然後前面加上二個字：「進化」。例如，本命太陽代表身

分認同，推運的太陽就會變成一個人正在進化的身分認同。這個規則適用於所有推運的行星。

　　就如我們在出生星盤占星中學過，知道一個人的金星在處女座第六宮，會告訴我們很多有關當事人在關係中的需要，以及如果他自私、頑固或粗心，那麼會有什麼樣的陷阱出現。現在，使用推運會加深我們對這個配置的了解。我們最後會知道這顆金星會推運進入天秤座，並進入第七宮。出生星盤還是出生星盤，但是根據自然經驗，個人的進化來到了必須面對天秤座七宮的需要與問題，就好像發芽的橡樹子，早晚都必須搞清楚要怎麼長出樹葉那樣理所當然。為什麼？因為天秤座七宮的發展是基因密碼的一部分，建立在正在進化的六宮金星處女座裡——不管哪一種行運「天氣」降雨在這個過程裡。

　　就像行運行星一樣，推運行星也會在出生星盤上移動，與各種觸發點形成相位。舉例來說，一個人可能出生時太陽在某個位置，到最後會推運到與天王星形成合相。（並不是每張出生星盤的配置都會發生一樣的推運。由於推運太陽速度慢，只有五分之一的人曾遇過這種特別的太陽／天王星相位。）當這個相位發生，我們就知道這個人進化的身分認同，正與一系列明顯的天王星議題發生衝突。他們受到挑戰，要與過去徹底決裂，特別是與那些保守的內在力量，那些把人限制在習慣性且自我受限的「部落」模式裡的力量。

　　當推運太陽在這個合相的容許度內，通常長達四到五年，我們可以放心預測，生命中的事件會產生戲劇性地翻轉，在這些人周遭的機會模式將會永遠被改變。

　　現在「鬼牌」已經出現了，難以置信的天王星事件將會發生，會揭露出多采多姿、無法預測、不尋常的逃脫路線，以擺脫那些根深蒂固卻已經過時的生活方式。

　　在第三章，我們看到莎莉・瑞德在行運天王星對分她的太陽時，她如何爆發進入軌道，搭上太空梭。現在，我們可以在她的拼圖上加上更多隱約可見的拼片。不只有爆發性的天王星行運，同時她的推運太陽也合相她本命的天王星，是占星上經典的「雙重撞擊」。她正在進化的身分認同，已經準備好要與過去做一次天王星式的分手。很有趣的是，同樣的推運相位也在太空人尤金・賽爾南的出生星盤上運作，當時天王星運行在雙子座九度。

　　解讀推運的規則，本質上與解讀行運的規則一樣。首先，我們要掌握基礎預測本身，出生星盤有哪些部分受到推運刺激？出生星盤裡具有什麼樣的可能性？換句話說，無論水面上出現什麼樣的火焰，水都不會燃燒。第二，我們要了解推運影響力的本質。我們是在談正在進化的自信獨斷（推運火星）？他進化的對外面具（推運上升點）？進化的關係需求（推運金星）？第三，我們要考慮推運行星與本命行星之間形成的相位。在個體的這兩個面向之間，揭露出的過程具有什麼樣的本質？

　　占星的象徵如此豐富與多樣，我們在這個時間點可能會發現什麼狀況並不一定。除了自己的同理心、同情心與想像力之外，沒有其他限制。年輕人幸運的外在面具（推運上升點在射手座）現在進化到與他內在的神祕本質（第四宮海王星在雙魚座）產生摩擦（四分相）？推運火星可以強化（三分相）女人的決心，使她擁有有意義的事業（本命土星在中天）這個時間點，展現出她自然發展的勇氣與自信（推運火星）了嗎？這些都是推

運的力量，藉由理解推運，我們可以分辨個人出生星盤裡的基因密碼所蘊含的主要機與機會，也可藉此預測我們何時會像橡樹子那樣準備好要發芽，或是放慢我們的人生腳步，好為漫長的冬天做準備。

推運的逆行

有件事情常常會發生，那就是出生時內行星逆行。於是，這顆行星也會在一開始的推運裡逆行。另一種情況是，行運行星在出生後兩週轉為逆行，那麼當這個人十四歲時（幾天就等於幾年），推運行星就會發生停滯，然後轉逆行，也許在他有生之年都會維持逆行，或至少占據人生很大一部分。

火星通常一天會走四分之三度，因此，通常推運要走一年。無論如何，當行運火星進入停滯，它會有好幾天速度漸漸減慢，直到最後終於停下來，然後慢慢往反方向聚集能量。在天空裡，這樣的行運會發生一、兩個星期，換算成冗長的推運節奏，「停滯不前」的推運火星，這個過渡期可能要花上十年。如果火星停在觸發點上，進化中的勇氣必須挺身而出，準備長期抗戰。

即使推運行星的停滯沒有發生在觸發點上，它仍然會轉逆行或順行，這個事實依然很重要。在行星所象徵的人生這個部分，不可避免的存在著「潮流的轉變」。

移動進入逆行，推運金星會帶來一段在社交本質上相對安靜的時間，也許會退出活躍的關係（如果基礎預測顯示有這樣的可能性的話）。當推

運的金星轉爲順行，意味著相反的發展，亦即社交圈的開放與擴展，重新改善親密關係，也許在那些已經顯得過度社交退縮的特質中，會出現優雅與平衡。這裡很大程度要再度取決於基礎預測的內容。我們也要記得，這類的過渡期會延續好幾年。

要掌握推運停滯的影響，我們必須從生活中退出，訓練自己花上幾十年，而非只花幾個月來思考。就像大陸飄移的影響很深遠，但是對一隻住在那座大陸上的貓頭鷹或老鼠來講並沒有多大意義。

推運相位的容許度

在我們開始正式了解推運前，推運的相位要多精確才行？這是個非常複雜的問題。對於相位的容許度，制式化的答案絕對是錯的。眞正的問題是：要到哪個時間點，影響力才會微弱到我們可以忽視它？所有推運行星的速度，除了月亮之外都非常緩慢，它們會以幾年的時間慢慢建構力量。精確度數的相位發生時，影響力會到達顛峰，然後一年一年過去，影響力漸漸消失。

我個人選擇的容許度，大約是在精確觸發點兩端一度半左右。我並沒有主張這個數字有任何魔法，也不代表在那個時間點「開啓」或「關閉」。我毫不懷疑，比相對狹窄的容許度更大範圍的空間與時間，就可以感受到這些推運。只是在這些容許度之外的影響力太微細，通常其他的占星事件會淹沒這些影響力，站在舞臺中央。

一度半的相位容許度（太陽則是兩度半），在實際上區隔出行星推運

經過一個觸發點時最有能量的時期。

即使限制在這個容許度內，我們還是給了推運行星很多時間去運作。例如推運太陽每年移動大約一度，兩側各加上兩度半，因此在穿越觸發點時，給了它約五年的能量行動，正中間那一年則會有特別強大的高峰；推運火星大約在相同長度的時間內維持活動，它的容許度比太陽窄一點，但速度也更慢一點。金星與水星推運速度則快一些，維持在敏感容許度內大約幾年的時間。

推運上升點與中天有類似的動能活動期間，雖然上升點更多變（下一章會探討原因）。由於許多行星會逆行，像是水星、金星與火星，這些活動階段在時間上會跨越很多年。這或許是反對放寬相位容許度最有利的論據：我們的注意力範圍可以讓我們想像跨越幾年的「生命週期」，但是當我們開始談到幾十年時，「生命週期」，就會模糊化為「整段人生」，這段預測就失去了情感性的影響。再說一次，貓頭鷹與老鼠一點都不在乎大陸漂移。

其他推運技術

將星座運勢隨著時間推移而移動的技術很多，令人眼花撩亂。因此我們只介紹二次推運，這種「一天等於一年」的技術可能是當中最被廣泛運用的一種，本書接下來的部分都會專注於這個技術。

從現在開始，當我們說「推運」（Progressions），其實就是在說「二次推運」（secondary progressions）。雖然其他技巧也值得注意，但

我建議你不要一次研究太多系統，那會把你煩死。你會從下面的解說中發現，一次使用多種推運系統可能會出現的狀況，就樣黑蒂斯的七個陰影同時在每一個觸發點上散開，占星師很快就會被搞糊塗。

　　每種推運都有其支持者，似乎每一種都可行——至少在某些時間點上。每一種都從不一樣的前提出發，回答的問題也不盡相同。我個人發現，二次推運是所有技巧中效力最廣泛的推運法。既然我撰寫本書的目的是要提供實用、可行的預測占星系統，因此我打算只談那些我自己在占星實務上常使用的技巧，也就是行運與二次推運。接下來的內容並不是要讓你耗盡心力去研究其他的推運系統，比較像是一張菜單，當你消化了主菜之後，就可以從菜單裡選擇點心。

　　在投射到未來的方法中，有兩種主要的分類：推運法（progressions）與向運法（directions）。在推運法中，星盤中的一切都以其各自的速度移動。月亮的移動不同於水星，也不同於木星等等。同樣的，在推運中的位置，也曾在某個時間點，真實出現在天空中（例如二次推運會在出生後幾週或幾個月出現在天空中）。反之，相對於出生星盤，行運則是指當下行星在天空中的位置。

　　向運法則是整個星盤都以特定的比例「向前」移動，使用向運法時，月亮、水星、太陽等都以相同的方式移動。比如說，太陽弧向運法是全部都按照二次推運（或是約一年一度）太陽弧移動的比例往前走。向運法創造出來的模式通常不是天空上會出現的狀態。想像行星在一個輪子上被「凍結」在他們出生星盤上的位置，然後，整個輪子以特定的比例滾動。那就是向運法的意象。所有不同的向運法與推運法系統都各有支持者。

主限推運法（Primary Progressions 常常被稱爲「主限向運法」）：

　　一個世紀以前，這是很受歡迎的系統，但是現在它已經過時了。主限法從數學計算上來講很複雜。人生的一年大約等於中天的度數與宮位宮頭的一度，行星很少移動。主限法還在許多占星書上被提及的主要理由，很可能是因爲人們總是想要知道爲什麼二次推運要被稱爲次限。

三限推運法（Tertiary Progressions）：

　　出生後一天行星實際的位置，對應一個陰曆月年紀的推運位置。這裡所謂的陰曆月並不是兩個新月之間的期間，而是兩個連續與本命月亮合相的行運月亮之間，平均的時間長度大約是二十七·三二天。這個循環稱爲「回歸月」。你出生後第兩百四十三個陰曆月（約二十年）推運的行星在哪些位置？使用星歷表從你出生那天開始數到第二百四十三天，你從星歷表上看到的行星位置就代表著你的三限推運。與二次推運相較，三限推運移動快速，代表它們是很活躍的推運，充滿了火花與色彩。有些占星師贊同三限推運，我自己則沒有太多使用三限推運的經驗。

次推運法（Minor Progressions）：

　　這個也是根據回歸月。這一次，二十歲時的推運位置，是出生後二十個回歸月時行星所在的真實位置。換句話說是用「一個月等於一年」，而非一天等於一年。次推運法就像三限推運法，相較於二次推運的冰河速度，它移動快速。我發現它驚人的準確，不過，因爲速度的關係，次推運法無法像二次推運法那樣，可以有足夠的耐心，去觀測整體生命宛如交響樂般的發展。如果你熟悉了推運法，那我很推薦你使用次推運法。

太陽弧推運法（Solar Arc Progressions）：

「太陽弧」很受歡迎也很有力量。許多人忘記，太陽弧基本上是二次推運法主題的變形。每一顆行星依據太陽二次推運移動的距離推進，如果太陽推進了三十二度，那麼水星、金星、火星與其他行星都一起推進三十二度。在這個系統裡，甚至連外行星都一起推進，舉例來說，你會有一個「太陽弧冥王星」。這有很大好處，用這個方式，會創造出很多移動的點。即使這個系統是「慢的」，但是大部分的時間都會發生很多事情，因為有這麼多行星牽涉其中。我的看法是，太陽弧是以太陽為基礎，就要解決以太陽為基礎的問題，換句話說，太陽弧告訴我們很多有關自我與自我形象的事情。那樣很好，但是它排除了我們人性的許多面向。雖然我知道傳統沒有使用這個概念，但是我想，或許可以透過「月亮弧」來探測情緒的發展，透過「金星弧」來看關係的發展，以此類推。每一種弧的計算，就根據那顆行星二次推運的移動，然後將那個弧加到每一顆本命行星的位置上。

一度一年推運法（Degree-for-Year Progressions）：

人生中的每一年，出生星盤上的每一顆行星位置都要加一度。舉例來說，如果你出生時，水星在雙子座一度，在你二十歲生日時，你的推運水星就會在雙子座二十一度。這是被廣為採納的系統，但我個人很懷疑這個系統。這個「度數」是人造的，一點都不自然。我認為一度一年推運行得通，是因為它模仿太陽弧（太陽每天的弧度稍微少於一度，因此，這兩個系統幾乎相同，特別是用在年輕人的推運上）。一度一年推運的主要好處在於不需要計算，把它想成是「快速偷懶」的太陽弧，可能對你會比較有幫助。

十二進位推運法（**Duodenary Progressions**）：

這個很像「一年一度」推運法，但是它有更自然的基礎。黃道帶分成十二個星座，在十二進位推運法中，我們更進一步來使用這個區分。每一個星座分成十二個單位，每個單位兩度半。行星每一年會推進一個單位。

還有其他推運系統，但是這些是比較常見的推運法。每個都可以像我這裡所描述的那樣來使用，也可以反過來！從出生那天往回數，數出出生前的某些天或月或度數，行星推進到出生前較早期的黃道帶度數，也是受到認可的技術。這些稱爲反向推運（converse progressions），這些也是有他們的追隨者。

是不是開始頭昏了？我也是。此刻，幾乎會立刻出現一個渴望是，找到一個「對的」系統，砍掉其他的。這樣是行不通的，每種推運都至少在某個時間點，給出了正確而顯著的結果。

我喜歡二次推運，因爲它們好像一直都很可靠，也因爲它們好像與人類靈魂的內在法則深深調頻。有意願的話，你可以研究一下其他的推運，那些也是這幅圖像的一部分。也許脫離了占星學的範疇，並沒有給予人類智力去做這類實驗的空間。

基本的出生星盤與行運是經驗主義的，無法計算，我們只能觀察。與自然的基本結構連結，會幫助占星學扎根於現實。另一方面，推運則是人造的技術，是心智的發明。就像人類大部分的發明一樣有力量，問題是，我們自己是否有足夠的力量去控制它們？使用推運要小心，不要被它們牽著走。理論上來講這些技術都很有趣，但是實務上，我可以給你的最佳建議，就是最好限制自己只用二次推運。加上行運，就可以讓我們有一套理

解自己的系統，其中沒有任何經驗上的難解、謎題、矛盾時，就不會有無
法處理的符號。

第八章

推運 II：更多老師與騙徒

占星師神祕兮兮地說：「你的推運海王星與你的本命金星在麻煩之宮形成補十二分相。」

客戶擔心地說：「那是不好的意思嗎？」

接下來的對話上演了好幾個世紀。占星師會很神祕地看著這張出生星盤，然後客戶無助地看著他，焦躁地等著宣判，占星師會說出一番令人難以理解的說詞。

誰會得到好處呢？這裡只有施虐者與受虐者，只有那些傻傻跟著走的羊，以及那些覺得自己被迫要扮演狼的人。雖然很不幸地，這種占星商品至今依然存在，不過也即將式微了。人們不再滿足於讓這些非人的行星力量掌握自己的命運。現代占星師不再充當先知，比較像是個氣象預報者，提醒你今天可能會下雨或狂風大作。大部分時候，這位氣象預報者都很正確，但是你可以選擇要穿雨衣，或是選擇不穿，搞到自己得肺炎，隨你高興。

在第四章，我介紹了老師與騙徒的概念，即每顆行運外行星的「好」、「壞」兩面。現在，我們準備要在推運中做一樣的事情。可以將每一種影響力視爲一種驅力去了解，並且有創意地運用這股驅力，除非我們作繭自縛，沒有學到功課，給自己帶來麻煩與難堪。每一個推運就像每一個行運，創造出某種個人的「氣候」，大部分是可預測的。超越上述這些之後，我們進入了自由的領域，也就是不確定性。如果天氣預報會下雨跟颶風，那麼老師就會幫我們穿上該有的裝備，騙徒則會面帶微笑，把毫無準備的我們推出去，或是把我們留在床底下恐懼發抖，搞得好像氣象預報說會出現龍捲風，而且機率高達百分之三十五，或是預測會發生原子彈爆炸一樣。

老師與騙徒，完全如同我們在這裡所說的嗎？頭腦喜歡神話，英雄與反派角色總是吸引我們注意。談著「水星騙徒」或「金星老師」就可以喚起這樣的注意。它刺激著靈性並使心智警覺。因此，利用老師與騙徒來談，能讓我們更活潑地理解占星，使占星變得有趣且有效率。不過，我們還是必須小心，不要被自己的神話力量欺騙。老師與騙徒並不是存於外在空間光與黑暗的力量。這些都是內在發生的事，你就是你自己的騙徒與老師。

行運與推運標示出在你內在發生的發展階段，它們可以像完美的浪峰讓人衝浪，或是像擺錯位置的家具，老是絆倒人。這一切如何發展，就看你所做的選擇與投入。

內在的老師不會給你訊息或教義，他只會訴說生命、訴說永無止盡的改變。內在導師建議你要有彈性、要成長，對有建設性的批判及實驗保持開放。老師要你信任你天生的經驗節奏，它很願意釋放行爲的老舊模式、

陳舊的信念、過時的信仰與態度。它在這些矛盾中閃閃發光——過去與未來、死亡與生命、幼稚與成熟。

對老師而言沒什麼好怕的，只有眞相。我們總是在理解眞相，卻從來沒有完全理解。它是你對生命如此深信的一部分，你深信要接受生命中的每個經驗，視之爲功課與禮物。如果它有一句標語，這句標語會是：「不管你看到什麼，眞相永遠都不只是你所看見的。」

反之，騙徒是你心靈中痛恨改變的部分。當你固守過去，你就是在取悅騙徒，你搞得好像什麼都不學是種個人榮譽一樣，永遠不去超越現在的自己。騙徒很狡猾，但是也很懶。如果你不是它的同夥，那麼你可以對它智取。要打敗騙徒，你必須積極地思考，認知到自己有犯錯的可能。你必須跳脫自我所畫的這幅世界圖像，在這幅圖像裡，你總是被無法控制的環境之網抓住，像個不幸的受害者。你必須讓內在老師爲你展示更清晰的圖像，那幅圖像也許會暫時讓你感到屈辱，但是它也會告訴你，過去走的是一條死胡同，而它會帶你走向眞實而生氣蓬勃的生命之路，這條路將持續擴展。

隨著推運，加上一組新的老師與騙徒。如果你認識這些力量，並且接受他們激烈的友誼，就能在這裡鍛造出力量盟友。否則你將會與內在的假藝術家及盜賊組成的下流黑手黨爲敵，一個比一個更奸詐危險，每個都清楚知道你的邪惡與脆弱面，每個都不顧一切要從你信任的心靈偷走熱情與喜悅。

眞是可怕的傢伙。

請先不要把書闔上，不管怎麼樣，這些騙徒就是會在。只有占星可以

幫我們跟它們混熟，在老師的幫助下，你可以比今天更快樂。這不只是我們所說的占星，這是人生。沿著這條路往下走，隨機選擇一個瞬間跟我們對上眼的陌生人，對所看到的一切開放你的心，他們是誰？人類交響樂的每個音符就在那裡，只是有些是憂傷的音符。有些機械化的移動，有些則帶著野生動物的靈性與尊嚴在移動。有些則無精打采、恐懼地往後看，有些則從不往後看。有些在你眼前閃閃發光，就好像在他們的雙耳之間，擁有了整個宇宙。

用「贏家」與「輸家」來看，就等於把交響樂降格成廣告歌曲了。我們的目標不是要把人分類，而且完全相反。進化占星學的基石，在於認為人是變動的，有能力改變自己。那些你在街上巧遇的快樂臉龐與神祕眼眸就是屬於老師的那群人。那些黑暗的身影則屬於騙徒的受害者。也許，在最深的神祕之處，在任何一個時刻，人都可能從老師轉向騙徒。占星知識可以區分開這兩者嗎？當然不能。區別在於你要承諾順流與成長，正視合理的、不可避免的人生傷痛，並且掌握老師的禮物，那就是「更新」與「重新定義」。如果占星能提供任何幫助，那就是當作一份指引，為我們介紹人生的老師，並且為騙徒拍一張大頭照。剩下的就是我們自己的事了。

請注意，本書第十章給出的是「菜單式」的解釋，會有每顆推運行星碰觸到出生星盤上每一個個別敏感點的解釋。現在讓我們與他們個別見面，排除任何特別的、特定的占星配置。

太陽老師

禮物：有能力改變基本價值與優先順序，因此，允許一個人實際的行為，

在他進化的內在生命中，反映出發展。

挑戰：你是否足夠堅強，去改變你的基本身分認同，允許自己隨心所欲地成為過去不曾有過的樣子？

有個朋友打電話給你，說他的老婆剛剛離開他。老婆離開的第二天，他就被老闆炒魷魚。就在好像已經窮途末路之際，他接到一通在都柏林的大學老友打來的電話，提供他一份在愛爾蘭的新工作。他接受了，但是有點茫然，想跟你見個面，喝杯咖啡。他說他正在經歷「沉重的變化」，你也同意，但是他真的要改變嗎？讓我們繼續看下去……

兩年後，他回來美國度假。你再次跟他約喝咖啡，他的人生回到正軌，他很愛他的新工作，也結婚了。你離開餐廳時帶著一股溫暖的感覺。「他沒有改變。」而且你是對的。他真的沒有改變，他講著一樣的笑話，穿著相同類型的衣服，他與新妻子的關係，驚人地類似於他跟前任妻子的關係這些事件儘管激起一些火花，但是幾乎沒有動搖到他的本質。

這類事件可以用占星來理解：他對行運天王星的觸發做出了較為軟弱的回應。不過這跟推運太陽比較沒關係，推運太陽會改變基本的身分認同。比如，害羞的小老鼠辭掉祕書工作，搬去義大利當滑雪教練；熱衷做生意的生意人，變成一位瑜伽老師；酒鬼戒酒……這些「事件」就像是地震在地球核心，反射出深層移動一樣，但是這些事件指出的發展，遠深於發生在基礎個性裡的發展。

推運太陽在作為預測工具時，唯一的問題在於，必須等待一段漫長的時間，太陽才會開始作用。

一年一年過去，太陽的影響力全都在地底下。大概每年一度，即使活

得很長，也大概只走過出生星盤的四分之一而已，而且只碰觸到出生星盤上四分之一的觸發點。我們必須對它的影響有所警覺，因為當這些沉睡的巨人醒來，不只會發生事件，連遊戲規則都會改變。

　　進化的身分認同：這是推運太陽的意義。「個人的神話」從未停止，總是受到它追尋的經驗所影響，這是個漸進但勢不可擋的過程。當推運太陽經過一個觸發點，會出現撼動自我形象根源的理解。這些理解幾乎總是會伴隨各式各樣的外在事件。記得，推運太陽停留在一個觸發點的容許度內大約是四到五年，因此我們可以知道這個過程會變得多麼複雜。如微光般模糊的理解出現，然後，突然發生一些外在事件，深化了起初的理解，並且導致進一步對外的發展。當推運太陽抵達精準相位點的這一年內所建立起來的一切，會變得越來越重要。然後會有一段沉澱期，此時身分認同會將新的洞見穩定整合進來。在這個過程之上，會加上其他行運與推運，它們豐富了基本的太陽事件，就像洶湧的浪頭白沫，劃過較深、較慢、較壯闊的海浪一樣。

　　推運太陽經過出生星盤上的星座與宮位，可能是最深刻的占星生命節奏。我們只要追蹤這個單一指標，就能描述一個人整體的發展劇碼。將它連結到我們在第六章介紹的生命劇本，至少可以畫出這整個人的輪廓。藉由注意推運太陽什麼時候進入新的宮位或星座，你不會把人生只劃分成幾章，「卷」會是一個更好的詞。

　　在典型的一生裡，推運太陽只會碰觸到三個星座與三個宮位，它的移動就是這麼緩慢。當它從一個星座換到另一個星座時，潛藏在這些星座裡的價值與動機會形塑出一個人的選擇，以及當事人經歷的基本改變。當推運太陽通過一個新宮位的宮頭，這個人的環境與具備此人特質的行為會轉

換到新的舞臺。不管是哪一種，這個新模式都會維持三十年左右。

　　舉例來說，一個人出生的時候，本命太陽在處女座六度。我們知道推運太陽每年移動不到一度，並且知道在他二十幾歲時，太陽會推運進入天秤——保持專注與快樂，他將要放下一些處女座式的自我質疑，加上一些天秤座式的激勵與價值到他的自我形象上。「人們喜歡我」、「我是有創意的」、「就各方面來說，『美』是我本質的一部分」。

　　如果能夠轉換，他的生命將會展開進入新的方向。如果沒有辦法，他就會錯過這班船，還可能掉入陷阱，成為某些天秤座陰影的犧牲品，像是優柔寡斷、承諾恐懼症、放蕩。選擇在他，這個例子裡的人就是歌手麥可・傑克森（Michael Jackson），當推運太陽進入天秤座時，剛好是他的唱片《戰慄》（Thriller）一飛衝天的時候，橫掃一九八四年的葛萊美獎。

　　珍・芳達（Jane Fonda）的推運太陽在一九六七年底離開保守的魔羯座，進入叛逆的水瓶座。她立刻搭上那個時代潮流，成為反越戰的抗議象徵。在一九七〇年，當入侵柬埔寨以及抗議學生在肯特州立大學（Kent State University）遭到國民警衛隊（National Guard）謀殺時，她的推運太陽移動了幾度進入水瓶座，並且準確四分她的中天。她進化的自我形象（推運太陽）與她建立起來的無腦好萊塢性感象徵的角色（她的本命中天）產生磨擦（四分相）的關係。她必須選擇，自從太陽推運進入水瓶座，就開始醞釀與中天的四分相，但是在高峰的這一年，珍芳達走到了十字路口。何者會成為主控者？是她進化的身分認同，還是社會的壓力？

　　當改變發生在推運太陽所在的宮位或星座，代表著重要的新開始，我們必須對太陽與本命盤行星之間會發生的相位觸發點保持警覺。首先，要先了解本命的影響本質，然後才去了解進化的身分認同，現在必須以新的

方式整合影響。緩慢、穿透性的自我覺知光束，正照亮著出生星盤的那個部分，強化它，要它迅速進化，以便跟上成熟個體的需要。

史蒂芬·霍金（Stephen Hawking）是一位傑出的英國天體物理學家。一九六三年，在他二十一歲時，他罹患了一種緩慢、消耗肌肉的疾病，也就是大家所知的「漸凍症」。他掉入沮喪之中，停止研讀博士學位。幾年後，當他的推運太陽與愉悅的木星接近完美三分相時，他遇到了潔恩·懷爾德（Jane Wilde），兩人結婚後，他再度回到研究上。他進化的身分認同（推運太陽）在觸發了他潛在的能力，並認出了機會（木星）時，受到支持與加強（三分相）。他對生命的信仰（又是木星）恢復了。

當伊莉莎白·庫伯勒·羅斯（Elisabeth Kübler-Ross）具影響力的《論死亡與臨終》（*The Dead and Dying*）出版時，她的推運太陽對分本命木星。與史蒂芬·霍金不同，她進化的身分認同來到一個點，那段時刻與她個性特質裡更快樂、更喜悅的面向，存在著緊繃（對分）的狀態。這是個絕佳的例子，說明了給任何行星下「好」或「壞」的定義是危險的。

木星通常被傳統占星師視為具有正向影響力，常常會讓我們陷入粉飾太平的麻煩裡，否認生命陰暗的一面。庫伯勒·羅斯很明顯地來到了一個時間點，在她那個時刻的成長，要維持她個人的誠實（推運太陽），她必須進入禁忌的方向，仔細觀察死亡的過程——很明顯的非木星式活動。她信任自己的道路，那是與推運太陽一起工作的本質，因此她為自己開啟了門，也幫助了在那個過程裡成千上百的人。

推運太陽與土星的相位，在算命師口中總是蒙受壞名聲。但是不需要太過負面看待，土星是挑戰，如果我們願意接受挑戰，這個相位會幫助我們建立偉大的工作，這項工作會支持我們得到自尊與尊嚴。土星要求優秀

與終極的紀律。如果我們對推運太陽與這顆帶環行星的接觸做出好的回應，我們的堅持、體力與專注，就一定會有成果。我們創造的外在結構（土星）會讓人看到我們內在完成了什麼。在這個合相之下，喬治‧盧卡斯的電影《星際大戰》上映了。他把自己的身體與靈魂丟進偉大的創作工作（經典的土星策略），使他進化的身分認同（推運太陽）融合（合相）了新層次的成熟、自信與影響力。

太陽騙徒

陷阱：過度自我中心的陷阱、忽略了更大的心理需求，侵犯到別人的權利，愚蠢地過度吹捧自己。

謊言：你是宇宙的中心。

　　把所有行星捲起來，變成一個巨大的「巨型行星」，把這個巨型行星放在一個巨大秤子一邊的平臺上，把太陽放在另一邊的平臺。秤還是會往太陽那邊傾斜。再加上一個巨型行星、再加一個、再加一個。你需要加上超過七百個巨型行星，天秤才會平衡，太陽就是比太陽系裡繞著它轉的那些行星都還要重這麼多。如果不是因為每顆行星的動力，它們就會衝進太陽系的中心，在天空被太陽壓倒性的重力撕碎，然後，太陽會把它們吞下去，就像你吞下一顆花生那樣輕而易舉。

　　心智也以相同的方式運作，太陽的身分認同是心靈的動力中心。它的「重力」將所有散開的行星功能組織起來，成為一個整體。不過，太陽的危險始終存在，它會謀殺這個系統，使其崩塌如一顆洩氣的氣球。心理平衡得憑藉每一顆行星都維持它獨立的動能，讓每個人可以去經驗內在的整體性。換句話說，我們比我們的自我更加廣大。

　　當我們讓推運太陽變成騙徒，小我與大我之間的平衡就消失了。純粹的自私占了上風，一開始，創造出這種不平衡的感覺會令人暈眩。我們自以為是「完美的中心」，對自己相當篤定、有能量、有動力，好像沒什麼可以攔得住我們。這樣的趾高氣昂通常很短命，要不是樂極生悲製造出災難，不然就是我們確實得到想要的東西，展示出「只要激怒上帝，祂就會回應我們的祈禱」這個想法。

　　太陽推運這段期間，在生活中的挑戰是要推動一個人的完整自我，創造新的身分認同模式，以反映強化的成熟階段。騙徒的策略就只會讓自我往前走，不受感情、基本價值與靈性感受支配。這樣的進展很快就會瓦解，像是軍隊過度深入敵陣，當冬天來臨，證明飢餓比任何直接與真正的敵人對陣還更加徹底與無情。

　　史蒂芬‧金（Stephen King）是暢銷恐怖小說作者，他常年的寫作略有所成。在推運太陽與他本命火星即將形成四分相時，他正在寫一本特別的暴力小說。這場書寫反映出這個占星相位所顯示的緊繃內在狀態。該書描寫一個受到排擠，具有超自然力量的女孩，摧毀了一座小鎮（很確定是火星的情節）。某天，史蒂芬金的內在壓力爆發了，他把還沒完成的草稿丟進垃圾桶。他的妻子救回那幾頁，催促他堅持下去。他後來完成了那本書，他為這本書取名為《魔女嘉莉》（*Carrie*），賣了超過四百萬本，使他踏上歷史上最富有作者之列的道路。他進化的自我認同（推運太陽）衝撞（四分）了正確使用意志力（火星）的課題。很明顯的，騙徒差點就贏了。怎麼贏的？讓他的自我充滿了不可能、徒勞的憤怒與挫敗感，使他暫時看不見那些非太陽（非自我導向）的課題（比如享受寫作、具有生動想像力這類事實）與他的經驗之間，具有更大意義的關聯。如果他的妻子沒有去撿回那些草稿，他自己會不會去垃圾桶拿回那些草稿？我們無從得

知，但是這個故事描繪出我們內在老師與騙徒之間的戰爭，有時會變得非常激烈。

水星老師

禮物：有能力將熟悉卻已經過時的世界圖像，換上新的想法與觀點。
挑戰：你是否允許自己未來看得比今天更清晰？

　　蓋瑞・祖卡夫（Gary Zukav）在他的《舞動的武力大師》（*The Dancing Wu Li Masters*）中對「新物理學」做了精采清晰的介紹。他將原子描述爲一棟十四層樓大小的球體，中心有一粒鹽，邊緣附近有一粒塵埃。其他的地方則是空無的空間。換句話說，你與我幾近虛無，只是鬼魂。一、兩個世紀以前，科學家們意識到，在我們周圍看到的顏色，只是那些降臨在我們身上無形能量光譜的一小部分，如果我們的眼睛可以換成另一種，那麼我們會「看到」老鷹翅膀裡的熱量，但是永遠不會注意到牠飛翔時經過的彩虹。後來，愛因斯坦爲我們描繪出一幅宇宙圖像，在那幅圖像裡，當我們加速到極致時，時間本身會變慢，形狀會發生變化，質量會增加。這些都不是一般常識，與我們實際經驗的世界幾乎沒有關係。爲什麼？因爲我們實際經驗到的世界是心智架構出來的，不是完全的眞相，只是一個對我們有用的版本。

　　當我們談論「現實」（reality）這個字眼時，我們其實談論的是腦袋裡的一組態度。「現實」只不過是一個大家有共識的謊言。

　　就個人角度而言，心智以相同的方式運作，我們帶著好奇心向外伸展，測試、感受這個世界，收集印象，然後將這些印象組織成一種對我們

有意義的模式。這個模式或世界模型構成了更多實驗的基礎，擴展我們更多好奇心。這些實驗有時支持這個模型，有時則會挑戰這個模型。這就是過程變得棘手的地方，我們喜歡這些舊模型並執著於這些舊模式。

放手會讓我們感到困窘與困惑，最簡單的方式就是忽視那些刺耳的新輸入，假裝我們的舊模型依然完美運作，於是我們選擇性地過濾世界，只看我們想要看的，否認其他的一切，藉此站穩立場。就像印度人說的：「當一個扒手遇到一個聖人，他只會看到口袋。」在這種狀況下，我們自己就是扒手，我們看到的宇宙就只是那個口袋。

在《內在的天空》裡，我們介紹過，水星象徵我們有能力為自己建造適用於我們個人的世界模型。這是一顆心智行星，是說話者與聆聽者，也是回答問題的人。隨著我們的視野擴展到預測占星，我們會看到，這個世界建造模型的方式是一種無止盡的試錯過程。推運水星象徵我們進化的心智生命圖像，這個圖像會透過經驗逐漸深化。它象徵我們期望看到的那個口袋，也許有一天，我們會注意到身上有口袋的那位聖人。

掌握水星推運的訣竅，在於看出這顆行星何時經過觸發點，你已經準備好要看得更清晰了。有些基本的新概念正在嘗試突破，但是當你吸收這些新概念，你必須去質疑長期以來認定的真理。水星老師會建議你必須對一切質疑，特別是對你自己。

好比中世紀天文學家認為地球是宇宙的中心，於是，你浪費了很多時間建構「球體中的球體」來解釋這個想法。就像這些中世紀天文學家一樣，你需要一個哥白尼，提供你一個非常簡單、出乎意料的新概念，讓一切就位。唯一的差別是，你必須把那個哥白尼放在心中。

　　突破會發生在哪裡？答案在另一個問句之中：推運水星會觸發出生星盤的哪個部分？如果是金星，那麼這個世界的新模型就會與關對待係的態度或創意靈感有關。觸發十宮火星，推運水星就會建議新的策略性事業洞見。換句話說，我們的第一步永遠都是要掌握基礎預測。我們可以往前走了嗎？是的，水星推進的星座與宮位，常常可以釐清突破的本質。水星經過水瓶座與第七宮嗎？那麼洞見可能會透過伴侶與親密朋友出現，特別是一個具有「水瓶特質」的人，這樣的人創新而獨立，願意突破既定的假設。大概在這兩、三年期間，認出這些人，並且盡力在存疑的問題上對他們的觀點保持開放，因為水星大約會在觸發相位的容許度裡停留那麼久，雖然較快的行運會標示出那幾年內最適合行動的特定時間點。

　　無論如何，這些朋友都是老師的使者，不管他們自己知不知道，他們掌握著你嘗試打開的藏寶箱鑰匙。如果水星推運經過處女座與第一宮呢？那麼就別期待使者了，這些洞見會在你獨處時出現（第一宮），要分辨出這些洞見，你必須對情況進行刻苦而自律的分析（處女座）。

　　班・金斯利（Ben Kingsley）出生於水星停滯要轉逆行之際，而且在摩羯座後面的度數。在他的前半生，推運水星持續以逆行的方式移動。當他二十歲時，這顆行星開始再次停滯並轉順行，漸漸朝向他出生時的位置前進。

　　只有很少數人會經驗這樣的占星事件，推運的「水星回歸」標示出一段有能力吸收新概念與新技術的時期，心智以驚人的速度運作，心智的開放性類似出生第一年的狀態。金斯利如何回應？他在哥倫比亞電影公司發行的《甘地》一片中扮演甘地一角，他令人信服的演出讓人震驚且深受啟發。他那水星式的創造力與智慧就如燈塔一般亮眼閃耀。

一九二三年，一位二十一歲的插畫家華特・迪士尼（Walt Disney）離開肯薩斯城前往好萊塢，身上只有四十元以及一些他命名為「愛麗絲在卡通樂園」（Alice in Cartoonland）的動畫素描。推運水星正站在他本命海王星對面。短視的占星師也許會對他說，他的心智（推運水星）在緊繃（對分相）中崩裂，讓他充滿不切實際與迷人的妄想（海王星）。

另一個占星師也許會預言，迪士尼會受到願景（海王星）的啓發，即使看起來似乎與常識衝突（對分相），他需要信賴這個啓發，因為現在他整個智性生命的進化（推運水星），就要看他對自己的創意靈感有多大的信心了。

哪一個占星師說得對？事後回頭來看，我們知道第二個占星師說的才是眞相。但是這不應該讓我們看不到第一位占星師所說的事實，他說的話也可能是正確的。推運水星對分海王星，可以使心智失去平衡，使人採取瘋狂、不切實際的步驟，這些步驟很快就會帶來失敗。一個現代占星師會描述這兩種可能性，並且會對現代的華特・迪士尼說，要認出此時正是他的想像力處於靈感巔峰的時期，他應該使用他自己的常識，清除掉那些伴隨著這種內在的綻放而出現的不切實際、非理性的狂熱與誇大。換句話說，這位占星師會說：「華特，這是你的氣象預報，現在看你想穿什麼出門就穿什麼吧。」

水星騙徒

陷阱：將學習與釐清所需要的能量，誘導變成找藉口、防禦與不妥協。
謊言：你什麼都見識過了。

在一個健康的心智裡，世界模型很少會停下來不動。我們會建構一個理論，這個理論吻合我們經驗到的現實。我們會一直使用這個理論，直到那個理論在舊圖像裡被我們吸收的新事實指出了弱點。這個過程會一直不斷重複，一個接一個的理論引導我們，然後，就像上週的報紙那樣被我們丟棄。至少，這是水星老師的方式。他直覺上知道「你可以用事實證明一切」，因此，他不信任所有人類智力思辨產生的理論，也許這些理論有價值，但是如果我們徹底相信，那就太過危險了。

水星騙徒會利用我們對於放棄這些過時圖像的恐懼，利用我們天生的猶豫不決，用確定性去換取不確定性，用信心換取懷疑。水星騙徒比較喜歡舊理論，它嘗試說服我們，讓我們自以為夠聰明了，阻礙我們進入健康的水星過程，比如說觀察與實驗。他的謊言是「你都看過了」，他欺騙的方式就是讓我們相信固守態度是一種美德。最能取悅水星騙徒的人類怪癖就是堅持己見的傾向了。

如果騙徒的同盟是我們的死板僵硬，那麼老師最偉大的朋友則是現實本身。如果我們把自己困在受限的觀點裡，那麼經驗總會證明我們是錯的。

白人種族主義者遲早都會遇到展現出比他們更聰明、更有道德以及更負責任的黑人。黑人種族主義者則會住在一個少數不太有偏見、值得信任且具有良好節奏感的白種人世界裡。真理經得起檢驗，謊言則無法。那麼騙徒會如何存活下來？它會合理化。它推理、爭論、威脅與乞求，當這些策略都失敗時，它就講個不停，一直講到連自己都相信那顯而易見的謊言，講到那些曾經與它真正接觸，跟它爭論的人都感到疲倦、困惑、失望而放棄，然後，它會把他們的投降解釋為同意。然後它會得到什麼？得到

讓明天跟昨天一樣愚蠢的權利，以及它最珍視的一成不變。

這個水星騙徒是個討厭的角色。但是要記住它是你、我以及每一個曾經活過的人的一部分。

當你有推運水星在觸發點上，觀察一下自己。你是否話說太多？當你在「即時重播」中聽到水星騙徒的聲音時，你的論點聽起來是否很空洞？什麼是你不想知道的？你的出生星盤可以幫助你得到答案。利用我們在「水星老師」那裡提到的技巧，你的出生星盤上，有哪個部分被推運水星影響？推運水星實際上位於哪個星座與宮位？讓你自己對這些象徵系統的訊息開放，如果你夠勇敢，你會看到某些以前你無法理解的事情，即使那件事情不斷發生。為什麼？因為你過去還沒準備好要弄懂。不要讓固執這個騙徒奪走你的機會，它偷走你的智慧，讓你一無所有，只剩下滿嘴空話。

何梅尼宣告伊朗伊斯蘭共和國成立時，他的推運水星三分他本命的木星。他進化的心智世界圖像（推運水星）強化了（三分相）他的信念與樂觀主義（本命木星）。

表面上聽起來似乎不錯，但是我們總是要解讀這些公式語言的底層。木星可能會使我們過度擴展，讓我們充滿偉大的妄想，這是木星的黑暗面。木星的確定性與熱情，激發了他進化中的世界觀，不像我們前一個例子裡的華特·迪士尼，這個何梅尼身處危險之地，機會很明顯在那裡，但是也可能是虛榮的謊言。一名演化占星師不會預言這個推運的結果，卻會提出天氣預報：「你的心智現在受到啟發且充滿活力，但是也許不像你以為的那麼具有啟發性。要小心。」

金星老師

禮物：透過關係的建立、藝術創造以及有意識地釋放緊張，達到心理平衡的能力。

挑戰：你是否能開放你的心，允許愛進來，讓創造性或情緒性的表達出去？

　　佛教禪宗大師們會這樣提問來嚇他們的學生：「用一隻手鼓掌會發出什麼聲音？」心智會驚訝，就像一幅畫出觀景窗之外的圖畫，這類的問題會突破世界運作的法則。中世紀的學者爭論著神是否無所不能，可以創造出沒有中間山谷的兩座山。這個問題再度困住我們，它打破了規則。這類的難題都要求我們在不參考關係的狀況下去思考這個宇宙。

　　但是我們無法這麼做。一個巴掌拍不響，兩座山之間勢必會有山谷，這是在這兩者之中存在的關係。事實是，**關係**是人類意識的基礎。沒有這份覺察，我們所經驗到的每一條宇宙織線都會四散無章。

　　在出生星盤上，金星象徵人類意識中負責辨識與建立關係的部分。不過，我們必須記住，這裡所謂的「關係」可以存在於顏色、形狀、聲音之間，以及存在於人與人之間。這是一顆和諧的行星，金星在出生星盤上，象徵的是那些可以讓我們感受到自己是整體的一部分，讓我們像彩色織線織入生命的織毯中，進而讓我們感到平靜的經驗。這類感覺大部分來自於我們在人類關係網路上建立出令人滿意的關係，換句話說，金星是一顆浪漫的行星，象徵友誼與夥伴在各方面的連結，但是要完全理解這顆行星，我們必須再往前走一點。對完美的夕陽開放你的心。讓美在你內在起反應。讓自己在深藍色背景下，被紅色與橙色漩渦催眠。這是怎麼回事？你

的金星在低吟，你的靈魂向外擴展，對更大的生命織錦開放。你感受到的不只是夕陽，而是你與夕陽的關係。這是你所有情緒的來源，你正在體驗單一的織物，在這塊織物中，你與那些變幻的顏色都是個別單獨的線。

　　這個過程對意識有什麼影響？在那個超越世界與我們的關係中經驗到自己時，我們就會感到寧靜，這就是金星老師的記號。

　　金星需要與生命其他部分連結，這種金星式的需要會跟隨我們一生，但是連結的形式則會逐年改變。也許某位女士在她少女時期是個花蝴蝶，但是在她四十歲時，她選擇獨自居住在佛蒙特州的偏遠地區。她現在的金星，需要的是心滿意足地看著夕陽、拖鞋蘭，以及與住在同一條街上的幾個好友相伴。發生了什麼事？她的關係動機伴隨著時間的流逝與經驗的累積，有了不同的成長。從占星上來講，她的金星推進了。也許它從忙碌的三宮，移到隱居的四宮，或者是從渴望經驗的射手座，移入獨居的魔羯座。不管是哪一種，過去曾經滋養她的，現在看來卻盡是空虛，之前曾經讓她覺得難以理解的，現在卻讓她感受到豐富與多元。

　　一想到金星的推運，我們總是會想到，陷入情網的人常常會寫詩。在人類心智迴路裡，激勵我們去與別人形成連結的力量，同樣也會激勵我們去創造美。激發這些心智迴路，也會讓我們好好坐下來，讓美撫慰並啓發我們的心靈，在對我們的新愛人展示我們寫的新詩之後，也許兩人會並肩而坐，望著高掛的月亮。

　　和諧是這裡的關鍵字。不管我們是否享受與某個所愛之人之間的覺知與關注之流，或是經驗我們自己與月亮之間的流動，又或是坐在我們的畫布前，畫出想像的景色，我們的注意力都會連結到超越個人的某種事物，此時的我們就是受到金星老師的引導。

要像這樣滋養自己，就必須軟化我們的防衛。自我必須融化，必須刻意放鬆。記得你最後一次跟伴侶或摯友的爭執嗎？還記得那次爭執過後，當你們雙眼對望並互相擁抱時，那個感覺有多麼美好嗎？那就是金星給我們的感覺。讓我們擁有智慧，去理解自己內在對於敞開與平靜的需要，就是老師的工作。

當金星推運進入新的宮位，我們對於「建立關係」這個行為的需要就會徹底改變，並且進入新的領域以及新的表達形式。有一片新的海洋要橫越，事到如今，舊有的駕馭方式會讓我們失敗。

華德・迪士尼出生時，金星位於他本命第五宮，他的自我表達行為（第五宮）具有金星的調性，某種形式的創造對他的存在來說很重要。在一九二八年，當他二十六歲時，推運金星進入他的六宮，於是，他的創造力處於轉捩點。如果他積極回應，我們知道這新的一章將會有第六宮的品質，會強調辛苦工作、專業精神、增加責任感、改善技術。我們也知道，即使金星會留在他的六宮很多年，這類的轉變通常會以某種戲劇性的事件開始，這個事件會預示著所有即將來到的一切。在迪士尼的例子裡，這個事件就是卡通《汽船威利號》（*Steamboat Willy*）的上映，這就是米老鼠的誕生。

推運金星形成相位持續的時間，會比行星行運通過星座或宮位短一點，通常維持約兩到三年的影響力，這段期間代表關係生活的調整期。這裡有個有助於思考相關主題的方法：一段關係必須存在於一個人的整體與另一個人的整體之間。換句話說，在現實上，我們不能從一個人個體化的較大過程中，將一個人的「愛的本質」或「創意」分離出來。

　　從占星上來講，你不會只透過你的金星、五宮或七宮去愛與去創作，而是透過整張出生星盤去愛或創作。這是一個龐大的主題，在《天空伴侶》（*Skymate*）裡會有更詳細的說明。可以說，當金星碰觸到一個觸發點，你心裡與那個觸發點連結的部分，就準備好要去學習如何交換愛，以及如何整合你的創作過程，使兩者更加豐富。舉例來說，亞西西的聖方濟各（Saint Francis of Assisi）在推運金星合相火星時，開始他的公眾事業，他進化的愛的能力（推運金星）現在與他的勇氣及主動性（火星）融合（合相）。他一直都知道愛，他一直都知道火——但兩者之間存在著一堵牆。在這個推運相位期間，這堵牆倒塌了，催化發生，他表達愛意的能力呈現出前所未有的熱情和活力。

　　就一般的觀察而言，多年的經歷會加深愛的經驗。一位五十歲的男子三十幾年來愛著他的妻子，那份感覺會非常不同於一個青少年第一次約會的感覺。通常在這裡會用到「成熟」這個字。占星上，我們會說推運金星在這個年紀較大的男人身上，碰觸過的觸發點，比那個年輕男孩多很多。這個男人現在不只是以他的浪漫感受（金星）在愛，很可能也以他的智性（水星）、以他的個體性（天王星）、以他的孤獨與自律（土星）等等在愛，要看推運金星形成哪個相位。通常，在生命的最後，金星推運走過的弧度相當寬，與出生盤上的每顆行星都至少形成過一個主要相位。於是，整張出生星盤最後被稱為愛的服務。

　　類似的金星過程，影響著創作的生命。爆發的靈感可以發生在任何年紀，通常會在很強的金星行運或推運發生時，但是一位藝術家最偉大的作品，通常都在晚年出現，屆時推運金星已經過了許多觸發點，累積了許多旅程，允許創意表達從個人整體的願景中產生。

金星騙徒

陷阱：操縱和虛僞的陷阱，建立暫時和諧但不眞實的關係。
謊言：眞誠就是一切——如果你能假戲眞做，你就成功了。

上面引用的那句謊言，是來自於喜劇演員喬治・伯恩斯（George Burns）所描繪的金星騙徒的謊言。在某種程度上，我們每個人天生都具有可以與另一個人相處的金星能力。

我們每個人都可以看見他人並與之建立共通的語言，還有某種程度的互相信任。在那個過程中，眞誠很重要。我們必須努力保持眞實，幫助別人了解我們是誰、我們可以提供什麼，還有我們要什麼。我們分享內在生命的某些東西，詳細到我們有什麼樣的天賦，還有搞不好會無意識地警告別人我們有多危險。如果眞誠掌控這個過程的話，雙方都會有所獲得，人與人交流時不可避免的傷害就會降到最低。這是金星老師的方式。

騙徒則另有一番計畫。他們試圖削弱形成關係的自然過程，破壞、扭曲這個過程，以便去搞小動作。他掌握了別人的本質，利用這些資訊在那個人的心裡創造出自己的虛幻圖像。爲什麼？爲了得到他想要的東西！騙徒表現出滿足對方需求的樣子，卻用這個方式取得自己的好處，並且操縱別人，以支持他貪得無厭的自我。

騙徒的渴望是什麼？那要看推運金星碰觸到的是哪一種觸發點。一位女士有海王星在五宮，推運金星透過六分相觸發這顆海王星，她屈服於騙徒。她對進化之愛的需要（推運金星）刺激（六分相）她投入迷人的（海王星）愛情裡（五宮）。她成了蛇蠍美人，在她身後留下了心碎的痕跡，自己卻也得不到多少滿足。爲什麼？因爲她不允許這些情人看清她，比她

看他們更清楚。只有陰影與陰影共舞，互相利用與操縱。

這顆行星創造性的那一面呢？騙徒在此運作，引誘我們迎合群眾，背叛我們天生的聲音，以只對我們有利的聲音取代天生的聲音。這可不是專業藝術家獨有的病態，任何人都可能屈服於此。即使我們的服裝很有創意，騙徒會要我們出於自私的目的而打扮得引人注目。相反的，老師會很樂於改變服裝的風格，讓服裝反映出我們內在的樣貌，藉此吸引志同道合的人，並對那些跟我們沒什麼好來往的人，發出明確的「滾開」信號。生命的每個面向，從我們如何裝飾我們的家，到我們講的笑話，都是創意與自我表達，而且會在騙徒的壓力之下崩毀成操縱。我們「假裝真誠」，人們會聽信這些謊言，然後，我們會想念真正的創造力與真實的連結，帶來更深的滿足感。

騙徒的影響，有一個令人戰慄的版本，我們可以在彼得‧威廉‧薩特克利夫（Peter William Sutcliffe）──不名譽的「約克郡屠夫」──的出生星盤上看到。據稱他相信自己肩負「殺死妓女的神聖使命」，薩克利夫從一九七五年到他於一九八一年初被逮捕為止，成功得到十三位女性的信任（其中只有八位是妓女）並殘忍地殺害她們。我們永遠都不可以只考慮單一的推運因子，就提供完整的占星分析，但是在「屠夫」這個例子裡，我們看到金星騙徒明確無誤的手。當可怕的殺戮開始時，推運金星正六分他的本命水星。他經過幾年的橫衝直撞後，金星移動進入另一個六分相，這次是與反社會的天王星形成相位。在他的出生星盤上，本命的水星、金星與太陽在雙子座七宮形成三重合相。在這些推運金星六分相之下，薩克利夫內在想要與人接觸（強烈的七宮）的渴望受到他形成關係的進化能力所刺激（六分相），以病態的方式展現，騙徒在此發揮效用。

　　他整個謀殺時期，還有另一個金星力量在運作，這一次是更加重要的影響力：他進化的身分認同（推運太陽）與他個人的磁性與建立關係的驅力（本命金星）融合（合相）。這些因素沒有任何一個代表謀殺，事實上，算命師會說這些因素代表浪漫的愛情，但是在他裡面的騙徒扭曲了這些力量，薩克利夫變成了人性墮落的象徵，也代表一個肆無忌憚、邪門歪道的金星足以把我們扔進黑色深淵。

火星老師

禮物： 果決行動的能力，採取防衛，守護我們的地盤，宣告我們合法擁有。

挑戰： 你是否夠勇敢，活得像個「靈性戰士」，還是你會坐以待斃，任憑自己被生活壓垮？

　　理解「靈性戰士」的意義，你就會理解推運火星的謎題。對於烏鴉嘴算命仙來說，這顆紅色行星的推運預言著麻煩，訴說著衝突、傷害與傷痛。有時的確是這樣，但我們必須更進一步來看。這是顆挑戰的行星，挑戰的方式直截了當：在這個有時殘酷且總是充滿競爭的世界裡，你是否可以為自己的存活負起責任？

　　主動、策略、對抗──這是幾個很重要的火星詞彙，但是對火星老師而言，這些都是次要的。更核心的部分是達到一個**靈性戰士**的態度：**內在的轉化**，而非外在的火花。對一個靈性戰士而言，我們躲不了的「敵人」一直都在我們之內，絕對不在外面。那個敵人就是我們的恐懼、心不在焉、虛榮、任何使我們意志力變得模糊不清的事物，使我們暴露在可避免

的傷害中。當我們戰勝了內在敵人，外在的敵人就會變得渺小。真正的戰鬥（與我們自己靈魂的戰鬥）已經獲勝，剩下的就是用行為去展現內在的勝利。當推運火星碰觸到一個觸發點，就是行動的時間已經到了，採取果決、自信和權威的行動。最重要的是，該行動必須根植於清晰的自我評估，反映出全心全意、明確的意圖。

如果外在的努力失敗了呢？沒關係，勝利依然是我們的。我們也許會戰敗，但是即使戰敗，我們的靈魂還是得到了力量。這是戰士的祕密，關鍵在於他以平靜來面對收穫與逆境。

在一個下著毛毛雨的午後，你睡過頭了，你醒來時感到無聊、頭痛、注意力不集中、情緒低落。你本來計畫要打掃房子，但是你的能量低落，無力執行這個計畫。你吃了早餐，漫不經心地掃過那張計畫紙，從這道牆晃到那道牆，對於一片雜亂有罪惡感，但還是拒絕面對。你坐下來讀一本小說，讀了四十頁又把書闔上。你喝了一杯酒，又懊悔喝了酒。要去街上走走嗎？我不想。趕去寄信？也是不想。結果，你心不甘情不願地又坐回去看報紙。最後，你絕望地拿出吸塵器，打開收音機，開始工作。十分鐘後，你情緒上的退縮全部消散，你感到快樂、堅強了一點，還少了點懶散。你終於找到了一個方向，這就是你的火星正在運作。

把這個劇本放到生命的大掃除層次上，你就掌握到了推運火星的影響力。無論何時，當這個行星碰觸到一個觸發點時，你必須刻意提高你對生活的參與度。這會消耗能量，如果你糧草備足，火星期間將會使你感到興奮，並且得到回報。計畫已經排除萬難啟動了，一切即將實現。

如果你選擇留在床上，能量在你體內蓄積，就會轉變成毒素。佛洛伊

德觀察到沮喪會內化成憤怒。從占星上來看，我們可以做更普遍的觀察：沮喪常常是從被內化且未聚焦的意志醞釀而來，換句話說，這是火星的問題。如果你無法領會老師的訊息，沒有採取行動，那麼你會承受沮喪、雜亂的星期天午後，只是這感覺會延續很多年，這段期間，火星緩緩推進，通過觸發點。

　　舉個與推運火星勇敢連結的例子。在火星合相尼爾‧阿姆斯壯（Neil Armstrong）的本命木星時，他成為第一個踏上月球的人。他進化的勇氣（推運火星）融合（合相）了他個人的自信、信仰與勝利（本命木星）。崔斯坦‧瓊斯（Tristan Jones）在推運火星合相他的中天時，從冰島的雷克雅未克出發，踏上他如史詩般的兩年北極之旅，回來後成為了打破人類意志力限制的象徵。他進化的勇氣進入了公眾的覺察（中天，十宮）。七百多天的極凍獨處，在他內心磨練他，他後續寫了一本有關這趟冒險的書，讓經歷推展到公眾的層次。

　　火星式的勇氣並不總是採取像這種外在的冒險形式，雖然我們很多人會以身體的行動與鍛鍊來回應這一顆紅色行星。藝術家喬治‧歐姬芙（Georgia O'Keefe）在三十七歲時，推運火星合相她本命金星，那一年她嫁給攝影師阿爾弗雷德‧施第格利茨（Alfred Stieglitz）。她進化的勇氣準備好面對挑戰，迎接許下承諾的愛。法蘭西斯‧奇徹斯特爵士（Sir Francis Chichester）面對致命的肺炎診斷，在火星老師的指引下活了下來。他進化的勇氣（推運火星）對分他超越個人控制力量（本命冥王星）的覺察，他拒絕等死，住進英國一家「自然療法」醫院，後來還活了好多年。三年後，甚至有足夠的精力單槍匹馬橫渡北大西洋，當時他推運的火星四分他本命太陽。

火星騙徒

陷阱：當你崩潰，落入恐懼、否認，覺得自己是受害者時，它會引誘你去「踢那隻狗」。

謊言：在他們毀了你之前，先把他們給毀了。

強尼十三歲時，在國中的更衣室裡被霸凌者偷走錢包。他回家後挑釁別人，還打了弟弟。弟弟比利衝出家門，用力甩門，把玻璃都震碎了。比利逃走，無視他母親憤怒地要他立刻回來。強尼氣焰低了下來。媽媽在上班時間打電話給爸爸，跟他說了來龍去脈，使他多了一些換玻璃的壓力，那會使他微薄的薪水被擠壓得更薄。

在回家的路上，爸爸去了趟酒吧讓自己重振精神，結果，一個小時後，車子在路上發生擦撞。這一切都是因為男生更衣間裡發生的霸凌嗎？也許吧。但是那些霸凌者裡面有三個人都有愛辱罵他們的酒鬼父親，這些酒鬼父親也被他們的父親虐待過，然後這些父親又被他們的父親虐待。

暴力餵養暴力，恐懼餵養恐懼，受害者會製造出更多受害者，直到我們的分析回溯消失在宇宙誕生時的大爆炸裡。這是一場來自遠古的瘋狂，人類精神的阿基里斯腱。它毒化婚姻，毒化友誼，在各種人類之中種下仇恨。如果我們的世界最終變成遭受輻射的沙漠，如果地球各國不是同心協力追求理想，而是互相爭執，那麼就要怪火星騙徒了。死氣沉沉的灰色地球在十億年後，被某個和平到足以存活下來的物種發現──這就是騙徒的目的與它的回報。

當推運火星碰觸到觸發點，你就有機會打破這個無止盡的連環。你可以成為那個虛弱的連結，拯救你自己，並且遠離周圍那些毀滅的力量，最

重要的是，不要讓這些瘋狂傳播到人類的未來。那要怎麼做？控制好你的憤怒嗎？不，憤怒很少會被提升，通常「提升」的憤怒只是延後釋放到某些倒楣鬼身上而已，我們會踢小狗洩憤或是讓自己得到潰瘍。推運火星帶來的第一個祕密是要準確認出我們為什麼憤怒，第二，有效率且策略性地移除引起我們憤怒的問題。只要其中一個失敗，騙徒就會帶來大破壞。

記住這個靈性戰士，真正的敵人總是在我們內在。強尼到十五歲時，把頭髮挑染成橘色，還穿了耳洞。當時，他媽媽的推運火星正四分她本命太陽，她氣炸了。如果老師獲勝，她會很快平靜下來，認出她的敵人不是孩子的風格，而是她自己對孩子不合理的控制慾。她進化的權力感（推運火星）正與她的自我（本命太陽）產生摩擦（四分相），她性格中這兩個面向都需要成熟。如果騙徒當道，或錯用她的權力，嘗試強迫強尼改變，卻遭到強尼反抗，他們的關係就會變得很可怕。

如果火星老師占上風，強尼的媽媽就不會掉進愧疚的沮喪與沉默之中，她會積極處理問題，與強尼聊聊，聆聽他，從其他的「戰士」收集支持，而不是篡奪他表達自己的選擇權，她會讓強尼知道，雖然她尊重他的自由，也怕打扮風格的不同可能會在兩人之間製造出傷人的代溝，不過她請他放心。她分辨出真正的敵人，剩下的就只是騙徒的蜘蛛網。

另一方面，有時候，在我們誠實仔細地審視自己之後，會發現問題並不全在我們自己內在。如果是這樣，我們就必須對這個世界採取行動，這通常是靈性戰士的最後一步，這類行動潛藏著危險，讓自我暴露在傷害中。戰士要果決地採取行動，但絕對不可輕率。騙徒在這裡的策略是讓我們充滿了自以為是的憤怒、熱烈的意見與虛張聲勢，有時明明只要派一位大使出馬就夠了，它卻讓我們受騙上當派出一隊海軍。

　　身為一個十五歲兒子的母親，強尼的媽媽對這個孩子的生活還是要負某種程度的責任。當她知道強尼不只是染了頭髮，還是腳踏車竊盜集團的一員，還拿錢買古柯鹼，她就知道必須想想辦法了。

　　三個不同的問題，三個不同的反應。她了解強尼的頭髮是他自己的事，所以，她對此保持沉默，即使她並不喜歡那頭髮。但是偷腳踏車跟瞞著她使用有潛在風險的藥物，這就跨進了她作為母親要採取行動的合理領域了。她會做什麼？騙徒會在她耳邊小聲說著簡單的答案：「理光他的頭，送他去軍校！」老師則會謹慎行動，總是察覺到恐懼與慾望帶來的扭曲影響。這位女士面對推運火星四分她本命太陽的壓力，做出很好的回應。她與兒子對質，解釋自己的感受，讓他知道，媽媽了解他已經年紀夠大，可以開始自己決定，但是她還是覺得對兒子負有個人的責任。她自己的良知在得知兒子偷其他小孩的腳踏車時，不允許自己保持沉默。也許她會冷靜但清晰的宣告，如果他再偷竊，她就會報警。

　　但是關於她兒子的古柯鹼實驗，強尼媽媽知道她沒有能力給予決定性的一擊。她是一個靈性戰士，因此，她知道自己的限制。她從來不會發出無謂的威脅或是過度擴張自己。她告訴強尼，他使用藥物讓她很擔心，並明確的告訴他為什麼。她要求強尼停止使用古柯鹼，也知道這個要求不會有作用。她也要強尼談談談他的想法，以免她遺漏了任何觀點。換句話說，聆聽，成為她戰士策略的一部分。如果偷腳踏車行為繼續，強尼媽媽可能會報警。如果他繼續使用古柯鹼，她也只能盡力讓溝通管道開放。就這樣嗎？為什麼不做更多？因為她了解她的權力限制。強尼自己必須做選擇。

　　女演員莎朗蒂（Sharon Tate）與拉比安卡（LaBiancas）被謀殺時，

查爾斯‧曼森正經歷推運火星三分他本命位於水瓶座十宮的月亮。月亮在出生星盤上的這種配置，代表著被放逐的感覺，站在社會的外面往裡面看。放在第十宮，曼森感覺需要在社群裡表達出那種月亮能量。如果他以健康的方式回應出生星盤，那麼他很可能會找到一個角色，成爲某種社會改革者。因爲他進化的憤怒（推運火星騙徒）強化了（三分相）這些疏離感（水瓶座月亮），於是，他啓發了其他人去謀殺在社會上象徵著成功的那些人。騙徒贏了，於是，在古老的瘋狂連環上，又鍛造出了一個環。

推運上升點

在出生星盤上，上升點代表我們的風格，我們創造出來的自畫像，常常不知不覺的展現在他人心中。那是我們的面具，然而這並不代表當中有任何虛假或虛僞。我們必須展現自己，這個展現可能永遠無法反映出我們個性中所有細微之處。當我們與自己的上升點處於和諧狀態，就會感到舒適。找到適合自己的風格會讓我們感到專注且放鬆。

一個農場男孩拖著腳步走來，低頭看著鞋子，很緊張地想用老招來邀一位女孩約會——這是病態的上升點。本命上升點的另一個可能的扭曲則是，我們會感到愚蠢，華而不實，空有外表沒有心，我們看到的不是怯懦的農場男孩，而是「花花公子」，散發油條、空虛的調調。我們就像在一八六九年亞利桑那的湯姆斯通（Tombstone），充滿好萊塢風格：虛有其表，裡面什麼都沒有。

要掌握推運的上升，就要看我們是否有足夠的彈性，以避免我們的風格流於僵化。

　　上了年紀的學院教授，講著記憶中的老笑話，對每個主題都要大放厥詞一番，還穿著他一九五七年的運動外套——他就是騙徒的受害者。爲什麼？因爲他的行爲舉止還是像四分之一世紀以前的老樣子，他困在舊模式裡——至少外在是這樣，他或許會覺得自己像個笑話，但是他卻沒選擇改變，而是退回到防禦狀態。鞏固以及捍衛我們的風格，彷彿這個風格很重要，這就是騙徒的遊戲。老師會要我們隨機應變，順應時代而改變，但是更重要的是按照我們自己靈性的四季變化來改變。

　　當推運上升點從一個星座移到另一個星座時，我們進化的風格會進入一段深刻的轉變期與危機期。對我們大部分的人來說，這種狀況只會在我們一生中發生兩到三次而已。這是什麼意思？一組記憶中的日常行爲（舊的推運上升點）將不再適用於我們所創造的環境，必須放下，並且用新的行爲來取代。但是我們是如此習慣於這些舊的日常行爲，就像是我們喜歡的舊襯衫那樣的自然，但是那件襯衫已經被蟲蛀壞了，可能會從背上掉下來。我們需要一件新風格的襯衫。推運上升點剛剛進入的這個星座，闡明了那個新風格的本質。

　　瑪莉・居禮（Marie Curie）安靜低調地做著研究，後來發現了鐳，她的上升點還在她出生星盤上的巨蟹座推進。她在三十歲出頭得到諾貝爾獎，當時她的上升推進到獅子座。她進化的風格需要調整，以適應她在巨蟹上升點時默默研究卻無意間帶來的公眾聲望。從其他的推運，自然而然帶來的進化。伊莉莎白・庫伯勒・羅斯的上升點推進到雙子座那一年，她出版了她重要的作品《論死亡與臨終》（*Death and Dying*）。她的風格必須進化成一個演說者、老師、工作坊帶領者——全都是雙子座屬性的事物。

　　以正常的人生長度來看，推運上升點會依序移動到第二宮，然後進入第三宮。由於每一宮的大小不同，每個人的上升點推運速度也不同，我們無法靠著經驗法則來訂出這些推運事件的時間點。每一個都事件代表著每個人生命中的轉振點，但是不像我們在第六章追蹤的那些可以預測的行運，推運的時間點可以在生命劇本相對嚴格的框架中浮動。

　　當推運上升點進入第二宮，一段令人不安的自我評估隨之而來。我們突然對我們的面具變得高度敏感，陌生得很詭異。我是誰？我真正的價值是什麼？這些問題會從自我內心湧現。彼特・湯森（Pete Townshend）是很棒的搖滾樂作曲家，他形塑了何許人（The Who）樂團，由於他有毒癮，他的身體已經到了極限。在推運上升剛剛進入第二宮時，他聯絡了蘇格蘭外科醫生梅格・彼得森（Dr.Meg Peterson），透過她革命性的電療法，將他從「化學自我毀滅中拯救出來」。自我懷疑的危機，是第二宮的特色，幫助他改變了個人風格，變得更好。他不再感到脆弱無力，遠離了自我毀滅的生活型態。

　　當上升推運進入第三宮，我們通常正在經歷成熟的中年。這個過渡期相當於「第二陣風」。我們會經歷一種新的好奇心（第三宮），我們想要去探索、四處走動，去學習，也可能去教導。伊莉莎白・庫伯勒・羅斯的上升點不只推進到雙子座，出版了她具有里程碑意義的書，它同時推進到第三宮，重複了這個行程的力量，在她的生命中標示出決定性的新開始。

　　我們大部分人都會有些敏感點散落在第一、第二與第三宮，透過各種相位與行星有連結。當推運上升點接觸到任何一個敏感點，我們就必須將那些行星的功能整合到我們進化的個人風格裡。推運上升點也很像推運太陽，自我意識的光束聚焦在每一個行星上，將其更緊密地編織到我們的日

常經驗之中。太陽與上升點的不同之處，在實務上常會有點模糊。但是理論上，將新的因子整合到我們的本質裡，這跟太陽比較有關，而推運上升點的整合比較與外在問題有關，比如外觀與行為。不管是哪一種，我們都是在改變身分認同的基礎，如果我們要掌握個人生命發展中重要的篇章，就不能忽略這類推運。

當黛安娜・羅絲演出她的出道電影《難補情天恨》時，她的進化風格（推運上升）撞上（四分相）她迷人的美感（本命金星在雙魚座）。她的生命領域來到了一個必須改變風格的位置。現在的風格已經不再能反映真實的她了，雙魚座金星在離開她之前，需要接受檢驗（四分相）。她知道自己的個人風格需要調整，她強勢回應，震驚了一些人，也使她的人生以更成熟的方式前進。

布魯斯・史普林斯汀經驗了類似的占星狀況，但是有一個重要的不同：推運上升點與本命金星是三分相，不是四分相。我們會看到的不是碰撞與摩擦，而是加強與和諧，以及因為機會帶來的沉睡風險。那一年是一九七二年，史普林斯汀完全是個「本地藝人」，在當地酒吧裡表演。在這個推運期間，他被發掘，受到支持，哥倫比亞唱片公司給了他一張唱片合約。他進化的風格（推運上升點）受到加強（三分相），來到醞釀他早期作品的時間點。突然之間，作為一位藝術家，他似乎更有說服力了。他的個人風格現在和諧地與他的金星感受性整合，這種整合展現在他個人的舉止上。現在，人們認真的看待他，他的職業生涯正式展開。

推運中天

　　中天不同於上升點，它代表著我們公開的身分，少了一些個人性。中天象徵的是我們**為社群服務**的功能。這項功能經常會與我們的**事業**緊密連結，特別是能讓我們喜悅的事業。無論如何，事業包含的內容太少，無法包含中天所有內容。中天這個點，不只是代表國稅局如何看待我們，也包含諸如「我要投票給瓊斯」或是「我支持核凍結」等陳述。所有我們不認識的人對我們的看法，給我們下的定義，都與中天有關。我們的工作是中天很大的一部分，但是不要被傳統占星書誤導，以為賺錢就是整個中天的故事，這裡包含的課題更廣。

　　我們與社會的關係會隨著年紀而自然進化，衡量這種進化並確定各個轉折點的時間，是推運中天的領域，它象徵著我們進化的公開身分。就像推運上升點，推運中天移動緩慢，在一般人的一生之中，只會經過兩到三個星座與宮位，並且碰觸幾個相位的觸發點。如果我們允許推運中天做我們的老師，我們進化的公開身分就會在本質與價值裡反映出正在進行的改變。如果我們內在的騙徒當道，那麼我們就會困在那些內心知道已經過時的公眾角色中，開始感到無聊，在每天的日常例行瑣事中麻木自己，整天感到無所事事。

　　騙徒扭曲推運中天並製造出問題時，無聊可不是唯一的問題。任何人只要做一份爛工作太久，都會很快地驗證這一點。任何曾經感覺困在這類角色中的人，都會知道這狀況會讓人的意志多麼消沉。從另一方面來說，如果我們持續調整自己的公開角色，調整成我們內在生命正在改變的模式，那麼我們會在「我是誰」與「陌生人人眼裡的我」之間維持和諧，這是老師給我們的獎賞。於是，我們的努力會開花結果，我們的個體性本身

就是這朵花的根與枝。然後，我們內在的騙徒就會餓著肚子上床。

當推運中天進入神祕的雙魚座，喬治‧盧卡斯的《星際大戰》上映，並且變成奇幻、創意與想像力（雙魚座）的公開象徵（推運中天）。在相同的影響力下，卡斯塔尼達遇到唐璜，開始了他巫師之路的學徒生涯。他成為公開的象徵（又是推運中天），向他的讀者展示出明顯的雙魚座宇宙、魔法與看似不可能的世界。崔斯坦‧瓊斯獨自航行，進行他的北極探險，此時他的推運中天正進入牡羊座，他進化的公開角色現在成了勇氣與熱愛冒險的化身（牡羊座）。

推運中天在宮位上的改變也很重要。大約在人生的第一次走到三分之一之際，中天會緩緩地穿越第十宮。通常在這段時間，我們的公眾角色絕大比例是由我們出生的那個文化所定義。我們是遺傳的「學生」、「工人」、遺傳的「上班族」。在這裡可別被迷惑愚弄，我們也可以是那個遺傳的「搖滾明星」、「電影偶像」或是「運動健將」。

重點是，社會還是在發號施令，不管我們知道與否。當中天推運往第十一宮宮頭靠近時，就在醞釀著基本的態度改變。第十一宮是個人目標之宮，在這個時間點，我們的目標與我們的人格趨向合一。我們已經準備好展現我們真實的樣貌，獲得公眾的認同。

大部分的占星事件都有個共同點：回應。不管我們回應的好或不好，我們總是在回應。不管掌管這一天的是老師或騙徒。就我的經驗來說，推運中天進入十一宮，也是按照相同的規則，只是更細緻，不管我們有沒有好好回應或似乎根本沒回應。這個推運會釋放潛能，去找到命運的可能性。

　　如果你的基礎預測包含各種與命運有關的參考資訊，比如很強的十宮，許多摩羯座的影響力，或是冥王星是**關鍵**重點，那麼這個推運代表著一個重要的「成功或失敗」時期。如果你的出生星盤更低調安靜，那麼這段時期可能完全不受注意就過了，大致上就是展現出一種「長大」了的模糊感受。但是當一個人在這裡臣服於**騙徒**，那麼在這個世界裡，這個人很可能在有機會做出任何重要或與眾不同的事情時，卻無聲地投降，放棄希望，讓夢想在非常微弱的嗚咽聲中死去。

　　傑瑞・布朗（Jerry Brown）在他推運中天經過他十一宮宮頭時，成為加州州長。他的公開身分以較大的方式反映出個人的目標。關於這個過渡期，我最喜歡的是一千多年前的一個故事：如果我們手上查理大帝的出生星盤是正確的，那麼當他的中天進入十一宮時，充滿了對自己的不滿足感，於是他尋找老師，然後找到了學者教士阿爾琴。這位很像梅林的人物似乎在形塑查理大帝的意識上扮演了很重要的角色，也創造了他個人的命運感。這位國王接觸到這位老巫師，他進化的公眾身分（推運中天）與他個人的方向感與優先順序（第十一宮）協調一致。

　　推運中天進入第十二宮通常是中年要結束的時候，此時星盤主人會慢慢從公開活動退出。這段轉變期的關鍵字很可能就是**退休**，雖然推運中天進入十二宮，並不意味著沉睡與迷糊。比較像是第三次土星循環（請參考第六章），這個推運中天提出的是「傳遞火炬」。把我們累積的一切傳出去的時刻已經來到，不管是物質上的還是內在的，與後來之人分享這一切。這裡要再舉一次庫伯勒的例子，在推運上升點改變星座與宮位的同時，她的推運中天也正轉移到第十二宮，那時候，她以出版《論死亡與臨終》這本書來與我們所有人分享她的智慧。

經過十宮、十一宮與十二宮，我們會找到「熱點」——觸發點，任何行運或推運行星，與我們特質中某些基本結構產生有利的交互作用後，會點亮我們的成長之火。有時候，這個過程幾乎毫不費力就發生了——若有三分相與六分相的支持，我們只需要順流進入新的角色。但是有時候當四分相與對分相的緊繃與挑戰加諸在我們身上時，就需要額外的努力。當布魯斯·史普林斯汀獲得他的唱片合約時，他的推運上升點三分本命金星，就像我們前面所學，現在，我們對於他生命中那段期間，要加上另一個層次的理解：他的推運中天同時六分他本命的木星。他進化的公眾身分受到他自己天生的熱情與自信（本命木星）所刺激與支持。

還剩下一個老師以及另一個騙徒帶來的陰影，那就是推運月亮——改變的象徵。在預測占星學中，月亮的角色如此重要，因此我們要在下一章要特別獨立來談。然後我們會用一整個段落專門探索每個推運行星與每一個本命行星以及本命上升點與中天的關係。

第九章

推運 III：推運月亮

月亮是占星之母，在數萬年前，當人們的智慧首度讓他們抬起頭，看見頭頂上夜晚的黑色天空，月亮就在那裡，令人著迷、挑逗、神奇。她是變形者、驚嚇者、照亮黑暗者，月亮很快地成為了神祕女神，站在太陽神之光的旁邊。解開她的月相訊息變成神職者的權術，這些祭司很快就發現，不只是月相變化，還有她的移動路徑。一開始，她以新月的姿態出現在射手座星群裡，下個月的另一個週期，她又會以相同的新月姿態出現在摩羯座中，然後再出現在水瓶座星群中。月相在星空中總是按照相同的古老路徑行走，總是不斷更新與重組，無止盡地創造。

月相吸引了祖先們的注意，她以單純的速度在星空背景中行走，揭露了某些基本的概念：月亮是可預測的。她總是按照相同路徑穿越星空，穿越黃道。更後來之後，我們了解到那些較慢的「漫遊星星」的路徑，同樣受限於黃道。到更後來，我們發現太陽也依循相同的路徑。

每四個星期，月亮就會走完出生星盤一圈，碰觸到每一個觸發點，經過每一宮。每兩到三天就會進入一個新的星座。大約一天之內，就會形成相位，來到相位的精確度數，然後走出容許度。在行運裡，月亮的速度使

她失去了重要性，她永遠沒有時間去建立起緩慢移動行星那種偉大意義。月亮的行運確實重要，就像我們在第三章最後所討論的，但是那個重要性不夠深刻，不足以形塑人生，她只能幫助我們每天透過無意識的心智與意識保持聯繫，創造出每時每刻的心情。我們需要月亮，但她的工作不是擔當老師或騙徒。

當我們去看月亮推運，而不是去研究它的快速行運，會發生什麼事？就像其他行星，月亮會戲劇性地慢下來。天變成年，新的預測巨人誕生了。在天空裡，月亮週期大約是四週，在推運中，月亮週期擴張到將近三十年。（記住：在推運裡，天變成年）。月亮可見的二十七天週期，被轉換成二十七年的推運時間。她會在每個星座或宮位裡停留兩到三年。每個相位的發展超過數月之久，我們有許多時間去思考與選擇。

即使以推運的速度緩慢移動，月亮的速度依然算快。她的繞行速度比起最靠近她的競爭者──水星的最佳速度，幾乎快了六倍。對占星師來講，一個最實際的必然結果就是，推運的月亮幾乎總是有在做些事。很難想像在解盤時不去提到她的行動。推運月亮的速度另一個更重要的影響是，她常常擔任觸發器，讓其他推運或行運因子的事件突然發生，很像我們在行運理論裡，觀察到的那些快速行星與慢速行星的關係。

推運月亮觸發了緩慢進化的占星配置，帶來的影響，就像行運水星（快速）可能會觸發了行運天王星或土星（慢速）的可能性。

就像我們將會在第四部看到，在預測占星的實務上，行運與推運之間的界線會變得模糊。推運的月亮可能會明顯觸發一個外行星行運的影響，兩個系統會共同合作。

推運月亮快到足以作爲**觸發器**，慢到足以像一個老師或騙徒那樣運作。在我們把學到的一切融合進眞正的預測系統前，這是我們要探索的最後一個占星因子。

推運月亮的重要性

在出生星盤裡，月亮象徵著感受。她代表心，也就是情緒的、主觀的人格基礎。傳統占星師會稱月亮是「陰性」，因爲她展現的某些品質會與傳統上的女性特質連結，像是滋養、敏感、羞怯。（太陽，因爲其自我導向與主動的本質，當然就被這類占星師視爲「陽性」）。如果你對這些說法感到舒坦，那麼就用吧，但是永遠不要忘記，每張出生星盤上都同時包含了太陽與月亮。我們每一個人都擁有所謂的「陽性」與「陰性」層次，我個人高度質疑那些強調要區分「在男人的圖上」或「在女人圖上」的占星書。每一個女人都必須發展她的太陽，每個男人也都必須發展他的月亮。文化的壓力也許會使這個過程變複雜，但是一個健康的人類，這兩種功能都必須可運作，也需要處於平衡狀態。

推運總是意味著**進化**。在上個章節裡，我們學到一個有用的技巧，可以用來定義推運行星的影響。我們選擇行星在本命盤上簡短的功能定義，然後在那個定義前面加上「進化」。因此，水星在眾多其他事物之中代表我們的智能。推運的水星就會變成我們進化的智能。太陽是身分認同，推運的太陽就是進化的身分認同。像這種單純的方式很有幫助，可是無法說完整個故事。要獲得更高水準的知識，你必須吸收更複雜的推運因子概念，更重要的是，你需要仔細檢查這些推運因子在你人生中的影響，經驗

法則常常能幫助我們的思想聚焦，因而觸發我們自己的創造與直覺的過程。

把我們的技巧運用在推運月亮上時，我們會學到什麼？「進化的感受」、「進化的心」。這些想法是很好，但很多事情沒被說出來。

推運月亮當然與情緒有連結，當它通過敏感區域時，常常伴隨著歡笑與眼淚。不管推運月亮進入我們生命的哪個部分都會碰觸到我們的心。會有一陣子，這些課題使我們興奮、挫折、困擾。

大部分人的決定底下，都有一股強而有力的情緒暗流，於是我們去做自己直覺想做的事，至於邏輯，只是用來建立策略。我們跟隨心的帶領，即使心帶領我們研讀數學或簿記，我們也一定要理解這個事實，那就是我們所做的決定，很可能都不是根據粗糙而脫離現實的邏輯。對每個人來說，這些決定是心的事件。

在出生星盤中的月亮，代表著我們恆久渴望輸入的情緒。就如占星家史蒂芬‧阿若優觀察到的，月亮代表我們在哪些地方感覺舒適。占星家諾爾‧泰爾（Noel Tyle）把月亮描述為「優先需求」。比如本命月亮在金牛座，我們會對安全感、穩定、自然環境感到舒適。我們的優先需求是在這類的環境裡，建立自己。月亮在牡羊座就完全是另一回事了。我們會看到這個人感到舒適的環境，只會讓金牛座的人感到明顯不適，他們要處在冒險、友善競爭、取得成功的環境之中。這就是他們需要輸入的情緒，好讓自己感到滿足。

同樣的方式也可以套用在推運月亮上，但是不像本命月亮，推運月亮的優先需求瞬息萬變。我們可以稱之為「一閃的念頭」，這些一閃的念頭

都與我們內在心理與靈性的過程密切相關。當月亮推運通過一個觸發點，我們經驗到一種心情，暫時加強了觸發點象徵課題所引發的情緒。舉例來說，當推運月亮碰觸到金星，我們的心就會充滿了生命中與金星有關的層面：友誼、婚姻、創造力。碰觸到土星，我們的優勢需求會有一段時間聚焦在實際的事物上。我們處於「振作起來」的心情之中，或我們會暫時擴張土星的黑暗面，讓內心充滿無力與挫折。當推運月亮碰觸到天王星，我們會閃過叛逆的念頭。碰觸到海王星，我們的心會尋求安靜與沉思，或好幾個月不問世事，只抱著電視。換句話說，推運月亮告訴我們，我們感覺現在想要做什麼。在預測占星學上，月亮就像是情緒的風向標，指出的方向總是與心思飄往的方向一致。

在任何時刻，推運月亮會指出我們心之所在的方向。

　　一旦讓推運月亮為我們展示心之所在，我們也會知道自己大概會在相同的地方受到吸引，那個領域會被各種發展與活動所擾動。在占星師心裡，推運月亮常常帶來預測的影響力，能夠聚焦，指出我們目前情緒上最受到強調的重點區域。掌握住這一點，就等於掌握住這張星盤的核心。錯過它，不管你的解盤理論聽起來多正確，還是會感到空洞而沒抓到重點。月亮這位占星之母，是我們的象徵連環中最後一個環節。加上這一個連結（人類之心），她在上鎖的門裡轉動鑰匙，打開我們追求已久的寶藏。

推運月亮行經各宮位

　　當我們年輕時，我們傾向於用學校年級來度量我們經驗的「篇章」，「當我四年級的時候」或是「我讀二年級的時候」。我們長大後，一年似

乎比一年短，生活的篇章也隨之擴大。「年」已經不足以包含經驗的完整週期，我們需要更多時間。

我們常常會發現自己很自然地以兩到三年為一個篇章來搜尋我們的記憶。這樣的單位似乎表現出個人歷史的基本「定量」。兩到三年的時間長度，與推運月亮穿越出生星盤上一個完整的星座或宮位的期間一致。換句話說，推運月亮建立起個人經驗歷史的框架，其他行星週期疊加在月亮週期之上，常常製造出更戲劇化的轉捩點，但是我們感受最深刻的還是推運月亮週期，透過月亮週期，編寫自己的情緒歷史。

當月亮通過出生星盤上的星座與宮位，推運月亮建立起生命經驗的篇章。

星座週期、宮位週期：有時兩者之間界線有點模糊，因為事件（宮位包含的內容）是藉由理解（星座包含的內容）醞釀而成，或者理解將不可避免地會導向事件。要記住，星座與宮位各自代表著經驗軌跡根本上的不同。星座是精神性的，它們在你腦袋裡，而宮位是經驗性的，它們是你要進入之處。在分析推運月亮通過一個星座時，要記住，事件是次要的，這個人需要學習某些事物。推運月亮通過一個宮位時，強調的是**行動**，需要的是去調整這個人的環境。通過一個星座，會使知識成長，意識改變。然而現在是因為事件產生了這些發展，不是因為其他原因 。

無論是星座或宮位，觀察月亮穿越這兩種週期，就等於裝備了占星中最有活力且最足以信賴的預測工具，它簡單、清楚且威力強大。

讓我們從真實生活中找些例子來增進理解，簡單地看一下月亮通過十二個宮位的狀況。想要更詳細探索宮位週期，請回去參考第四章。雖然該

章是針對預測占星的宮位系統所做的一般性介紹，但是它是特別為了幫助你，掌握月亮在出生星盤中移動的感覺而寫。事實上，我寫出來的內容大部分都是我從觀察推運月亮通過我星盤上的每個宮位學來的，那幫助我真正感受（月亮）每一個宮位的意義。後來，我將這種情緒知識，歸納進其他行星週期的理論裡。

✴ 推運月亮在第一宮：

我們正在展開新的經驗週期會為接下來三十年的人生建立基礎。我們現在所做的每一件事情，所有的新習慣、新承諾、新態度，都會為接下來的三年種下種子，第一宮總是新的開始。我們現在的每一次呼吸都很重要，我們的每一步都關係到新的未來。即使我們對於自己正在做什麼毫無頭緒！我們必須了解，這種情緒上的不確定感正是重點。在第一宮，我們即興表演著新的人格，舊的經驗週期已經在第十二宮結束了，我們必須開始更新。

如果月亮推運進入你的第一宮，你需要變成開悟的自私大師，學習聆聽直覺，去感覺看看什麼才是正確的途徑，然後，沿著這條途徑前進，不管這會使你周遭的人多失望。不要讓任何事或任何人把你拉回已經沒有用的過去。你已經準備好參與新的事物，去感受你的道路，大膽嘗試，與其擔心過度自我，不如擔心自己會不會讓機會溜走。以作家喬瑟夫・坎伯（Joseph Campbell）的話來說，此時正是「追隨你的幸福」的時刻。

創作米老鼠的華特・迪士尼，在月亮推運進入第一宮時，他為自己展開了一段宛如雲霄飛車般的經驗，直到生命的盡頭；居里夫人得到她第一座諾貝爾獎，也是在相同的月亮影響下，並獲得類似的結果；黑暗的另一面，則是曼森在月亮推運進入第一宮時，開啟了一個新的週期，泰特—拉

比安卡謀殺案發生，他漫長的監獄生活由此開始。

✳ 推運月亮在第二宮：

你是否能夠完成你所開始的那些事？此時生命正在向你提出這個問句。在這個階段，你進入新週期已經三到四年了，眼花撩亂漸漸消退。你現在有時間害怕了，有時間質問自己是否真的有能力實現你正在進行的事情。一切就看你是否能找到勇氣依循你開展出來的新開始。你必須向自己證明，並且創造出可以支持你發展新模式的資源基礎，為自己的漫長旅程做準備。現在，財務方面的事情有可能會是問題，但是其他資源也可能有問題。比如特定的技能、支持性的關係、一輛車、一艘船，又或是一隻站在你肩膀上的閃亮綠鸚鵡。任何可以激發你，使你對自己創造出來的新人格更具信心的東西，都可能會是問題。

阿里在月亮推運進入他出生星盤第二宮時，打敗了桑尼・里斯頓（Sonny Liston），贏得重量級拳擊世界冠軍，向自己證明了自己。他因「飄飛如蝴蝶，叮刺如蜜蜂」而聞名，不過，這個月亮配置說明他內心遠不如他外表看起來那麼有自信。他曾經贏得奧運，但是他的職業選手生涯真的可行嗎？在相同的配置下，馬龍・白蘭度（Marlon Brando）在退休後，復出扮演《教父》中那個史詩般的角色維多・柯里昂（Vito Corleone）。當時大部分人都認為他已經「過氣」了，他能否再創造出早年那樣的強大魔力呢？

✳ 推運月亮在第三宮：

你現在對自己更有信心了，準備好擴展你的視野，並且伸展你新發展出來的特質。你所要尋找的是資訊，心裡充滿了好奇心與躁動。比較少膽

怯、比較不會因為你的自我懷疑與不安全感而疏離別人，你會開始建立關係、尋找知識，並且透過與別人的對話而獲得理解。推運月亮進入第三宮是一段研究與學習的時期，很多時候，它會啓動一段地理性移動的時期，你也許會去旅行，與新的環境及不同類型的人產生連結。在我盡力協助我的客戶理解這個推運的重要性時，我常用「買一輛新車」來比喻此階段，只是他們常常倒抽一口氣說，那是他們正好在做的事。不管你是否要買車，重點都一樣：現在是時候清除懶散與保留的態度，這是你該投入生命從周遭世界學習的時刻。

探險家羅伯特・皮里（Robert Peary）對他的月亮推運三宮做出了徹底的回應。他帶領了前進北極的狗拉雪橇探險隊行程；在相同的影響下，何許人樂團的彼特・湯森開始渴望為他的藥物依賴找到答案，蘇格蘭外科醫生梅格・彼得森所做的神經電療法技術引起他的好奇心。他後來說，彼得生醫生將他從「自我毀滅」中拯救出來，她就是他的答案，但是他自己必須要主動去追尋——在第三宮月亮推運的壓力下，這件事就發生了。

✴ 推運月亮在第四宮：

經過一段時間四處奔波但毫無建設的日子，你的推運月亮進入第四宮，是應該退後、安靜評估自己的時刻了。每個宮位的大小都不同，所以我們很難精確訂出一個普遍的時間點，但是從你開始新的月亮週期到現在，粗估大約已經過了七年了。你的「迷你版投胎轉世」正在朝成熟前進，想找到它所要的成熟，新的個性必須面對它自己的行為根源。你的行為有可能過度擴張，現在要減少那些無關的行為。

將你人生的音量轉小，與自己好好長談。安定下來，這場對話可能要

花個兩到三年。你準備好與自己的個人神話相遇，你的理想是什麼？你眞正想要在生命裡實現的是什麼？你是怎麼愚弄自己或是讓別人愚弄你？你可能會發現，現在似乎與家人更加親近或是與現代版的家庭（特殊朋友圈）更加接近。人們常常會在這段期間搬新家，或者是用某些方式爲舊家重新挹注能量。我們產生強烈的「築巢本能」，推運月亮在第一宮時，我們重新建立起來的人格（我們當時孵的那顆蛋）現在成熟了，並且獲得良好的教養。

阿里在月亮推運進入他的四宮時，被徵召服役，他面對自己，發現他的良心使他無法在越南作戰。他爲這個決定付出了代價，喪失了他的重量級拳王頭銜，讓他暫時遠離生活中的極端活動。三年後，同樣的占星影響在珍・芳達的出生星盤中發展，正值入侵柬埔寨以及肯特州立大學槍擊事件發生的時期，她也像阿里一樣，面對自己的良心，表達了自己的立場。

✴ 推運月亮在第五宮：

在上一宮，你安靜面對自己，使你自己受到深化、強化、磨練，你已經準備好，以前所未有、更加複雜的方式來表達自己。創造自我象徵的時刻來到了，繪畫、寫作、歌唱、舞蹈——如果你性格上是藝術家，那麼這些出口都會強化你，使你喜悅。並不是所有人都是藝術家，但是我們每個人都可以表達自己，這就是月亮週期在這個階段的重點。如果你是個運動員，那就把能量放到運動上。如果你的天性是居家的，那就裝飾你的房子。如果你是做生意的，那麼此刻就信任你的想像力，你的想像力從來沒有這麼豐富過。你必須恢復你玩樂的能力，這聽起來容易，但常常深具挑戰。如果說現在的你缺少什麼，那可能就是喜悅。找到它，抓住它！

在月亮推運進入第四宮的影響下，米開朗基羅（Michaelangelo）完成了大部分人公認為他最偉大的作品——梵諦岡西斯汀大教堂的穹頂畫。在推運月亮通過他的第四宮之後，他準備好要向這個世界表達他的靈魂——第五宮的本質。

✳ 推運月亮在第六宮：

現在要勤奮工作了，這是一段辛勤工作、負起責任與不斷努力的時期。傳統占星師會說推運月亮進入第六宮與戶外勞動有關。這個想法是很正確沒錯，不過此刻我們的內在勞動常常會矮化我們的外在勞動。這通常是段謙卑的時期，這段時期讓你評估自己的弱點——一般來說對你有益，但很少讓人感到愉悅。你要學習謙卑，但是可別學錯了謙卑。你不會受困，你不是任何人的奴隸，你可以改變任何制約你的行為與環境，但是發願想改變，並不等同於正在完成改變。現在需要的是紀律與堅持，接受你對別人的責任，但更重要的是，接受對你自己的責任。忠於你說的話，做對的事情。用新的技術與技能支持你自己，建立聚焦能量、誠實與願意接受正當批評的基礎。呼應第二宮，你必須再次自我證明。效率是關鍵字，你正在經驗一段「黎明前的黑暗」。

太空人尤金・賽爾南駕駛阿波羅十號到月球，顯示出他已能駕馭六宮月亮推運。當然，這種飛行需要長時間且高強度的準備，加上行程中絕對的自律與完美的專注，這些都是第六宮的功課。也許下一趟阿波羅任務有更濃厚的六宮意涵，下一趟就真的登陸月球表面了。阿姆斯壯在歷史上將會與克里斯多福・哥倫布及萊夫・艾瑞克森並列，而尤金賽爾可能就會被歸類為達伽瑪（葡萄牙探險家，史上第一位從歐洲遠航到印度的人）之類的人。他完美地扮演好他的角色，並沒有讓自我阻擋了任務執行，這就是

推運月亮週期通過這一宮的重點。

✳ 推運月亮在七宮：

　　通常這是一段戲劇性時期，你現在準備好帶著你重建的人格去承擔一段親密關係。這段推運最有名的就是會使婚姻狀況很辛苦，不過要說它「代表分手」，那就說得太絕，也不正確了。一段關係，不管是性或其他，都存在於兩個完整而流動的人類之間。其中一個夥伴改變了，那麼這段關係也就改變了。當月亮推運進入第七宮，你必須更新與重建你與伴侶或親密好友之間的溝通界線。要誠實，清除掉儀式與習慣，專注在更新這段關係。

　　除非你的親密關係是非常心靈上的關係，否則對方不可能知道你會變成什麼樣子。所以，說出來，宣告你自己，持續進行這個過程。如果這個過程失敗了，這段關係無法在過程裡存活下來，那麼至少很清楚爲什麼失敗。現在會有新的人進入你的生命，他們常常可以幫助你，有時會使狀況變得更複雜。對這些人開放，他們有話要對你說，一旦抓住，就會改變你的生命。

　　當推運月亮進入七宮，拉姆・達斯（Ram Dass）作爲提摩西・李瑞的搭檔，在有關迷幻藥的激進實驗裡，公開具名出現。他們雙雙被哈佛大學心理系開除，後來，在一九六〇年代中期的美國集體意識中，他們一起成爲了叛逆的象徵（推運月亮在水瓶座）。

✳ 推運月亮在第八宮：

　　地牢會打開，飛出一堆鬼魅、法術、惡魔與騙徒。其中有可怕的天使

們，急著要將你提升到新的內在力量之境，他們對你的瘋狂感到不耐煩。推運月亮進入第八宮，你要面對的是自己的特質中比較沒有吸引力的部分。這不是個令人愉悅的過程，也沒那麼容易面對，但是如果放開自己，這個過程就會療癒你。當你還在關心自己的其他問題時，隱約的渴望與恐懼已經累積在你心靈的垃圾桶裡，在你尚未清楚覺知前，這些渴望與恐懼已經在你生命裡產生了影響，你會感受到這些陰影的存在，並且扭曲你的行為。這個月亮推運告訴你，這些心靈垃圾桶已經滿了，倒垃圾的時間到了。現在請安靜，隱藏起來。我從自己以及我的客戶身上發現處於這個影響下，有個模式是一旦獨處，抑鬱的情緒很快就會轉變成平靜的情緒。在這個時候，我們確實常常感覺很需要與別人之間有親密關係與連結。可以去滿足這種需要，但不要過度。至少答案的另一半必須由你自己找到。學習信任「交配本能」，跟隨這個本能是第八宮的重點之一，不過，除了上述這一點之外，你還需要面對自己。

梭羅開始他在沃登湖的漫長隱居，就是推運月亮進入第八宮時。傑瑞・布朗是加州州長，他加入耶穌會以回應相同的影響。兩個人都反應了這個推運渴望安靜的自我省察特質。

✳ 推運月亮在第九宮：

「伸展你自己吧！」月亮正進入你的第九宮，如果你的心會說話，它會大力說著這句話，並且告訴你，人生就是要活著，唯一的問題是你覺得自己無聊死板。中世紀占星師稱這一宮為「飄洋過海的旅程」，推運在這一宮，並不總是代表字面上的旅行，但是旅行是個很好的比喻。你需要突破舊的慣例與模式，你遠比環境容許展現出來的你更有趣。去做一些有趣的事，碰碰運氣，研究一些讓你著迷的事情，買張機票去你夢想已久的馬

丘比丘。化身爲哲學吧！思考生命的意義吧！露絲・高登在《哈洛與茂德》（*Harold and Maude*）這部電影結尾時，說的一番話就很像前面講過的，她說如果你不去生活，那麼「你在更衣室裡就沒有話題可聊了」。如果你的月亮推運經過這一宮，我可以給你的最佳建議，就是把這部老電影找出來，坐下來看個兩遍。

當推運進到吉米・卡特出生星盤上的第九宮時，他參加選舉，成功當上喬治亞州州長。他打破了生活的舊慣例，敢於進入未知以及陌生的存在領域。不管你的突破是「進入政治」或「成爲背包客」都沒關係，重點還是一樣：你需要對自己有足夠的信任，去從事一些你以前從來沒有嘗試過的活動。對你來講，處於你月亮週期的這個時間點，無聊是最終極的愚蠢。

✳ 推運月亮在第十宮：

人類是社會性的動物，一百萬年前，這種社會性與智慧是唯一讓我們與劍齒虎有所區別的優點。大自然獎勵社交能力，很久以前，大多數眞正的人類隱士都從我們的基因庫中被剔除，成爲那些老虎荣單上的主菜。對大部分人來說，做一個完全神智正常的人，就意味著要融入社群。我們可能不會一直屬於社會主流的一份子，有些人會融入各種不同的次文化中。但是那依舊是一種融合，依然給了我們一個角色去扮演，給我們一種歸屬感。當推運月亮進入你的第十宮，是時候去審查並重新建構你與社群的關係了。你可能需要一份新工作或改善舊的工作。你也許會參與更多某些「好的事業」。你可能結婚或離婚或宣告你是同性戀或共和黨人或基督徒或共產主義者。重點是，你需要重新定義並釐清你在社會上其他生物眼中的地位，對他們來講，你不是一個朋友而是一個象徵。然後，就接受稱讚

或承受批評。鑒於人類文化的多元性，可能兩者你都會遇到。

　　專欄作家傑克‧安德森（Jack Anderson）在一九七二年躍上時代雜誌封面，並因為他報導的水門案醜聞獲得普立茲獎，這都發生在月亮推運進入他的十宮時。傑瑞‧布朗，在同樣的影響力運作下，多年後，他決定離開耶穌會，原因？他覺得自己想要更多參與這個社會的議題。

✳ 推運月亮在第十一宮：

　　現在是「完成的時刻」，收成的季節。二十幾年前開始發展的個性週期，現在進入高潮。向大家宣告你是誰，最主要的是，堅持你對於你已經完成的事物，獲得認可的權利。就如大英帝國的公爵與夫人們那樣，你已經準備好「受封為貴族」了。不管你選擇在哪一個社會階層裡獲得封號，你現在都可以取得你的地位了。擴大你的圈圈，與那些想要一生追隨相同道路的人，分享你擁有的事物以及真實的你。十一宮月亮推運沒時間讓你害羞或懷寶遁世，設定目標，建立優先順序，策略性地思考。對你而言，什麼是真正重要的東西？想清楚，因為現在你周圍正有個好機會，你沒有時間去追求你想要的所有東西，你必須成為很久以前你計畫好要成為的那個你。經驗已經深化了你，與現實的碰撞留下了傷疤，但是在第一宮的模糊舊夢最後終於成形了。曾經只是一種感覺，現在是現實了。要打平手還是要贏，你的牌都在桌面上了，掀牌吧！

　　我之前提過庫伯勒的《論死亡與臨終》這本書，是在她的月亮推運進入十一宮的時候出版。這種「畢生傑作」在這種配置中所象徵的成熟，是很常見的表現。另一個表達出這種「畢生傑作」特質與發展的例子比較黑暗。這個例子是由詹姆斯‧修柏第（James Oliver Huberty）提供。推運

月亮在他的第十一宮時，在他令人驚訝的內向出生星盤中，安靜醞釀的恨與瘋狂，瞬間爆發了。他進入加州聖思多羅的麥當勞，殺害了二十幾個陌生人。他扭曲的成長過程來到了高潮，他的人生被警察的子彈終結。他「夢想成真」了。

✳ 推運月亮在第十二宮：

　　放手吧，你來到週期的結尾了，接受它。你裡面有些事情現在即將失敗，但是不用擔心，一旦完全失敗之後，你就會比較快樂、比較有智慧，還會更加強大。在兩到三年之間，你將會經歷一段重生，事實上，你現在就正在經歷，但是那是比較私人而內化的。你目前的首要任務就是把檔在你與新開始之間的一切清理掉。以前曾經是機會，現在卻會束縛你。曾經品嚐起來甜美的，現在轉為苦澀與乾癟。認出這些轉化，釋放掉過去，否則你就是在為了持續受到束縛與苦澀，打一場失敗的戰鬥。在上一宮裡，你被要求釐清你的優先順序，決定什麼對你才是真正重要的事情。如果你完成了這些工作，沒有被那些閃閃發亮的東西或讚美或同儕的壓力所蒙蔽，那麼你進入你十二宮推運的過程就會順暢而簡單。從另一方面來說，如果你保留那些太過孩子氣的依戀與身分認同，硬是要帶進下一個週期，那麼此刻那些結構會從你身上被扯下來。再說一次，我們正在經驗一段撤退的時期。找到生命的旋轉木馬繞著旋轉的最深中心點，找到那個中心點並停留在那裡，那裡是安全的地方。冥想、祈禱、放鬆、注視蠟燭火焰，並且，信任正在你內在發生的這個過程。信任它，即使它超過你的控制，信任它，即使沒有其他理由，只因為你沒有其他選擇。

　　查理大帝，千年前偉大的戰爭之王，在他的特質中，湧現出一種不滿足，一種對自己的不足感，他當時所經驗的正是十二宮月亮推運的典型感

受。他尋找諮詢，在七八一年的春天或夏天，他找到了阿爾琴這位神祕的
塞爾特助祭，他教導查理大帝天文學、數學、醫學、修辭學、音樂，所有
古典世界的知識。十九年後，一個超越他理解的願景開花結果了：他被加
冕爲神聖羅馬皇帝，使歐洲比以往任何時候更接近統一。當然，對於歷史
人物的出生時間，我們必須小心謹愼。不過，就這個例子來說，這張圖似
乎相當有效。

推運月亮通過的星座

　　星座是在心智中運作。當推運月亮進入一個新的星座，我們結束了由
某個星座掌控的情緒篇章，開始了由另一個星座掌控的情緒來塑造我們。
換句話說，我們的情緒處在轉變中。很自然的，情緒的擺動也會改變我們
的行爲，但是在星座裡，行爲的改變是次要的，不像在宮位象徵系統裡那
麼重要。

　　如同我們在《內在的天空》中所學，星座這個輪子，每二十四小時繞
地球一圈。在一天之中，每一個星座升起，通過我們頭頂，落下，通過我
們下方，然後再度升起。換句話說，每一個星座在一天的行程裡，會通過
每一宮。出生那一刻，星體轉輪瞬間暫停（至少是占星意義上的暫停），
在那一刻，某個星座正在升起，那個星座就成爲這孩子的上升點。另一個
星座在頭頂，那就是他的中天。對這個個體來講，在某個星座與某個宮位
之間建立了一個固定的關係。只要這孩子活著，他的射手座就會在他的中
天，摩羯座就會在他十一宮的宮頭，依序類推。這個說法可以幫助我們徹
底理解，宮位與星座在個體出生星盤上的連結，對月亮推運提供了基本的

洞見，事實上，對行運與推運都一樣。

對我們每一個人而言，特定一組態度與動機（星座）永遠與特定一組行為與環境（宮位）連結。

雖然這其中有很多成長與成熟的空間，但是如果你有牡羊座（獲得勇氣的過程）在你的第七宮宮頭（形成關係的行為），那麼終其一生，你的各種夥伴總會從你內在帶出牡羊座特質。首先，你可能會讓你自己受到一個跋扈伴侶的欺壓，為你帶來潰瘍或慢性頭痛。只要發現問題所在，你可能會開始捍衛自己，但是你表現的方式可能是甩門與扔盤子。接著，你可能開始學習建設性的使用合理衝突。這些全都是牡羊座的素材，只是其中有很大範圍可以選擇。使用《內在的天空》的語言來說，你可能會困在星座的陰影中，也可能抵達終點，或是享受途中的風景，這全看你自己，占星無法預測你的選擇。

當月亮在你的出生盤上推進，它會刺激你基本的宮位／星座組合，使你採取行動。為了清楚呈現，我們把兩種象徵系統分開講解，但是在預測占星的實務上，你永遠都不應該把星座或宮位單獨分開來思考。在每一個人的圖上，某個星座與某個宮位是一個不可分割的包裹。沒有參考另一個，就無法了解這一個。

接下來推運月亮通過十二個星座的某些特定看法與例子。要對每一個星座有更透徹的了解，請看一下《內在的天空》，並且，請記住，在《內在的天空》裡呈現的是以一生來看的方式（出生星盤占星學），現在出現在月亮推運，則是視為兩到三年期間的情緒焦點。

✳ 推運月亮在牡羊座：

　　你正在學習**勇氣**。沒時間被動了，捍衛你的領域，也擴展你的領域，如果能夠以符合你的原則的方式做到這一點，你會感受到勇氣湧現，相信它們，小心地相信。它們代表著要完成你的內在任務所需要的能量，不過，因為我們所說的力量是來自星座，因此，這個能量單純是心理上的能量。換句話說，它可能與外在的現實不太有關，至少尚未有關。小心愚蠢、錯誤的爆發。你現在是「靈性戰士」，要思考：我要如何使用內在升起的這份嶄新、粗糙、尚未聚焦的力量？查看月亮在哪一宮，那就是你的戰場。現在，吞下你感受到的任何恐懼，宣告什麼是你的所有物。

　　阿里拒絕接受徵招入伍，因此受到懲罰，失去重量級拳王頭銜之後，他為了贏回地位而奮戰。最後，在月亮推運進入牡羊座時，他重新獲得冠軍。換上一些溫柔點的音符，尤比・布萊克透過出版他的第一本音樂作曲集來宣告自己，並突破了第一次世界大戰美國音樂產業裡的種族歧視。

✳ 推運月亮在金牛座：

　　現在你的情緒轉換來到了遠離自我的事務，更接近心的事務。你需要轉換意識，進入和平與平靜。前面兩三年的戰爭已經結束。放鬆，去坐在森林裡小溪旁的石頭上，平靜下來。照顧你的身體，它疲倦且充滿了戰鬥的壓力。鬆弛緊繃，做運動，放下你的頭髮，學著在一天的工作結束之後，脫掉鞋子，好好的吃，你體重可能會增加個幾磅，不過不要緊張。過幾年，當月亮推運進入精神錯亂的雙子座時，那些體重很快就會不見了。

　　很多時候，月亮推運進入金牛座，都會被建議要有段獨處的時間。案子已經完成，努力也得到了回報。彼特・湯森最後找到對的音樂人去表現

他的音樂版本，當時他的推運月亮進入金牛座，讓他成立了何許人樂團。

✳ 推運月亮在雙子座：

現在的重點是彈性，你過去太僵硬，太昏沉，太可預測了。打開你自己，恢復感受驚奇的能力。聽、讀、說、寫，這些是你的「瑜伽」。以靈性與活力去做這些事情，將心智的天線瞄準這個世界。如果哪個想法或經驗讓你感到有興趣，那就去探索。不用擔心是否看起來像是在繞圈圈，繼續做，你一定會遇到有趣的事情。你真正需掛心的事情，只有正在收集材料這件事，在月亮循環的這個時間點，不需要什麼主要計畫，不管你年紀多大，接受暫時回到小時候這個想法，讓這個概念使你充滿熱情與好奇心。

就像我們剛才討論到，當查理大帝遇到阿爾琴時，正充滿了這種占星氣氛。托爾金（J・R・R・ Tolkien）完成他的史詩鉅作《魔戒》（*The Lord Of The Rings*）時，推運月亮正在雙子座。

✳ 推運月亮在巨蟹座：

月亮週期來到巨蟹座的這個階段，你的想像力與主觀性正處於高峰。推運月亮進入巨蟹座，會使你注意到，你需要多照料你的心。

當月亮經過其他星座時，有時候生活會變得有點狂暴，有時候你人格的心智層面必須受到加強。這些都沒有錯，但是確實要付出代價。早晚你都必須坐下來好好聆聽自己的感覺。月亮在巨蟹座是一段安靜的時光，讓狂暴成為泡沫，花點時間沖杯咖啡，當貓咪躺在你腿上打呼時，抓抓牠的耳朵。遠離外在刺激，過去幾年，你已經受夠了內在刺激了。安全感是現

在的課題，主要是因為安全感變成了不再去注意外在世界的那份自由。穩定你的環境，令事件的喧囂安靜下來，然後，聆聽。

當梭羅退隱到瓦登湖時，這樣的情緒激勵著他。這也同樣啓發了喇叭手邁爾斯・戴維斯（Miles Davis），當時他錄製了第一張唱片，於是，一場爵士傳奇就從他內向的靈魂流了出來。約翰・德羅寧（John DeLorean）在他推運月亮進入巨蟹座時，因為涉嫌在國際古柯鹼市場交易被逮捕。他對安全的渴望是否壓倒了他正常的摩羯座測試現實的能力？

✳ 推運月亮在獅子座：

歡慶吧！你的情緒正在擴張，你準備好更多采多姿的展現你自己。受到稱讚、獲得注意。不要被「我是否太過自大」這樣的想法束縛住，就是去玩吧！讓你可憐的自我放個假，讓它流動。試著用幽默感去做每一件事。「哈利路亞，我真是太荒謬了！」這就是獅子座的精神所在。避免對自己太嚴肅，一點點戲劇化不會受傷，讓自己有足夠的優雅，可以坐在前排，吃著爆米花，欣賞一場表演。這個推運會過度自大，有一股非常想要表現的影響力，迫使他們行動。希望他們的尷尬會成熟，變得更有智慧。還有一種過度自大，是「靈性類」的自大，他們在月亮進入獅子座時，總是愚蠢的去當某個人的大師。我們只希望這些人會學到獅子座的基本功課：所有的自我本質上都是荒謬的，只要你活在這個世界上，就會被其中一個自我束縛住，所以就開懷大笑吧！

凱薩・薩維斯（Cesar Chavez）在獅子座月亮推運時表達了他自己。他成為加州歷史性的葡萄罷工事件中，對抗商業種植者的領導者與龍頭。演員班・金斯利（Ben Kingsley）在電影《甘地》影片中扮演甘地一角，令人驚訝的優秀演出，也是在相同的影響力下。

✴ 推運月亮在處女座：

你的情緒現在要換檔了，不是獅子座的自我慶祝特質，你現在進入了對自己的錯誤與缺點，高度覺知的心態。無論如何，不要浪費時間為難自己，這不是這個月亮推運的重點，與其摧毀你自己，還不如使用這個能量來打造自己。當然，你很瘋狂，你神經質、貪婪、渴望權力、不值得信任、不誠實。不是只有你，世人都會有這些狀況，條列出你故障的地方並不能改變任何事情。從其中選一個出來，開始努力。那就是處女座的動力，捲起你的袖子，改變一些壞習慣。獲得某些更好的技術，如果這個情緒的能量沒有被毫無目的的自我批判浪費掉，就可以把這些能量轉向，進入準備、自我改進以及有系統成長的極度豐盛時期。

尤比・布雷克（Eubie Blake）在這個推運之下磨練他的作曲技術，當時他在妓院彈鋼琴。這段時期並不總是很光彩，但是成功通過處女座這道棘手的走廊，可以為未來的發展架好舞臺。

✴ 推運月亮在天秤座：

這是一個友善的月亮。你的情緒使你去遇見某些新的人，分享你某些洞見與經驗，比較彼此的想法。大自然以這種方式設計我們，在我們腦袋中的關係迴路也是個人魅力的迴路。要學習關係，就要吸引別人，要吸引別人，我們就要變得具吸引力。你準備好更有吸引力、更優雅地展現自己。現在穿著打扮的問題出現了，如果你本來就很在意這類事情，要小心虛榮浮華，還有其他比身體更需要修飾的部分。如果你對自己的不修邊幅感到自豪，請小心不要把這種態度變成一種虛榮。要嘗試多去了解其他人，像是你給別人帶來什麼樣的影響？你要怎麼做才能讓他們更容易對你

敞開，與你相處時感到舒服？西班牙文中 gracia 這個字，有兩個意思：「優雅」與「幽默」。當月亮推運進入天秤座時，請 gracia 的生活。享受生活中美感的那一面：美麗、藝術、社交、品質，但是要輕鬆地生活，讓內在的感受彷彿活在偉大的生命喜劇之中。

凱薩・薩維斯在推運月亮進入天秤座（調停者星座）時，結束了葡萄罷工。倫納德・尼莫伊（Lenard Nimoy）令他的製作人大吃一驚，他在《星際爭霸戰》（*Star Trek*）中扮演來自瓦肯星的科學官，演活了這個角色的無情與吸引力，吸引眾人的目光。

✳ 推運月亮在天蠍座：

這個推運很少是簡單的，也絕對不輕鬆。月亮進入天蠍座，象徵著一段強烈內在衝突的時期，是「月亮中最憂鬱的一個」。天蠍座會使你非常深刻地深入自己，進入生命的奧祕中，有時會探索到恐怖的事實。現在已經不能閃躲真相了，在你最私密的心理過程上，幕已經拉起。就最廣泛、最人性化的語詞來說，你的性慾被加強，你感受到飢渴，常常似乎沒有任何人的碰觸可以停止那種飢渴。這個推運期間常會真的需要面對親近的死亡。你正在將無意識的心智整合到你的人格裡。因為這個部份太難面對，所以，你一開始就把心智的那一塊壓成無意識。但是現在你夠堅強，準備好看得更清楚了，只是要小心別錯過該看的景象。高倍數的顯微鏡也許可以讓你清楚細數松鼠背上的每一根毛，但也別忘了看看松鼠頭上的彩虹。

法蘭西斯・奇徹斯特爵士（Sir Francis Chichester）是在月亮推運進天蠍座時被診斷出肺癌。他活了下來，但還是得面對死亡現實。費拉羅（Geraldine Ferraro）在相同的影響力下，經驗了父親的死亡。彼得・薩特克利夫（Peter Sutcliffe），著名的「約克夏屠夫」最後一次大開殺戒，

被捕並判刑，是在他月亮位於天蠍座時，他的內在惡魔把一切轉譯得太清晰，於是，惡魔進入了行為的世界。

✳ 推運月亮在射手座：

現在，擴張、生氣勃勃、不顧一切的心情升起了，這個心情還會持續兩到三年。你對剛剛結束的天蠍月亮篇章那內在的強度做出回應，突然之間，整個世界變成了三次元，一切看起來更鮮豔、更真實。你準備好要帶著感官的敏銳，深入你的生命尋找機會。異國情調以各種形式使你目眩神迷。相信那份感覺，你的生活裡需要呼吸新鮮空氣，要勇於改變，去冒個險，搭乘熱氣球。你正在學習突破思想與感情的慣例。你擁有記憶中的某些情緒，粉碎那些記憶，讓自己隨著眼前的影像流動，更新你自己。

小說家娥蘇拉・勒瑰恩（Ursula K・ LeGuin）在她月亮推運在射手座的時候，寫了贏得許多獎項的地海故事集。她將想像力伸向冒險的新環境，那裡充滿了魔法與驚奇的可能性。她所創造的巫師世界，反映出當月亮推運到射手座時我們需要致力去感受的心情。如果你沒有深受啟發，那麼你需要伸展得更遠一點。

✳ 推運月亮在摩羯座：

這個時期要嚴肅一點，不是沉重、不是悲慘，也不是灑狗血，只要嚴肅點就好。看清楚你與你所創造的世界。摩羯座與巨蟹座是相對的星座。巨蟹座象徵純粹的情感，摩羯座使我們看到光譜的另一邊：自律，也就是平衡的情感。這是推運月亮與現實本身最接近的時刻，月亮一點都不喜歡現實。你處在想要成就些什麼的心情中，你感到自己的成就與效率需要被認可。這是一段有野心的時期，雖然這個野心必須與你的內在生命連結。

在這段期間，要以絕對的誠實來運作，一旦野心鬆開了內在聲音的牽繩，你就釋放了一頭怪獸。談你的感受時，要談重點。在這個推運影響下，我們常常會為自己製造出不必要的孤獨，這股力量不只會讓你痛苦，還很危險。

吉姆·瓊斯（Jim Jones）以他駭人的瓊斯鎮集體自殺案震撼全球，當時他的推運月亮在摩羯座。多年來，他渴求權威與尊重，這使他變得越來越瘋狂。摩羯座月亮推運足以將他推到臨界點。另一個例子比較正面，在這個推運的精確紀律影響下，佩姬·弗萊明以她完美無缺的花式溜冰，贏得一九六八年奧運。

✳ 推運月亮在水瓶座：

打破規則吧！推運月亮在水瓶座，你的情緒需要叛逆與自由的靈魂。過去太多人成功說服你該怎麼去感覺。現在是時候捍衛並探索你的個體性了。實驗、思考任何事情。不要害怕有任何人不同意，在你內在深處，有某些不可挽回的非理性、爆炸性的東西，正呼喊著自由。那個聲音正試著啟發你創造自己的生活。聆聽那個聲音，如果你因為害怕某個用強大力量掌控你的人會聽到這個聲音，所以要那股聲音閉嘴，那麼你會讓自己惹上麻煩。那面牆早晚會裂開，你壓抑的所有憤怒、叛逆與打破迷信的情緒，都會立刻湧現，無法控制。要是讓這樣的事情發生，你會感到瘋狂而失衡，你會在非必要的狀態下傷害周遭的人。一次正常能量釋放會比一次可怕的地震好很多。

麥可傑克森創新的個體性，受到他水瓶月亮推運的刺激。在一九八四年早期，音樂產業頒給他史上最多的艾美獎，以茲肯定。約翰·貝魯西（John Belushi）展現了相同月亮推運的另一面。他的叛逆帶來了自我毀

滅，不小心因為注射毒品而殺了自己。

✳ 推運月亮在雙魚座：

放鬆，信任這種超現實的感覺。跟著一起笑吧！因為它會要求你笑，但是幽默的對象不是你喜歡的外在事物，而是你自己。雙魚座在外以「神祕的」星座著稱，就某種意義來說是真的。在這裡，意識遭遇到它的真正本質：在你腦內的廣大空間。但是我們常常會把「神祕」等同於「虔誠」或「內向」，這些情緒都跟這個魚星座有點關係。

在這段期間，我們被要求去經驗生命本質的合一。我們充滿好奇地盯著這個世界。推運月亮經過這個星座，常常是一段友善但曖昧的時期。不要那麼嚴肅對待自己，看見自己的偽裝如何反映在他人顯而易見的偽裝之中，我們在為自己做準備，以便在牡羊座中開始新的情緒。就好像我們較深的自己，寄給我們一則簡單卻驚人的訊息：把寫在你人格黑板上的東西通通擦掉，你所知道的一切（以及其他每個人所知道的一切）都讓人如此愉悅，卻又歇斯底里的錯誤。

推運月亮在雙魚座期間，傑瑞‧布朗（Jerry Brown）聽到了內在的呼喚，進入耶穌會。這類靈性事業非常適合雙魚座，讓我們理解到，基本的靈性進展，是在意識中創造出一個自我之外的有利位置。用自以為是的錯覺來為自我打氣，會導致完全相反的結果。我曾聽過一位西藏喇嘛這樣說自我：「開悟是最終極的失望。」他非常了解雙魚座。

卡斯楚就是在雙魚座推運月亮時期進行入侵古巴的漫長行動。他在一九五六年十二月，率領八十二個人登陸奧連特省，結果全部被殺到只剩下十二個人。雖然他最後成功了，但是他為這個推運月亮配置展示出基本的

洞見：活在當下，我們面對「現實考驗」的能力太弱，在這個世界的環境裡，無法給出有力的承諾。雙魚座代表的是一段反思的時期，而不是行動。把那些火花留給一、兩年後的牡羊座吧！

第十章

推運 IV：推運行星與角度

在星盤解讀中，最神奇的一個字就是**整合**。在你星盤中形成的每一個相位都是**關鍵點**，代表心靈上的兩個基本驅力正努力朝向整合。

有的行星也許天生就合得來，比如情緒化的月亮遇到神祕的海王星。有的本質上是對立的：想想溫暖靈性的金星與冰冷叛逆的天王星。然後是相位本身：透過角度，連結起來的也許是和諧的三分相或六分相。也許是更銳利、更具爆發力的四分相或對分相。

不管是什麼組合，不要忘記那個神奇詞彙：整合。不管你正在使用占星自助還是助人，目標都是要想出一些方法讓兩股力量可以彼此強化，並且整合成為一個更大的整體。同時，再說一次，不管是哪個行星或相位在運作，在象徵符號中，愚痴無明總是能把事情搞到具有破壞性，一旦記住這一點，就會加深你對象徵符號的理解了。

前一章，我們詳細討論了推運月亮，我們接下來要以類似的方式探討主要的推運點：太陽、水星、金星、火星與上升點及天頂。就如我們先前學到的，我們實際上不需要去注意木星、土星、天王星、海王星與冥王星

的推運，因爲它們移動速度太慢，派不太上用場。

　　接下來會以「菜單」的方式來解說，如果你正在經驗，比如說推運水星與你本命的冥王星形成六分相，你就可以查一下這邊的段落。你讀到的內容，會形容出在你的生命中正要發生的主要精神整合。你會理解到內在的劇碼，大部分的例子，通常會有一些將這種「共時性波」帶入你生活中之類的事件。換句話說，由於水星與溝通有關，它的內在意義總是有某些事情與「找出你的聲音」有關，但是過程常常會帶入一些具體的水星事物，像是書籍、信件、電子郵件、教育的機會以及刺激的新經驗。這些就是共時性元素，那些似乎隨機出現在外在生活中的東西，卻很詭異地剛好連結到我們的內在生活。一如既往，占星提供了異常準確的羅賽塔石碑來破譯這一切。

　　對於每一個推運組合，你也可能會讀到比較黑暗的可能性。這些警告字語並不是預言，只是警告你，如果你在整合過程中失敗將會有什麼感覺，會經驗到什麼。比如推運水星，基本上意味著會在原地轉圈圈，會感覺焦躁不安與混亂，也可能讓你喋喋不休。

　　接下來這些篇章，在你的推運行星與本命行星之間，不會特別提出實際的相位。換句話說，我不會個別處理每個可能的六分相或對分相。你會看到的段落會是「推運水星／本命冥王星」而不是「推運水星六分（或三分、對分之類）本命冥王星」。我會這樣做有幾個理由，第一個理由是真正重要的是整合的本質，那才是與兩個行星的人格真正有關的部分，相位只是把兩者連結在一起而已。如果你了解那樣的整合，就會真正掌握到至少九成對你有幫助的知識。冒著將問題過於簡單化的風險，知道這個相位是四分相或三分相或六分相，基本上只是告訴你，你是否享受這個過程，

還有一點點關乎「運氣」是否站在你這邊的揣測。

接下來的思考中，之所以省略不去分析每個個別相位細節的第二個理由，純粹是基於務實。因為那會占滿太多頁數，我們要去探索與所有其他行星的六個主要推運點的交互影響（月亮除外），加上上升點與中天。那就是七十二個組合，如果我們再乘上五個主要相位，我們就會有三百六十個組合需要講解，除非每個都減少到一張擋泥板貼紙可以講完的那種智性程度，否則一本書很難容納全部的組合。而且我們正在談的是你的靈魂進化，因此「擋泥板貼紙」不足以擔當此任務。

在接下來的數頁裡，你會常常看到我使用這樣的詞句，比如「在輕鬆相位下」或是「在困難相位下」。**輕鬆相位**就是**三分相**與**六分相**，**困難相位**就是**四分相**與**對分相**。如果你有興趣使用任何次相位，那就用吧！它們很有力量，也很迷人，特別是一百五十度的半四分相。把這個相位當作「困難相位」來看會比較好，雖然每個相位都有它自己的人格。合相則是獨特的，關於如何處理合相，我下面會用一些特別的詞彙。不過，**任何相位的重點，永遠都是要去理解兩者本質的整合**。相位只是給我們一些關於這個過程的機制細節。

我不去探討個別可能相位的第三個理由是：我真的相信，那種「菜單式」解說會變成可怕的支架。我在這本書想要做的事情，是要讓你學會像個真正的占星師那樣思考，而非依賴我或任何人去幫你思考。原因是：即使我們研究了三百六十幾種可能性中的每一個可能性，還是有龐大的細節沒有討論到。

稍早的例子裡，我們想像你正在經歷推運水星六分冥王星，但是如果

你的本命冥王星在天秤座第三宮呢？如果推運水星還差六度，就會進入五宮與射手座呢？推運水星與本命冥王星這些特定的「風味」，深深地影響整體認知。除此之外，還有一個更大的占星脈絡：如果推運行星六分本命冥王星之後六個月，推運行星就會跟你在雙魚座第二宮的金星形成四分相呢？第一個事件漸漸消失進入第二宮，而且會告訴我們一個非常特別的故事。

你會獲得一幅圖像，占星可以提供非常豐富與驚人的細節，那些絕對無法用「菜單」形式來描寫，除非是這個世界裡最有耐心的占星師以某種方式將之電腦化……屆時，那可憐的占星師在個案進行到一半時可能會發瘋，對解讀可能不會有什麼幫助。

比較好的方法就是學習象徵符號，多多練習。學習以整合與象徵的方式思考自己，就像騎腳踏車一樣，一開始很困難，突然間就自然而然會騎了。我希望依循這些簡單的描繪，助你一臂之力，激發內在做出有創意的占星式思考，而非削弱你與生俱來的整合能力。當你漸漸能夠使用這門語言，在思索你的「進化水星」會發生什麼事時，不要只思考你的推運水星，試著思考你的推運水星在射手座第五宮，帶入這些吉普賽風味（射手座）與這些創意與浪漫的外在表達（第五宮）。這就是你實際上要做的，接下來給你的材料只是一顆種子。

合相

就如前面提到的，合相展現出特別的問題。往下走之前，我們來思考一下合相。基本上，它們無法放進「輕鬆 VS 困難」這個分類裡，這種分

類適合其他的主要相位。合相的主要行動就是融合，有些行星因子喜歡被融合，有些則不喜歡。我們的任務就是弄清楚哪些合相，我們應該視為「和諧」，哪些我們必須歸類於比較「有挑戰性」。方法如下：

有些行星本質上是同一組的，是「柔和的」，這些行星是月亮、金星、木星與海王星；其他行星感覺則是「強硬的」，這些行星是太陽、火星、土星、天王星與冥王星。至於水星似乎自成一格，兩種品質都可以。

當兩個「強硬的」行星在一起形成合相時，它們可能一對到眼就會產生火花，但彼此相處融洽，我們就可以視此合相為和諧或輕鬆。同理，當兩個「柔和的」行星在一起，在它們之間也會有一種自然的和諧。因此，後面的篇章，如果你正在經驗「強硬的」推運火星與「強硬的」本命天王星合相的話，你應該特別注意「在輕鬆相位之下」的相關描述。「柔和的」推運金星與「柔和的」月亮合相也是一樣。要注意的是「輕鬆」不代表「好」，只是代表這兩顆行星的能量「結合」沒有太使人煩惱。在火星—天王星的交互影響下，你可能會很難相處。金星—海王星的結合，你可能會吃著糖果，癱在電視機前面六個月。行星本身不會有衝突，就像希特勒與親衛隊領袖海因里西‧西萊姆（Heinrich Himmler）之間也沒有衝突。

當一顆柔和的行星與一顆強硬的行星結合會較緊繃，也可能會有更深刻的觀點。舉例來說，如果你「強硬的」推運太陽接近「柔和的」本命月亮並形成合相時，就要特別聚焦在「困難相位下」那個區塊的描寫。

如果兩個行星都是水星，那就可以將之視為「輕鬆」的相位。

以上談到關於合相的這些看法，都必須放在我們這一章開頭時所說的

重要脈絡底下：在星盤解讀時，最神奇的那一個詞彙就是整合。特定相位本身的重要性，不會比去深刻理解一個實際正要發生的整合過程更重要。因此，你接下來讀到的大部分有關任何行星的組合，都是以「一體適用」的分類法，完全不論兩個星體之間的特定相位。

技術細節

以下你將讀到的內容，都是以二次推運爲主所整理出來的內容。經過我個人多年的占星實務後，這是我發現這是最有價值的技術。其他的主要預測方式，如次推運法、三限推運法與太陽弧向運法也都很有威力，每種都有熱情的追隨者。如果對任何一種技術感興趣，接下來的種子概念應該會幫你建立起點。

推運的停留時間總是很難界定。了解正確相位的時間，是一個單純的數學問題，那會讓我們對於整合過程什麼時候會達到高峰有個概念。我發現，以下面的方式去界定推運過程的時間，通常很有幫助：我會給予準確度數**兩側各兩度半**的容許度，也就是以精準相位度數爲中心，**共五度**的容許度。我認爲這個區域是一個「響鈴區」，大部分的力量會集中在正中間的度數。

一個推運相位會停留多長時間，就要看這顆行星推運經過這五度區域的速度有多快。以月亮來說大概是五個月，太陽則大概五年。其他的推運行星或快或慢，其準則就要去查看星歷表，或是用較現代的作法，讓電腦跑一下。

順帶一提，這個兩度半的數字，看起來似乎是隨便訂下來的，但其實不是。它代表一個星座的十二分之一，每一個星座是三十度寬。而十二，當然就是占星的魔法數字了。

讓我們來看看推運行星。

推運太陽：你的進化自我

✳ 推運太陽／本命太陽：

因為太陽推運大約每年只走一度，因此，所有人的推運太陽／本命太陽的主要相位會發生在六十歲左右的六分相，雖然在四十歲左右發生的半四分相也是個重要經驗。不管是哪個相位，你的自我認同本身的立足點會有所改變。你需要通過一些測試，才能避免跌進衰弱與圈套的死胡同裡，不過不用擔心，你生命的環境很快就會給出這些測試了！

其中一個是要測試你敢不敢大膽要求那些理所當然、本就該屬於你的東西。那代表著你必須尋找真正可以餵養靈性的經驗與狀況，讓所有實際相關的籌碼落到它們應該在的地方。

這種行動當然會被周遭許多人視為是「自我中心」。在這段期間，你沒辦法同時照顧好自己，又讓其他每個人都開心，現在最需要的就是自我中心。第二個重要測試是，你必須確認你真的知道自己實際上將會變成誰、變成什麼。所以，你不會把太多時間與能量放在那些你以前想要，但現在已經不適合你的事物上。往前走，你不再毫無意義地去傷害別人，結束那些對你沒什麼幫助的討價還價。太陽自我是一個廣大的力量蓄水庫，

但是它的弱點在於它很容易變得盲目，會像是對宗教那樣死守老習慣與態度。現在，你投入非常巨大的能力去「讓事情發生」。給你一個有用的提示：要知道你真正想要的是什麼，一直反覆訴說著舊夢與抱怨可能不是對的方式，而是要用能夠反映出你在這幾年成長與深化的新鮮有力的意圖去達成。

✴ 推運太陽／本命月亮：

　　某種程度的邏輯與合理性是成人生活中的基本成分，然而極其好玩又特別的月亮觀察是：人生中真正重要的決定，其實都不是按照邏輯做的。我真正想從生活中得到什麼？什麼是我的優先順序？我該在哪裡生活？我應該留在這段關係裡嗎？起居室該漆什麼顏色？這些是心的問題，不是智力的問題。這些問題現在取決於你的心。為了在這段期間有智慧地駕馭這個相位，你需要信任你的直覺，而非智力。在月亮期間，你會覺得你的前進方向和靈魂（或是如果你比較喜歡比喻的話，也可以說是你的無意識心智）被攪動著，大部分是因為月亮想要吸引你的注意力，以它那份超越理性的理解引導你，使你成為你即將成為的樣子。

　　注意你的夢境，小心任何情緒上的驟變，研究心所發出的預兆。現在你正在深入探究核心的心理課題與基本需要。月亮課題：家、繁殖、滋養、創造，在塑造你此刻的真實人生過程中，這些課題從中心點浮現出來。也許你來到一個抉擇的十字路口，你需要真的搬到一個新家。也許，深刻的「築巢」課題現在來到你面前：懷孕、照顧老人、主要關係的里程碑、整頓你的健康狀態與自我照護。總之，如果推運太陽與本命月亮是形成四分相或對分相，你收到的訊息會多彩而真實，只是多一點點沮喪，以及多付出點成本去執行。信任它們，它們代表著你未來的幸福。在三分

相、六分相或合相之下，整合會容易一點，但是要小心，不要渾渾噩噩就混過這段期間。

✳ 推運太陽／本命水星：

這個相位就像一群蚊子嗡嗡叫著，不管你在哪裡都會撞上很多「資訊」。對話、書籍、電話、信件、網頁……全數席捲而來。這段期間就是去學習，學什麼？太多資訊了，「每一樣事物都學」這個答案似乎太油嘴滑舌了，但是又很接近實況。看看你生活的樣貌，你會看到這個答案的證據。這段期間的生命過程速度快到令人眼花撩亂。你被經驗、新的觀點與無止盡的資訊淹沒。看起來可能隨機而混亂，但是在這些飛來飛去的資訊與響個不停的電話後面，你正在將開放的心智與好奇心整合進入你進化的心靈中。做對了，你肯定會成為其中一位鼓舞人心的八十幾歲老人，會去參加有趣的演講、去尼泊爾徒步旅行，比大三學生知道更多先進的文化知識。搞砸了，你就會變成一個心智封閉且很好猜到的人。

現在，這個宇宙是一襲為你織的預兆織錦。看看，共時性無所不在。三個人會在同一週向你提起同一本書，那就讀那本書吧！「碰巧」某個星期五午後，你會看到兩張同一片沙灘的照片，那麼那個週末就去那裡吧！這類的開放、流動與彈性是水星的靈魂，除此之外還有無止盡的對話、容光煥發、沒有結論的閒聊、收發信件，以及還在醞釀的未來願景。忙到沒時間睡覺嗎？別擔心，等你死了就可以好好睡了。

✳ 推運太陽／本命金星：

當太陽碰觸到金星，任何算命師都會正確的預告「命中注定」與某個對你來說很關鍵的人相遇，你是可以期待會遇到「高大、黝黑膚色的陌生

人」之類的，但別抱太高期望！金星不是狹隘的愛情或情色，雖然這種快樂可能真的會降臨在你身上。此處更深的意義是，你的進化自我來到即將展開的旅程起點，為了前進，你需要一些幫助。你需要臣服於另一個或更多靈魂的不同觀點，你跟他們在一起，感受到一種神奇的友好關係，以及明確的平等感，一種「我們在同一條船上」的感覺。現在，這些人會出現在你面前，只需要與他們接觸，冒個小小的險，再多跨出去一些，在社交上擴展自己。這是推運太陽與本命金星的混合物中，活性、有意識的成分，而你必須提供這些成分。

在困難相位下，你會對這個過程感到些許抗拒。在柔和相位下，你的心靈會接受，並且會「提升」你社交的、親和的與性的驅力。你會發現自己正在購買新的衣服，改變髮型，更常參加聚會，這一切看似很瑣碎的發展，卻是共時性拼圖的其中幾片。從進化的觀點來看，底線是你現在需要與靈魂伴侶有深度接觸的靈性媒介，以最廣泛的意義來看——摯友們與愛人們、競爭對手（將你內在最好或最狂野的部分引出來），某些比較沒那麼深刻的關係，它們在實際上扮演著「開門」的角色。還有一個重點，你會跟與你接觸的人會重新產生新的連結，無論是新的關係，還是認識已久的舊識。

✴ 推運太陽／本命火星：

推運太陽遇到戰神了！這個組合很明顯會產生一些火花。讓自己與「叢林法則」（獵人與獵物的永恆之舞）和諧相處是此處的關鍵。這對我們大部分人來說都是不舒服的事情，除非我們看太多阿諾‧史瓦辛格的電影。大自然教導了我們一些殘酷的課題，不管我們是否用哲學的方式驗證這些課題。你喜歡哪個角色？獵人還是獵物？環境險惡，逼你做出選擇。

為了成功地駕馭它們，你必須接受自己正在上一堂自信訓練速成課程。現在你會吸引那些不尊重你、不公平地利用你的「小霸王」，恐嚇要你順從他們。起身對抗他們吧，不要害怕你自己的力量與強度。好聲好氣地妥協已經不會得到回報了。就靈性上來說，你正在學習火星的功課——勇氣。了解你想要什麼，你的界線在哪裡，不要害怕說出來。在輕鬆相位下，在這裡「要贏」會相對容易，只要你願意提出要求。在困難相位下，勝利的代價會較高，戰鬥會更加艱辛。然而儘管艱辛，要是選擇另一條路，活得像過街老鼠那樣窩囊，那就更可怕了，讓人想都不敢想。

如果你的本質是溫柔的，這個推運相位會在你的本質中召喚你不熟悉的火，你可以做一些實質上的冒險，幫助自己與這把火和諧相處，像是當個背包客、練習武術、勁舞。如果你的本質就很火爆，則要小心不要過度反應，你現在很容易受到過度自以為是的憤怒或偏執的影響，特別是在「輕鬆」相位之下。在困難相位下，你的血液如此沸騰，也可能過度擴張，以至於傷害到自己，或是對別人做出沒有必要的傷害，因此，深呼吸，在你發射你的光子魚雷前，想想你的長期目標與價值。

✴ 推運太陽／木星：

你是否曾經低估自己？你是否曾經滿足於少少的就好？這些進化問題交織在環境的底層。現在你有很多機會，前提是要能認出這些機會。其中也存在著閃閃發亮卻空洞的可能性，也許這些路是給別人的，不是給你的。主要的木星事件中，關鍵在於清楚認知到什麼事物會使你比今天更快樂，並且有膽量做出宣告。這個世界當然會不斷給你建議：買這輛車、吃那些有機蔬菜、在某位靈性導師或某個信仰系統面前頂禮膜拜，或是去某些神奇美妙的地方旅行……現在至少可能有幾道門適合你走，你需要一個

比眼前這個未來看起來更明亮的未來。

你準備好要擴張，占據更多空間，如果不用一種存在主義式的方式去做，你很有可能會單純地用「飲食過量」來實現這個隱喻。

木星想要來場生命的盛宴，如果做不到，那麼這場盛宴就會單純地展現在胃口上。弔詭的是，「好的」推運太陽／木星相位，比「困難」相位更容易落入那種麻煩中。後者往往伴隨著不舒服的壓力，但是這個壓力可能其實會幫助你上軌道，比如你需要一個更好的工作，因為你失去了舊工作，還有你的車子才剛剛報廢等等。同樣地，雖然在四分相或對分相之下改善會付出較多代價，但是那畢竟還是改善，而對現在的你來講，**關鍵**的概念就是**改善**。你比表面上看起來還要更好。

✴ 推運太陽／本命土星：

在占星歷史的某個地方，我們轉了一個錯得離譜的彎。我們開始把「困難」與「不幸」畫上等號，可憐的土星因此承受不白之冤。即使一般的人類經驗告訴我們，當我們以有紀律且持續地去嘗試困難的事，我們會獲得自我尊重、成熟並加深對自己天性的理解。推運太陽碰觸土星時，你的靈魂之旅正來到需要面對挑戰的時刻。你必須非常努力，憑藉一己之力，付出相當大的個人成本，如果是在困難相位，這個成本會更大。為什麼要改變？因為如果現在你感到無聊、受困，想想看，未來這十年內，你對這些相同的環境會有什麼感覺？你已經長大了，內在的你比此時此刻所以為的你更老、更有智慧。所以，情況必須改變，這會帶領你前往需要攀爬的山頭。

對某些人來說，這段期間可能與咬緊牙關取得畢業證書有關。也可能

代表要認真處理，離開一段沒救的關係，或是承諾願意認真、成熟地建立一段新關係。也可能牽涉到訓練自己，把自己的身體照顧得更好。這一切都有可能，與推進到下一個階段或蛻變有關。不管採取何種形式，這些改變超乎它們看起來的樣子，它們允許你表達出你要變成的樣子：更老、更有智慧、更自信。雖然前景堪憂，不過，即使是孤身一人，你也要信任你的道路。

✳ 推運太陽／本命天王星：

記得你在國中畢業紀念冊裡的樣子嗎？很挫吧？那時的你還不太認識自己，所以你展現給這個世界看的樣子，是你的真實自我與當時你剛好在崇拜的英雄的混和體。蓋在你的靈魂核心上那層像沉澱物的「文物」變得越來越薄，這也是為什麼周遭人會覺得你行為舉止很奇怪。事實上，你這幾年的外在表現，開始以一種更不受限的方式展現出來。你的精神似乎在說：「是時候該為我自己做點什麼，要改變了！」只要把「我自己（myself）」改成「我的自我（my Self）」，你就會擁有這樣的圖像：你完全抗拒要別人認可的需要。關鍵在於，你是否有能力忠於自己。

這是令人暈眩的能量，因此，如果是困難相位，要格外小心，不要事情還沒安排好就貿然行事。如果是輕鬆相位，小心做太多調整，太多「安排」。重點是，你現在必須改變你生活中的各種事物。你把太多能量擺在維持虛構的自我，「人造的」家庭、朋友與社會風氣。如果你願意去嚇嚇一些人，包括你自己，你會發現，有一大把難以預測、長期的事件將會展開，很多扇門現在為你而開，那都是一些正常人不會想參加的事情。這裡有一個經驗法則：起碼要有十個人認為你瘋了，不然你可能真的會瘋掉！

✴ 推運太陽／本命海王星：

　　你的推運太陽正與本命的海王星產生相位，你應該做什麼？這裡有個很不錯的答案，至少是個開始：無所事事。不要做任何事情，不過，這個什麼事都不做是像禪宗師父做的那種「沒事」。就像亨利・米勒（Henry Miller）說的：「像隻蜂鳥那樣靜止站立。」這是培養警覺性的時候，但是是對意識的警覺，以及對外在世界預兆的警覺。為什麼？因為你現在正在尋找一個願景。

　　承認吧，你需要一個願景，你已經迷失了，變得機械化，你可能很有效率，但是沒有火花。生命的味道就像灰塵，聽起來很糟糕吧？但是謙卑的自我評價是關鍵。是時候全身赤裸站在眾神／眾女神（選一個你最喜歡的神學系統）面前，祈求祂們給你啟示與新方向。這類的重新導向與重振，只會在一個人謙卑、渴求與開放的時候發生。切記不要自負。

　　海王星的共時性之流，會將許多神諭與預兆帶進你的生活。它會帶來靈性的教導與老師。心理學家、冥想者與形上學家多不勝數，從中挑一個吧，不過要記住，真正的魔法只會在你獨處、開放內心且毫無防備的時候發生。在困難相位下，要特別小心那些自欺欺人，以及那些偉大卻半途而廢、空泛的計畫或哲學。在輕鬆相位下，要小心因為食物、酒精、金錢、藥物與電視所帶來的呆滯麻木。

✴ 推運太陽／本命冥王星：

　　你的進化自我，走在與冥界之主──「地獄之神」的作戰隊伍之中，但請繼續讀下去，狀況不一定有聽起來那麼糟。生命充滿了可怕的磨難與眼淚，我們都受過傷。像心理治療師那樣，看看你童年時期所塑造的生命

傷痛，像一個真正的看見者那樣，看看你靈魂上的業力傷痕。看看性別歧視與其他愚蠢的偏見，給我們留下來的血腥痕跡。看看你承受過的損失、你埋葬過的朋友、變質的愛、所有生命中的災難……所有你經歷過的事情。現在，最後一個階段到底是什麼意思？要克服某些東西，通常意味著把它放在你內心深處的某個地方，使它無法再掌控你的行為或態度。換個方式說，你哭泣，然後停止哭泣，但是它依然會加入一個看不見的「磁場」，改變你生命的軌跡，而且通常是以一種不幸的方式造成改變。

你可能會不尋常地懷疑自己，你也許會一直感到憤怒，也可能會覺得自己的身體不好。你現在夠聰明、夠強壯，有足夠的支持，能夠照看這些傷痕。為了幫助你去做這些可怕的工作，宇宙會在你現在的生活裡面創造一些不舒服的情況，與你過去的傷口產生共鳴。在困難相位下，這些狀況會非常有壓力。在較輕鬆的相位下壓力會少一些，支持會多一點。但不論冥王星在哪一種相位下，它的底線還是一樣：在生活中有意義地前進，你進化的自我需要真正釋放掉它的歷史包袱。你需要「靈魂療癒」，那是「心理治療」這個字的真正意義。任何好的心理醫生都會告訴你，這份功課有九成都得靠你自己來做，即便你很希望有人可以幫你度過這段時期。

✦ 推運太陽／本命中天：

某些靈性改變深刻發生的時候是如此微妙，即使那個人就坐在你身邊，你也根本不知道發生了什麼事。深奧的理解可能會默默地發生。不過，現在要談的中天，在這裡發生的任何事都會立刻躍上生命的大舞臺，讓所有親近之人都看到。在這個相位組合下，我們可以預期，在生命可見的形態上，你會有明顯的改變。一份新的工作、搬家、關係狀態的改變。第一個小孩出生，或是最小的孩子離家。換句話說，它是種里程碑。演化

占星師的理解，會超越算命仙說的那些內容，演化占星師會理解到，在進化的自我與外在的、社會的表達上會有某種張力產生。若是困難相位，這種張力比較明顯，但是即使是輕鬆相位，緊繃感也還是存在。

你準備好將更多的自我放進你在這個世界眼前所扮演的角色裡了。這個推運組合召喚著你大膽前進，追求更多自我表達的空間，也宣告著，你想要自己所處的社群更認真地看待你，或是在自己的專業領域裡被看重。對現代人來說，中天在實際層面常常會被歸為事業的問題，不過重點是要記住，中天包含了我們在「部族」中其他面向的角色。中天連結到那種「無法證實」的命中注定感。如果推運太陽碰觸到中天，當然就要信任並尊重這種感覺。你在部族裡開花結果的時刻到了，你準備好了，這個世界也為你準備好了，去吧！

✳ 推運太陽／本命上升點：

在占星實務上，太陽與上升點兩者常被搞混，那是因為它們非常類似，至少當我們開始將占星象徵轉譯成語文時，這兩個象徵我們都會使用像是「自我」或「人格」一類的詞彙。但是這兩個點是有差異的，現在，當你的推運太陽碰觸到本命上升點時，當中的區辨就很重要了。簡言之，太陽是真正的你，而上升點代表的是你對世界展現自我身分的方式。把上升點想成是你內在的太陽穿透毛玻璃而閃耀的光。在這個相位組合下，進化的挑戰存在於讓兩個顏色調出和諧的色彩。

推運太陽象徵著你實際上會變成的樣子，現在遭到你的舊「面具」扭曲與束縛。你的風格需要改變，冒著把這個非常嚴肅的占星事件變得微不足道的風險，你需要一些新的衣服！這不只是為了虛榮而去採購，這是有

關你服裝的象徵，它訴說著你認為你是誰，以及你如何對世界展示這些資訊。其意涵不僅僅是穿衣打扮，只不過那是聚焦問題最有效率的方式。

　　通常困難相位／輕鬆相位會分開來應用，如果是困難相位，那麼內在實相與外在表達之間的衝突會很尖銳而徹底，要付出情感上的代價來修復，雖然代價遠比替代方案便宜。如果是在輕鬆相位，改變的幅度會比較不那麼戲劇性，但是要小心，可別睡著錯過了。雖然壓力會少一點，但重要性不減。

推運水星：你的進化智慧

✳ 推運水星／本命太陽：

　　在你耳中嗡嗡作響的是什麼？為什麼每件事情突然快了兩倍？為什麼大家都同時一起說話？推運水星與你的本命太陽形成相位，寓言裡的「訊息傳遞者之神」在你的存在中留下了共時性的記號：強化你感官上的「訊息承載」。

　　我們可以預期，有人會在這段期間提供你教育機會，有些是正式的，有些是簡單的，像是有趣或資訊豐富的網站、雜誌文章或是對話。也可能會遇到改變眼前風景的機會，像是旅行之類的。

　　在困難相位下，以上的現實狀況會使你有一種迫切需要或不得不的壓力感。在輕鬆相位下，這些機會的形式就像小禮物，宇宙只會提供機會，不會給你壓力。更透徹地分析推運水星形成的相位，就像是新的觀點嘗試穿透你的……呃……厚厚的頭蓋骨，對自我中心的本命太陽來講，這個比

喻還算合理。

在水星這個相位組合期間，你靈魂想吸收的重要資訊，絕對不是你會期待的資訊，**關鍵資料存在於你現有信仰系統之外**——這是了解此相位的**關鍵**。

如茱蒂・佛斯特（Jody Forrest）在她錄製的講座「宛如墨丘里的奧丁」中指出，羅馬的墨丘里對應北歐的神奧丁——帶來文字的人。對於古代北歐人來講，奧丁掌管預兆與共時性，以及我們現今稱為「薩滿」的人。這是了解推運水星很重要的部分，也是在現代的希臘與拉丁占星傳統中失落的很大一塊。

從你的生活裡去觀察：有三個人在同一週同時向你提到一本毫不起眼的書，那就去拿來讀吧！一隻烏鴉飛過太陽的前方，使你靈光乍現，那就信任這個洞見吧！這些預兆的出現快如閃電，這也是為什麼你會覺得自己好像喝了太多咖啡。你的深層心理受到活化，使覺察速度提升，於是，你可以跟隨你四周宇宙的共時性網格流動，在我們祖先所謂的「懷爾德之網」之中流動。（懷爾德之網是北歐寓言。傳說命運是由女人編織出來的，編織出來的這個命運之網就是懷爾德之網。）

✳ 推運水星／本命月亮：

水星來到與你本命月亮形成相位之處，同時在幾個不同的層次運作。第一個層次跟使用口語表達情感的能力進步有關。第二個層次跟第一個很接近，牽涉到深化你自己的智慧，使你理解自己的情緒。對大家來說，好的經驗法則是，我們都還沒開口，別人就知道我們要說什麼，所以需要先理解才能開口表達。在你的人生中，沒有任何時刻比現在更適合寫日記，

或是做類似的事情，寫一些發自內心的信（或電子郵件）給你信任的人。
寫的時候，你會發現自己正在加深理解自己所感受到的事情。

你也會找到正確的字眼來表達自己，這也是為什麼此處強調的是寫作
技巧，而非單純的對話。現在你會出現許多帶有情緒的對話，而寫作會使
你有審視這些對話的空檔，當然，當那些文字並沒有以你真正覺得舒適的
方式捕捉到情緒時，你可以大刀闊斧地把它們劃掉。這個過程的本質，是
要在兩個完全不相同的象徵系統之間（語言與人類之心的能量狀態）做轉
譯，所以才會這麼困難，而找到正確的詞彙與句子來描述才會這麼重要。

要試著擺脫這種相位所帶來的緊張情緒，你現在需要的是真相，而不
是速度。如果在推運水星與月亮之間呈困難相位，那麼你會從你的環境裡
接收到某些情緒激動的資訊，那些訊息免不了會與你原本對事物的看法有
所衝突。如果是輕鬆相位，那麼成長可以自然地流動，正確的字眼與書籍
都會以蒙受祝福的方式輕鬆來到，只要記得自己正在做什麼就好，不要只
是單純的消遣與娛樂。

✴ 推運水星／本命水星：

一如既往，當一顆行星推運來到與自己本命位置形成相位時，我們處
理的就是純粹而基本的項目：絕對、典型的水星能量。意思是，你的生活
剛剛提升到新的量子層次的速度。感知與體驗的密度史無前例，你被變化
所淹沒，每當你思索你人生的這些「點」，就會有新的方式去連接這些
點，從你經驗的星群中形成新的排列方式。再看一次：現在有三、四顆新
的星星，處理速度加速到另一個複雜的層次。你應該做什麼？一切要到何
時才會安定下來？

第一個問題的答案是，只要張開眼睛就好。這段期間你不需要追究任何事的終極意義，只要收集資料即可。關於第二個問題，除非水星推運離開這個相位，否則不會安定下來。然後，你的心智會變得非常充實。信任你的好奇心，明智地追隨你沉迷的事物，徹底鍛鍊你開放的心智，你將會使自己進入感知的全新框架之中。找出「一切的意義」這件事，留待其他行星相位再說。現在只要盡可能保持心與眼的開放。

如果是四分相，那麼你所需要的資料將會與你本來懷抱的理論衝突。你會像一個虔誠而傳統的天主教修女一樣，驚訝地發現提摩西‧李瑞（Timothy Leary）在晨間冥想中坐在上帝的左手邊。如果是合相或六分相，驚嚇程度不會那麼高，對你現有信念系統的感知調整會更加微妙。

✳ 推運水星／本命金星：

金星是顆真正的甜心行星，不過等它咬你一口後就完全不是那麼回事了。它最經典的傷人方式，就是在建立浪漫關係的過程裡，把我們自己的快樂也牽扯進去。它會這麼做：我們愛上了某個人，對方看起來「好到很不真實」。當然，那很可能是事實，沒有人會像在交往一開始承諾的那樣，與我們配合得天衣無縫。於是，當我們想像自己凝視摯愛的靈魂深處時，我們真正會看到什麼？這個嘛，用心理學的名詞來說，有一半是我們自己的「投射」，也就是我們看著自己裡面某些美好的部分。這說法適用於友誼與愛情關係的早期，而當涉及到性的能量時，電力會更高漲。

總之，進入推運水星——舉世最受到輕視的愛神。為什麼？因為這是一顆溝通的行星，當水星推運與你的本命金星有相位，那麼是時候在生活中聆聽你的伴侶，當他們的朋友或愛人，試著明白他們真正的樣子，他們

的心智怎麼運作，什麼會使他們快樂或悲傷。問問題，慢下來，閉上嘴，好讓你能聽到答案。這裡有兩條路：你得試圖用清晰的文字表達出你是誰。靜靜地理解很美好，不過，請等到某些海王星／金星相位時，再去磨你這部分就好。

通常在三分相與六分相，比較容易聽到資訊。當四分相與對分相牽扯其中時，聽到的資訊會對你本來的預設有所挑戰。不過，這並不會改變水星過程的核心：它總是要拿掉麻木的可預測感，以赤裸的感知取代。在這種情況下，這些受到訓練的感知會被用來探索終極的人類奧祕，那就是「理解他人」。

✴ 推運水星／本命火星：

想像一對夫妻，他們兩年後將會面臨一場激烈而混亂的離婚。他們是你的朋友，某個晚上你去他們家吃晚餐，你可以用奶油刀切開他們兩人之間的緊繃。他們並沒有在你面前打架，至少還不到那種程度，但是在他們每次的互動中，有一種沒有說出來的憤怒、批判以及破壞性。這些來自哪裡？有時這個問題很難找到一種令人信服的方式來回答。對彼此的負面看法中，沒有任何人做出冒犯對方的舉止。醞釀中的惡魔其實是來自那些未經表達、尚未解決的挫折所累積起來的，比如他會打鼾、她的經前症候群、他亂丟在臥室地板上的髒襪子、她的化妝品亂丟在浴室水槽裡……生活充滿了這類的摩擦，而非只有親密生活。即使是在工作上，親近也會生出倨慢，或至少是輕微的磨擦。進入水星與火星的相位時，就是該學習如何好好表達你的挫折了！

此時的你覺得自己很敏感，比你以為的更愛爭論。挑剔、神經緊繃、

管不住嘴巴。你可能會在意見裡加入挖苦人以及沒必要的酸言酸語，把事情弄得一團糟。水星／火星快如閃電的爆炸，在困難相位時會特別明顯。你有權表達你的界線、你真正的需要，甚至是你大部分的怪癖，但要小心，在表達這些現實狀況時，別那麼自以為是。

在水星的影響下，訣竅通常在於將人類經驗中的粗糙資料（驅力、飢渴、熱血等等）轉譯成具有邏輯、清晰易懂的語言。這類翻譯永遠不可能真正自然，或是完全讓人滿意，但是至少是將我們彼此連結在一起的橋樑，也是避免不必要的愚蠢戰爭的好方法。

✳ 推運水星／本命木星：

有些卡通圖像貼切到已經獲得世人普遍性的認同。只要看一眼，我們就會知道漫畫家在說什麼。舉個貼切的例子，有個角色頭上突然出現一顆燈泡。任何地方的人都知道，那個影像代表「靈機一動」的意思。我們都有過這種經驗：我們被困住，因為一些具體的問題而擔心，無計可施。突然，答案浮現：也許這些行星實際上是繞著太陽轉，而不是地球！也許我應該搬到阿拉斯加！也許我應該跟這位流浪漢吻別！有時這些啟示非常真實，有時無法得到清楚客觀的思考。不論是哪一種狀況，你都要綁緊心智的安全帶，在推運水星與你的本命木星產生相位的時候，靈感源源不絕的季節就來臨了。

這裡同時要傳遞的是喜悅與謹慎。喜悅的部分是，當進入這段時期，只要一個簡單的洞見，就會帶來非常真實的突破。比如新的資訊、新的技術以及新的觀點，就可改變你的生活。單純的想法很少如此力量強大，但是現在它們真的具有存在性的影響力。唯一要小心的是，你現在有點受制

於膨脹的「熱情」，在你想要賣掉房子，興沖沖地要跑去阿拉斯加前，請等到下星期一再說。在困難相位下，常常會誤導你去想像（就像很多占星師會做的）那些瘋狂、膨脹、走進死胡同的回應。而所謂的「好」相位則會做出比較聰明的回應。反過來說，如果六分相與三分相可被視爲「好想法」與「壞想法」的潤滑劑，那麼四分相與對分相就會帶來制衡的力量。

✴ 推運水星／本命土星：

在產生理論時，心智會以極快的速度前進。構思的紙牌城堡可以被堆高起來，也會迅速垮下，一切只需要一個錯誤的假設。舉例來說，你的構思以「上帝創造女人作爲男人的幫手」這個概念開始，你其他的推論就算嚴謹如愛因斯坦，遲早還是會與現實發生衝突（過去三十年來所看到的，就可以見證這一點）。大衛・布萊恩（David Byrne）爲他的樂團放送頭（Talking Heads）所寫的一首歌曲裡有一句很棒的歌詞：「事實不會照我的意願去做。」這首歌很可以當作水星推運與土星形成相位的主題曲，特別針對較困難的相位。你進化的智慧，你對這個世界進化的觀點，以及你在這個世界裡的位置（簡而言之，就是推運水星）遇到了一個堅硬、冰冷的現實。而且現實總是會贏。

如果願意放下最喜歡的意見與理論，你也會贏，還可能努力往前走，直接體驗眞實的眞相。現在，你持有的那些錯誤假設正被當面駁回。其實你的內在有某些古老而有智慧的東西渴望加速這個過程。你現在勤奮而認眞，渴望深入學習某些東西。你可能會因爲自己的智力水準、心智自律及教育程度而感到恐懼或沒安全感。除了努力之外，別無他法。這一直是土星圖像的最大部分，這一顆充滿了汗水與淚水的行星，會爲你帶來自尊、眞正的成就感與它們所孕育的尊嚴。

✴ 推運水星／本命天王星：

想像某個早晨，你看著鏡子，裡面有個比你昨晚還高六吋的人盯著你瞧。想像他或她跟你不同性別或不同種族。事實就擺在面前，你清楚看到，但是這些與你本來的認知有衝突。你要相信哪一個？是你的常識，還是眼睛所見的訊息？這就是推運水星碰觸到天王星會產生的感覺：你腳下的地毯被抽走了。這個過程有很多種面向，有一些是純智性的，在這段期間，你會暴露在大量令人震驚、自相矛盾的資訊中。這種鋪天蓋地的覺察，會讓你砍掉重練，或是去質疑舊信條。很多心理諮商師會稱此為「認知失調」，而薩滿會稱之為「看見」。

這個過程的核心，在於要區分出你自己是誰與你過去被訓練成為的樣子。這是典型的天王星印記。

這裡的概念是這樣的：你對於現實的理解以及人類的經驗，形成了你的自我形象。但是文化對你的訓練以及社會化，也是形塑自我形象的部分基石。在困難相位下，震撼的新理解切除了你本來珍視的某部分自己。舉個愚蠢但有說服力的例子：某個三十歲男子，第一次驚慌地發現他的後腦勺長了禿斑。在輕鬆相位下，你的自我形象會讓你不用太苦惱就達到徹底改變，直到你遇到一些多年不見的朋友，他們會感嘆地說：「你以前看起來很正常啊！」無論如何，這個推運的關鍵就在忠於你的自我認知與天性。

✴ 推運水星／本命海王星：

推運水星有效地與兩個「半連接的概念」有關。一個是我們內在擁有的心智世界模型，因此，這顆行星具有智性、認知力，至少具有邏輯連貫

力。另一個概念是在我們感官本身的一切混亂與愉悅，以及華麗的非邏輯──這個世界可能會以非常瘋狂的方式去看待一個聰明伶俐的新生兒。理想上，我們的感官經驗會豐富我們的世界模型，簡言之，如果持續睜著眼睛，我們就會漸漸變得越來越聰明。

但是感官本質上是立即且超乎邏輯的，而心智則想要維持邏輯的一致性。因此，我們可以輕易地視覺化一隻飛天豬，但是如果真的觀察到一隻豬在飛，我們會嚴重精神錯亂。所以，在推運水星碰觸到神祕的海王星時，你就準備好見識一下飛天豬吧！

在我們實際的經驗中，有很多莫名其妙的事情是無法解釋的。某些更廣大的世界，覆蓋且滲透了我們的世界。現在，你的心智很自然地被拉向那些神祕而靈性的觀點。信任你自己的這部分，以覺察與經驗去餵養它。這種時期最適合冥想訓練、閱讀形上學、做些心智伸展的活動。向更大的世界敞開吧，現在對你來說，神奇、幻想式的感知密度，都會以等比級數增加。

在輕鬆相位之下，只要舉起手指，提出要求，宇宙中所有的天使都會盡力餵養神祕的食物給你。在困難相位下，神祕領域會出奇不意地襲擊你，有時令人感到不安。請努力與靈性領域和平相處，否則你會感到空虛與困惑，就像快要瘋了一樣。

✳ 推運水星／本命冥王星：

用文字去訴說生而為人的所有辛酸往事，哀悼失敗，怎麼看都還頗跟得上潮流的。不過，很多文字沉落到你靈魂底部，速度之快，就像石頭掉進靜止不動的池塘底部一樣。忽視那些偽善的陳腔濫調，把它當作是文青

在為賦新辭強說愁吧。比如說，一句對的「我愛你」來自於對的人。醫生會說：「我有個壞消息。」媽媽會說：「他是你親生爸爸。」有些話會徹底改變一切，會在我們的生活中像炸彈一樣爆炸，永遠改變我們的內在風景。最嚇人的通常會在水星推運與本命冥王星形成嚴苛相位時出現。但是冥王星永遠都是冥王星，不管什麼行星與它形成什麼相位，冥王星永遠都是要人去面對黑暗，往裡走得更深一點。

即使是推運水星與本命冥王星的輕鬆相位，你還是會受邀觀賞嚴肅的洞見，這些洞見沒有一個是為膽小鬼準備的。

因為這個過程牽涉到水星，所以會與口語有關。有可能是沒被發現的「線索」，就像私家偵探那樣，找到舊的信件、與某個你信任的人來場「深受啟發」的對談，或是操縱某個你不信任的人，揭露一些他本來以為早就知道，但其實一知半解的內容。這類真相偵查、查獲隱藏的資訊，就是水星／冥王星相位的靈魂。在共時性之海中也帶著其他冥王星的內容：謀殺懸案、超自然神祕事件調查、深入的心理閱讀或對話。搭上那個浪潮，信任它，無知只會給天真的人帶來幸福。

✴ 推運水星／本命中天：

變化正在你生活中最明顯可見的部分醞釀。在不認識你的人眼中，你看起來如何？哪些人根本沒有真正認識你？這些就是中天代表的意義。我個人認為，某些占星師有點太狹隘了，他們把這個符號僅聚焦在事業上。它絕對跟事業有關，但並不是每個人都在那個波長上運作。簡言之，中天代表的是從較遠的社交距離所看到的你，是你在這個世界裡所戴的那頂帽子。

　　水星推運與中天形成相位，可以期待會有一些發展，一般而言，變化會發生在你的身分與公眾角色裡。工作會有變化？當然，如果你是一個工作的人，可以期待新的職務內容、訊息與理解（水星類型），這些都會改變工作的專業感。

　　困難相位很可能會帶進更多沒有處理好的資料，輕鬆相位則會帶來比較溫和的消息或沒有壓力的機會。同樣的邏輯也可適用於事業領域之外，比如說，我們可以想像一個女人，她的生活焦點就是養育小孩，而丈夫負責賺錢養家。水星推運來到中天，她的丈夫可能意外地被調職到其他州，她的「工作」還是一樣，可是，她離開了習慣的社會脈絡，必須在新的環境創造新的脈絡，也許要開始一個與她在前一個城鎮差異很多的公眾角色。不管何時，只要推運水星碰觸到中天，就會有某些事情必須公開說出來，某些在你內在已經成熟的智慧，現在必須讓部族聽到，好比說教導課程、寫信給編輯，或是在大型的公開聚會中說話。

✳ 推運水星／本命上升點：

　　你的兩個部分已經有點不協調了。其一是你的外在樣貌，也就是你平常向這個世界展示自己的方式，比如你的服裝、幽默感，或是展現身體的方式。另一部分是你「進化的聲音」，這是典型的推運水星象徵。推運水星與本命上升點，這組事件的進化目標就是要讓你的這兩塊拼圖更和諧地結合在一起。

　　你正在學習用你真正的聲音說話，這種說話方式對你來說會更自然、更輕鬆。如果是輕鬆相位，會不會讓整合的過程更容易？絕對會，但是所謂的「容易」不代表會自動發生。你還是要做些努力。怎麼努力？靠著

「說話」以及「書寫」。要記錄每個時刻，最好的方式就是開口說話，此時的張嘴說話是有意義的。抓住每個公開說話的機會，即便不是正式場合，好比在婚禮中致詞，在兩人以上的群眾面前說個笑話。更正式一點，你可能會參加一個劇團或擔任晚宴主持人。你可以開一堂占星課，或是為朋友做解讀。

如果推運水星與本命上升點有困難相位，這個策略還是有效。唯一的差別在於，在你真實的聲音與你反射出來的人格慣有的風格之間，會有比較大的自然張力。當你靈魂中這兩個板塊互相摩擦時，你可能會真的感到舌頭打結或吃螺絲。療癒方式還是一樣：走出去，告訴別人你的所見所聞，以及你的想法，一直做到感覺順暢為止，那是你的靈魂在向意識心智報告「任務完成」的方式。

推運金星：你的進化夥伴關係

✴ 推運金星／本命太陽：

現在，你正以一百萬瓦特的金星波長在廣播，召喚與你進化事務有關的人：情人、夥伴、朋友、競爭對手以及死敵。在這段偉大旅程裡，你來到了一個轉捩點，為了前進，你需要這些人作為媒介，在你的意識裡觸發影響。最後，你的靈魂會召喚出特定的人，他們會被要求「坐在明早飛往芝加哥班機的某個位置上」，意思是說你會經驗非常密集的相遇，在這段期間的相遇會讓你格外有「命中注定」的感覺。身心靈將會整合成一個完整的整體，你的人格與身體也會以其自身的風格送出相同的訊號，將這些人吸引到你的生活中，而你必須與他們分享能量與時間。

　　換句話說，你現在受到社交方面的**激勵**，可能還有性方面的。你可能會比往常更渴望與他人連結。你的身體也對這個世界送出這樣的訊息：「我這麼可愛，這麼美麗，不是嗎？」後面這一段需要進一步澄清。你不需要去引誘人，只是此刻在你四周存在著這類的氣場氛圍，會吸引來一些人，你與這些人之間有些嚴肅的事情要做。一些完全不相干的陌生人可能會嗅到這個氣氛，也想「碰碰運氣」跟你連結，如果你同意，你可能會展現出這顆「幸運」行星較黑暗的面向。在輕鬆相位下，這些比較嚴肅的關係往往會順利開始，但要小心，太多的「贊同」與「和諧」並不會造成多少真正的交流。

　　我們很容易把某個形象投射到某人身上，然後深陷情網。在比較困難的相位下，推運金星與太陽的連結會帶來一段激情的關係，這段關係的特質就是在個體之間充滿較為尖銳的張力，或是會給一個人的生活帶來混亂、困惑與失望，讓當事人需要為此付出較高的代價。

✳ 推運金星／本命月亮：

　　我們內在的古老月亮都記得有一段人類還很稀少的時期，可能是因為那樣，人類比較珍惜彼此。部族、親屬關係、婚姻，這些都是基本的心之連結。對我們而言，有些人「氣味相投」，也些人可能會惹我們生氣，但是我們知道他們不會離開我們，我們也離不開他們。彼此的連結不會鬆脫，當推運金星碰觸到你的本命月亮，不管是什麼相位，內在都會升起一種原始的驅力去形成那種永久連結，或是更新現有的連結。對「家庭」的渴求威力強大，而「家庭」一詞就是蘊含多層意義的詞彙，你可以慢慢品味。很常見到有人在金星／月亮時期懷孕，或是結婚、訂婚。此時也許會升起一股渴望，想花更多時間與父母或遠方已長大的孩子相處。阿姨、舅

舅、被除名兩次的三等表親。雖然我們對「家庭」的需要，就某種意義而言其實是一種原型的需要，因此這種需要永不會改變的，但是這類親屬關係已經不再像以前那樣吸引我們了。

我們當中有很多人已經用特殊的友誼取代了傳統中的親屬關係。在你的生活中，可以扮演那類親屬角色的人吸引著你，你會花時間與他們相處。你需要以簡單、樸實、自然的方式去體驗你自己，就好像你與某個人坐在廚房餐桌旁，你不需要讓這個人對你留下深刻印象或是「去贏得什麼」，你整個人從裡到外，他都了解，也接受你真實的樣貌，不管人生中發生什麼事，他都會愛你。你的靈魂渴望那種「與部族連結」的感覺，同樣的，在輕鬆相位下，要滋養出這樣的關係會比較簡單，在挑戰相位下則會困難一些。不管是哪種相位，都要不計代價去建立這種關係。

✴ 推運金星／本命水星：

想像有個你非常仰慕的作者，你在某個會議上遇到這個人。想像他本人口才非常好，比書中的文采更好。你在晚宴上與很多人一起坐下來，與他共進晚餐。然後，你開始理解到，他很能說，但是他無法聆聽。你說出的那些深刻的評論，他似乎毫不關心，只是一直長篇大論、滔滔不絕，忘情地說著。一開始，也許你會覺得是自己不好，然後開始對他生氣。

對某些人說話與對特定人談話，其中有相當大的不同。後者牽涉到要敏感地選擇自己的用詞，比如對一個沒有受過教育的人，不要用艱澀的詞彙，對一個舉止得宜的老婦人不要說髒話等等。更重要的是，也牽涉到聆聽。給別人機會回應你，或至少表現出對他們感興趣的樣子。

在你的推運金星碰觸到你的本命水星時，將這些金星的技巧應用在水

星上，你現在正要學習的課題是與聆聽者直接有效的溝通，並且可以給予支持。口才、聲音與語言的流暢度，當然是這個課程的一部分，當共時性的浪潮朝你的生活打來，你會發現自己「碰巧」被詩與出色的小說吸引，也許還有戲劇與公開演講。但是最根本的目的是要你更加注意別人對你所說的話，做出的反應細節。如果是困難相位，你可能會受傷，因為你的溝通方式可能導致誤解。如果是輕鬆相位，基本上把它想成是一個機會，不要想要解決問題，而把它想成是進一步發展建立親密關係技巧，這個技巧會讓你一生受用。

✴ 推運金星／本命金星：

典型而純粹的金星能量正洶湧奔流穿過你，不管是哪一種相位，都有好消息與壞消息。這個等式快樂的這一邊，你的自我感覺可能會比前一段時間好一點。你看起來狀態不錯，似乎在各方面看上去都很有吸引力。你可能會找到適合你的顏色，你可能有「順利之年」。你可能會交到幾個新朋友，在你的生活中，也有一些精緻與優雅的感覺。這也反映在你的朋友圈、你的文化經驗裡，也可能反映在你最近的美化家居行動裡。

那麼壞的那一面在哪裡？這同樣也是可以選擇的，沒有任何法則會說每個人都必須依照占星象徵，去走那條黑暗之路。但是當金星朝向黑暗，就會一團糟。我們會變成無意識地去引誘他人，善於讓人喜歡自己，可能因此誤導他們（也誤導自己），會把這段關係想像成比它真正的樣貌更加深刻或更加重要。金星推運碰觸到本命金星，不管是六分相還是四分相，都同樣會因為發生激情式的愛情而惡名昭彰，我們會在早上醒來疑惑地想：「這是怎麼回事？」也可能會吸引到一些酒肉朋友，吸引的速度比贏得直銷公司的抽獎還快。在這麼強的社交密度下，其中會有一、兩個真正

的靈魂伴侶，試圖透過持續不斷地發送訊號來接近你。

矛盾的是，這裡有個訣竅，就是你要盡可能不要那麼迷人，至少是對那些你認為你會喜愛的人。這個建議聽起來很奇怪，但是對於任何一個與你共度時光的人，你都需要給對方一個很具體而真實的測試。給他們一個原始、樸實而真實的你，不要打發奶油，連一點點巧克力醬都不要加，看看這麼一來，你們是否依然彼此喜歡。就這麼簡單。

✴ 推運金星／本命火星：

這是你保險桿上的貼紙：「信任你的慾望。」現在，你所需要的就是一輛紅色跑車、幾件緊身衣，以及開放的道路。當然，還有保險套。其他你需要的一切，神都給你了。

寫這段文字讓我覺得很有趣，不過，也讓人感到有點不安，因為我們的文化教導我們，性是一種肉慾，是上不了檯面的事。這裡強調的是性的層面，但是不要誤會這裡的性。當金星推運與火星接觸，你的血液會更加沸騰，它也需要如此。你受到邀請，將身體的性感以及靈魂接觸的溫柔需要，帶進彼此更親密的階段。當火星遇到金星，它們都會感到相當興奮，至少在傳統上，它們代表最初的男人與最初的女人，它們很愛彼此「形成相位」。你感受到想要與別人連結的熱情驅力，那份熱情當然是性的，但是人與人「熱情地」連結，也可以用其他方式，比如藝術或個人成長，或是令人興奮的生意新點子。

此處的主要需要並不是為了性高潮，雖說性高潮人人都愛。但此處主要是為了交換強烈而直接的情緒。純粹的活著、純粹的性愛。在困難相位下，在你的主要關係裡，你可能會發現長期以來醞釀的緊張，隱藏在顧全

大局的成熟態度與「勉強同意」的牆後，現在則像一頭憤怒的牛頭怪從迷宮裡衝了出來。現在，你要清除這種氣氛，但也可能發現這樣的氣氛無法被清除。

　　火星總是需要勇氣，如果你與你的親密朋友、伴侶，彼此有勇氣面對讓你們麻木的蜘蛛網，你會更新你自己。在輕鬆相位下，你會得到寶貴的機會，你可以在萌芽階段就拆掉破壞關係的炸彈，提早抓住它們。與你所愛的人爭吵吧！這建議很奇怪嗎？不盡然。因為問題擺在那裡也會潰爛，利用所有金星／火星相位「幸運」的振動，做些預防性維修。找出我們製造出來會扼殺熱情的「事情」，斬草除根。你現在需要強度與真實，因此，勇敢清除掉使情感麻木的一切吧！

✷ 推運金星／本命木星：

　　金星推運到木星，提供一個「好的」相位，幾乎所有的算命師都會預測，你即將與一個慷慨且外表好看的繼承人共享一張床，心裡直接出現時尚雜誌的畫面。嗯，算命師說的也許是對的，如果這些事情會發生，那就會是現在！當「愛之女神」碰觸到傳統的「大吉」星，在它們之間的快樂化學反應會很有威力，但是同樣，在嚴肅的占星學裡，在此極樂之後，隱藏著進化的課題，想要延續這種快樂，就要看你是否能夠把那些課題找出來，然後把事情做對。好好去做，那麼那個繼承人就可能會出現。

　　木星總是在問這個問題：「為什麼我總是安於現狀？」當金星碰觸到木星，是時候以積極的方式去思考你的關係或關係的前景，並且採取大膽的步驟。問自己想要什麼。去碰個運氣，找出你身上那些被視為理所當然的地方，俗氣的虛榮往往是靈魂陷阱，不過，對你自己的外表感到驕傲，投資在外表上，對現在的你來講是適當的。買下那件會讓你感到開心的昂

貴西裝，花點錢去做頭髮，參加 SPA 課程。這些聽起來好像都是些小事，但是它們直指問題核心：在期待別人愛你之前，你必須先愛自己。

在困難相位下，會有一些「顛簸」，也可能有些複雜，事情可能牽涉到他人。在輕鬆相位下，要確保你不會用息事寧人的方式去避開底層嚴重的問題。不管是哪一邊，都要小心任何看上去好到不真實的人或事。愛沒有耐心，但是智慧會有耐心。

✳ 推運金星／本命土星：

有一種層次較低的迷思，認為土星與金星互相對立。有些概念的起源確實很愚蠢，古代的觀念認為土星是「凶星」，金星是「吉星」。土星與金星之間確實有衝突：土星與「孤獨」有關，金星則與「愛」有關。兩者之間確實存在著張力，進一步說，土星不只是孤獨之王，它也是誓言之星，它是承諾、成熟與責任感的行星。任何起碼國中畢業的人（以心理層次來講）都知道，對任何一種真實人類關係而言，這些才是最主要的品質。當金星推運碰觸到土星，你對愛的進化能力，是受邀去整合這些成熟的土星品質。在這部分，你正在「成長」，再一次成長。不管你是否正處於一段關係中，你對親密關係的感受準備好進入嚴肅的成熟階段。

在輕鬆相位下，你可能會面對嚴肅的現實，要對某人做出正式的承諾。在困難相位下，你可能要正視現實，了解到自己的承諾不可能達成，或是你想繼續往前走，就必須放棄某個自己珍視的態度或立場。不管狀況為何，只要處於非暴力關係中，即使感到挫折或受困，你還是可以考慮留在這個關係裡，去經歷這個推運事件帶來的成熟。當你去經歷，事情可能超乎你的想像，問題很可能是你造成的。無論如何，土星與誓言有關，不

管現在這的關係未來會如何發展，從進化的觀點來看你內在正在發生的事情，就是你正在親密領域裡深化你自己的榮譽感、尊嚴感與正直感。不管你現在鎖定什麼模式，都會繼續前行。所以，請讓這過程成為你的驕傲。

✳ 推運金星／本命天王星：

推運金星與本命天王星的交互作用，有個似是而非的古怪說法。天王星確實是顆熱愛自由、打破規則與變化多端的行星。把它想成你內在叛逆與爆發的火藥桶，當金星碰觸到它，肯定會有火花。但若你了解問題的核心，並且融入大膽與良好的判斷力來採取行動，那麼這段期間可能讓你得以將生活中長期累積在親密領域裡的挫折解決掉。

在最基本的層次上，這個推運告訴我們的是：為了在愛裡維持穩定，你必須為自由付出極高的代價。你失去了某些真實的自己，將那些真實的自己，在你的生活裡，奉獻給「合理待人」或是「對別人要敏感」的祭壇。因為這些對你很重要的人可能會肯定你，於是，你讓你真實的個體性妥協，現在必須改變這種狀況了。

並且，要記住，一如我們往常對金星的看法，不要把所謂的「關係」想成狹隘的愛情或性愛，而是與你一起，分享有意義旅程的那些人。目前這個天王星進化的其中一個症狀是，你現在會需要某些「空間」。更直指核心的說，你需要在你所愛的人面前更自由自在地表達你自己的興趣、價值與風格，也要求自由。在輕鬆相位下，你可能會驚訝地發現到你的伴侶準備好開放，且調整成「新的方式」。在較困難的相位下，同樣也是要求自由，但是準備好要提出請求，如果單純的請求無法帶來你所需的支持，那就要積極的「耍點手段」了。先不管天王星在外的名聲，這個相位不盡

然要結束關係，但是有個重點是肯定的：如果結束關係是通往真相與真實之路，那麼除非當事人願意結束這段關係，否則沒有人能處理好這個相位。

✴ 推運金星／本命海王星：

你身體的哪個部分最性感？孩子們也許聽到這個問題會咯咯笑，給一個明顯的解剖學答案。成熟長大的戀人，受到多年豐富、未受限制的性愛經驗的智慧歷練後，可能會回答：「你的眼睛」，或是閃避一下問題，然後給出真正的答案：「你的靈魂」。這是海王星領域，神祕、超越理性的行星，是意識本身，是在你眼中的魔法。當推運的金星碰觸到海王星，男女兩性身體上天生的創造渴望與單純的人心，都渴望著更高的愛。他們想要把身體當做碰觸靈魂的通道。性必須是神聖的，否則會淪為空虛。我所謂的「神聖」不代表是虔誠的、拘束的或是粉飾的，而是狂野的，全然成人的熱情，它對色情、好萊塢式或其他的膚淺偽裝感到羞恥。簡單而基本的重點是，這是透過眼睛傳遞的性。現在，你與所愛之人需要更深入、融合與融洽的眼神接觸。如果你的情人閃避，就挑戰他的閃避。如果你閃避，那就挑戰你內在的障礙，你也可能會想，自己現在正在追求的東西，或許並非你真正需要的東西。

你也許覺得需要來點心靈對話，或是分享宗教，你可能誤以為靈魂的渴望是一位新的情人或性的多樣性，你可能把它跟單純的性釋放搞混。但是始終需要的是靈魂的接觸。在此提醒：我們全都擁有美麗、如水晶般清澈的靈魂。在金星／海王星的能量之下，你最好比以前更加清楚地看見別人身上那種清澈的靈魂品質。但是當你陷入一段新的戀情，你有可能會錯過情人的「人性面」，結果慘遭不幸。這就是一般占星會告誡你「小心幻

想破滅」的原因，不管是輕鬆還是困難相位。

✳ 推運金星／本命冥王星：

　　即使我們之中最好的人也有黑暗面，而且在這個世界上最危險的人，很可能就是那些假裝自己很好的人。在正常的社交中，我們常常有禮貌地潤飾自己比較可怕的部分，不過，只要看一個人在高速公路上怎麼開車，就暴露出他的本性了。或是，觀察我們與真正親密的人相處，特別是這段親密關係是身體上的，而且已經延續超過兩年以上。不管是哪一種，我們會看到很多榮格所說的「陰影」。每當你被別人的陰影碰觸，特別是當你比較年輕、脆弱的時候，你會退縮，並且稍微學會保護自己。每次與陰影接觸，你信任的能力都會被削弱。當推運金星碰觸到冥王星，是時候來探索你內在那些受傷、不被信任的部分了。

　　你準備好去更深刻的愛，更強烈、情緒上更赤裸且誠實，也要求對方做相同的準備。但是首先，你必須先療癒。療癒意味著記起並實實在在去感覺內在某些已經靜靜淌了好幾年血的地方。在輕鬆相位下，你會擁有在這個過程中所需的支持，你的一點點努力就會結出甜美的果實。在困難相位下，基本的問題還是一樣，只是代價與壓力會比較大。同樣地，冥王星揭示著那些你不去探索的心靈事物，就會在實際生活裡演出。例如，如果你曾經被拋棄，那麼你就會在這個相位下，被「拋棄者」所吸引，或是你可能藉由拋棄某個人（這人值得跟更好的人在一起）來安排一場「把愛傳下去」。在這裡，不要被「好相位」的概念愚弄，如果牽涉到三分相或六分相，坡度可能會更滑一點點！拯救你的會是洞察力，不是相位。

✴ 推運金星／本命中天：

當推運金星與中天接觸，經驗告訴我，對於傳統的「好」與「壞」相位概念的用法，也許不能用平常習慣的那種態度來看待，要更恭敬一點才行，當然，還是要稍微扭轉一下那個概念，讓人的自由有空間運作！在困難相位下，你很可能會遇到一些困難，似乎是「當下」在愛與事業之間的選擇。

對我們大部分的人而言，愛與事業之間很自然地存在一些緊繃。比如長時間的工作，可能會讓我們事業發達，但是會使我們的友誼或關係匱乏。這些張力總是被擱置一旁，現在則全副武裝出現，要求你有意識地、清楚地設定優先順序。

觸發器是金星式的，也就是說，這會促成你對待伴侶或朋友的態度進化，或是關係本身產生發展。在合相、三分相或六分相之下，影像常常會很不一樣。一般來講，這個配置會為一個人的事業或社群地位提供好的開始。同樣地，「好的」占星相位的關鍵，在於避免被動，並且主動地利用機會。在這個相位組合，這些機會是由別人給你的，現在，要尋求伴侶、合夥人與贊助者的建議。把自己當做一個盲人，從別人看到的景像中受益。讓你自己被引導與接受建議。套用一句諺語：「孤狼抓不到蟲」，至少適用於金星推運與中天形成輕鬆相位的時候。

✴ 推運金星／本命上升點：

這肯定是金星相位組合中最戲劇性的一個，總是會讓我們接觸到一些影響、全面改寫我們人生的人。這個影響並不一定都會透過性或愛情的糾纏而發生，雖然說這種情況非常普遍。重點是，你的人生會面臨僵局，唯

一的解決之道就是透過另一個人對你產生催化影響。現在，就看你能開放到什麼程度，也看你有多大的意願，去接受碰觸、影響、引導，甚至修正。同時，你會感受到比你平常更強烈的社交衝動，你會更願意對外伸展。

經歷這個相位的許多人，通常會改變外在，一般而言會是往好的方向改變。這也是這個相位一個共時性的「挑逗」波。在困難相位下，這種金星式浪潮會讓人感覺不舒服，你可能會對自己的身體或衣服感到不舒服，你的人格風格會讓你覺得粗糙或虛假。很可能難以在你的舊模式與信仰，以及這些新的靈魂友伴，為你打開的不同生活領域之間建立平衡。在輕鬆相位下，在這些領域中的挑戰，會在偶然之間就解決了，不過，膚淺的風險也隨之而來。此時，你給自己身邊的環境營造出具有磁力、讓人深受引誘的氣氛，你在這方面的技巧前所未有的高超。所以，要小心，不要讓任何人愛上你所創造的幻覺。當這樣的事情發生，想當然耳，受到愚弄的不會只有一個人！

推運火星：你進化的勇氣

✳ 推運火星／本命太陽：

大自然教導我們艱辛的原則：「殺戮或被殺，吃或被吃，只有強者才能生存。」叢林法則，適者生存。在宇宙電視上，是有一些比較溫和的頻道，但是現在這個推運組合則是戰神的永恆功課。當火星推運與你本命太陽接觸時，你所航行的區域，代表著你一生中，最「火星式」的兩、三個時期。因此，要採取相應的行動！露出你的牙齒，讓人覺得你很危險！發現你的力量，不要只是設定界線，要捍衛並擴展界線！對我在這裡過度使

用驚嘆號覺得不爽，就不要只在那裡不爽！寫一封信來罵我啊！

好吧，也許你必須開始你的戰鬥，不過，此刻生命會給你獎賞，獎賞帶有自信、健康的驕傲與你真心覺得自己值得的品質。反之，令人討厭、避免衝突的妥協行為，只會讓你被生吞活剝。這個推運顯然不是給膽小的人，即使你很強悍，你還是需要做些冒險來讓這個推運成型，比如在讚比西河上划船、取得你的飛行員執照、去上空手道課程……在進化之旅上，為了前進，你得更勇敢才行。惡魔的恐懼守衛著開悟花園的大門，任務就是要確保不會有膽小鬼進來。

要小心，有時候「寬恕」與「包容」，很可能只是幫他們創造了「惡魔業力」。那個緊跟在你車後咄咄逼人的笨蛋，並不會因為你照他的要求，立刻停到那輛緩慢移動、發出臭味的卡車後面，而得到靈性上的好處。有些占星師會警告你可能會出意外，特別是推運火星與你的太陽形成困難相位。這個警告是對的，但是關鍵在於這個相位期間，會使你容易出意外的原因，是累積壓抑許久的憤怒與挫折。因此，宣洩掉那些壓抑吧！不要因他人的過錯而懲罰自己。

✴ 推運火星／本命月亮：

我們大部分人，除非是溫和到超乎尋常的人，否則偶爾都會感覺需要使點壞。可以用很多種形式，爆發式地釋放生活中累積的緊繃，某些方式會比較具有治療性。為了純粹的喜悅而開快車，是這個等式兩邊的好例子。這種行為也許不能稱之為「好市民」，但是如果你小心而有意識地去做這件事情，偶一為之可能是無害的。

當然，如果你全神貫注在對某些事情的憤怒，而且不知不覺以開快車

的方式表達你憤怒的能量，你可能會殺死自己或別人。這類尖銳、不穩定的情緒，是推運火星與本命月亮形成相位的特徵。你準備好清理這些情緒，你可能也需要這麼做。

　　你的身體、態度，你思想的基調，這一切都反映出你身上有很大的壓力。可能有一些外在因素造成這些壓力，可以在特定的宮位與星座中看出來，不過，真正的關鍵不在那裡，而是更深刻的事實，也就是生活總是充滿壓力，遲早我們都需要釋放那些緊繃的能量，否則這些能量就會傷害我們的健康，使人格受到磨損。

　　你來到了一個轉捩點，在輕鬆相位下，這種「壓力閥」相對容易轉開，只要做點小小狂野，讓你血液沸騰的事情，讓你感覺有點危險與衝勁。在困難相位下，公式還是一樣，但是壓力就大了一點，而且釋放這些壓力的代價也高一些。你必須付出一些東西。要做決定、確定要給出什麼的人是你。

✴ 推運火星／本命水星：

　　當火星推運碰觸到你的本命水星時，想像一下，戰爭之神進入了你的嘴巴。祂就坐在你的舌尖上，武裝、危險且充滿意見。讓那個影像與你共處一會兒，你會得到一張或很多張圖像。因為占星事件的意義總是有很多層次，有些對你的靈性成長比較有用。在光譜較低的那一邊，火星／水星組合只是在你的言語中放進很多不需要的髒話；在你身體裡放進很多不必要的神經緊張。在光譜較高的那邊，這個組合是相當強的賦權，為你清晰、有力與權威表達自己的能力，帶來了轉捩點。任何情況，在這個組合之下你會經驗到更快速的機智與尖銳的口才，你對帶刺幽默的品味增加了，你可能會深受模仿、嘲笑或諷刺所吸引。

在內心深處真正的驅動力，是讓熱情回歸你的智力以及你與他人的交流。作為一顆典型所謂的「凶星」，如果我們給它工作做，火星就還不錯。如果讓它無所事事，它就只會給我們找麻煩。在這種情況下，有必要積極展開一些學習或自我表達的計畫。比如研究一些新的占星技術、寫一本書、開一堂課……以上這一切，都是以熱情來表達你自己，如果是困難相位，那就重新界定問題：你需要找到某些可以讓你的智性充滿活力與熱情的事物。在困難相位下特別要小心，你可能會不知不覺中，以超乎你想像的尖銳方式批判並傷害你在意的人。

✴ 推運火星／本命金星：

當推運火星與本命金星形成相位，火熱的熱情與甜蜜的溫柔，這兩張關於愛的古老面貌會翩然共舞，思索著彼此的奇特，嘗試互相適應。任何人只要曾經深深愛過另一個人超過幾個星期以上，就會學到幾個很好的金星藝術：如何優雅地輸個一兩次，如何慷慨而寬容地看待對方，如何放棄不重要的需求、怪癖與爭論。充滿瑕疵且生命有限的人類之間所存在的愛，若沒有這些溫柔的妥協，就無法持久。但是在所有的妥協中，有個陰暗、麻木的面向，美麗地體現在那些可怕的、聽而未聞的話語中：「是的，親愛的。」當火星推運碰觸到金星，你有火山爆發式的強烈需求，要對生命中與你真正在意的人之間做出更發自內心、更當下的接觸。現在是好好攪拌鍋子的時候了。

當這個相位屬於困難相位時，要小心不要用核彈頭去攪拌鍋子，要小心你的自以為是與批判，這些都是火星能量的黑暗面。在較輕鬆的相位下，聚焦在對於嚴重課題真正的更新與探索，不要滿足於簡單的發洩。為什麼在一段關係中，初期會比後期容易維持熱情呢？大部份人都同意，那

可能與初期充滿新鮮感，以及對一段新戀情的發現感有關，當兩人持續往前走，累積的緊繃與挫折就會使關係瓦解。當火星來到金星這裡，是時候該攻擊你現有關係中，那些漸漸腐壞之處了。用來發現新鮮感的新層次以及釋放那些緊繃的工具，並不是溫和的工具，而是火星，是戰爭之神，帶來「討論」。使用火星這個工具，時機正好。

✳ 推運火星／本命木星：

這裡有個小小的心智訓練，好讓你進入推運火星與本命木星相位的氛圍中：想像你是亞歷山大大帝，正在思考小亞細亞或是坐牛知道卡斯特將要盲目行軍進入小大角的山谷。此時有個超乎尋常的機會，你必須抓住這個機會，「懦弱的心永遠無法贏得美少女」。你是否有勇氣要求你想要的東西？你是否夠勇敢？你是否那麼相信你自己？這種短暫的「機會之窗」的配置有個特別的模式。門一開，接著就會立刻緊閉。你要不就是進入這扇門，要不就是沒有進去。這個推運組合可能會影響一段長時間，通常是兩到三年，但是它的特質就是這樣，你一下看到它打開，一下又看不到了。只要猶豫，就會錯過。

在困難相位下，你可能要付出一根手指頭去獲得一隻手臂，顯然是個很不錯的交易，不過，如果你停下來思考過久，機會就會稍縱即逝。特別是在輕鬆相位之下，小心火星／木星交互作用的另一個黑暗面：你可能因為過度擴張與誇大，就會搬石頭砸自己的腳。所以，你要如何才能在紅燈裡分出綠燈呢？關鍵就只在於，知道你真正想要的是什麼。比如，現在有個當電影明星的機會，原則上聽起來很美麗，但是這個機會真的與你的靈魂有關嗎？簡單的講，眾神正在玩弄你的慾望，試著教你如何有效率而正確地說出自己真正所想，忽略那些你被灌輸以為是你想的東西。更進一

步來說，它們想要將這種區別能力深深植入你的內在，於是，做決定的方式就會更像反射動作，而不是思考良久。

✳ 推運火星／本命土星：

　　你進化的勇氣（推運火星）抵達了雲霧繚繞的山腳下（土星）。當客戶帶著這樣的配置來找我時，我總是想像他們完全知道他們接下來需要做什麼，但是他們總是希望我會說，要做的是其他的事情。土星山總是代表著某些很難完成的事情，那些事情通常會使我們感受到理性與非理性的恐懼。在本命占星中，本命盤中土星的位置，象徵人一生中的「偉大工作」，這通常很有用，加上在本命盤上的宮位、星座以及重要相位，會正確標示出挑戰的本質。把土星想成是為了對這個推運事件有更豐富的理解，所設置的舞臺。因為不管「偉大工作」是什麼，現在都是果決、勇往直前去完成那項工作的時候了。就把它想成是冬天前往戰場，特別是如果是困難相位。做這件事情，會讓你感到不安，它會有段時間，摧毀你的平衡與穩定，你的眼睛會瞇得更小，你的臉會更蒼白，你說話會更簡單扼要。

　　算命師通常最怕這種行星組合，這種組合可以讓他們說上很多恐怖故事，那些故事很多都是真的，但是要獲得自由，原則就是「爬山」遠比面對「不爬山」的後果來得容易。

　　儒弱之路的前方是損失、悲傷與不幸。較高的路雖然會讓人精疲力盡，驚恐萬分，但是同時也承諾重新獲得自尊、低調而強大的自信，以及因為累積一些實質成就而獲得的尊嚴。

✳ 推運火星／本命天王星：

變動性是這裡毫無爭議的關鍵字，把火星的火星塞放在天王星煙火工廠附近，一眨眼之間，什麼事情都可能發生。這裡同時有一輛馬車與馬，與諺語不同的是，有個嚴肅的問題：哪一個應該要先來。「馬」，是你在進化之旅中所抵達的一個轉捩點，你必須捍衛你靈魂的真實。時候到了，你要打破一些規則，積極擴展「做自己」的權利。過去，你把太多力量讓渡給許多他人（他們可能是父母、朋友、伴侶或員工），現在你可能必須為了要誠實的活著，奮力作戰。事情做對了，那些人恐怕不會高興。事情做錯了，那你自己就不開心了。其中很可能沒有太多中間地帶。（諺語 Put the cart before the horse，把馬車放在馬的前面，意味著做事情沒有按照正確的順序。馬必須在馬車前面，才能拉動整個馬車前進。現在把馬車放在馬前面就錯了。）

問題是在這個組合下，你可能不只是會贏得比賽的「大熱門」。這個組合帶我們來到了「馬車」，那是克制，以及長遠地來看，真正對你具有最佳利益的地方。不管這個相位是輕鬆或困難，你可能會發現自己現在受到「用核戰來更新都市」的理論所吸引，簡而言之，就是有一種使用太多武力的傾向。

輕鬆相位有利於更勇敢的行動，而且一如既往，你可以更信任你的好運氣。但是底線是有智慧的評估你真正想要的東西，遠離一切從父母、朋友與電視那裡所接收到的社會化程式，然後，大膽開始一個腳踏實地與合理的計畫，去獲得你想要的東西。

✳ 推運火星／本命海王星：

　　當火星推運與海王星形成相位時，充滿了幻象與海市蜃樓。「輕鬆」相位會使人更容易掉入這些幻象中，如今當事人對於不能反悔的承諾會特別猶豫。「事情可不像表面上看起來那樣」，今天熾熱的理想抱負，明天看起來似乎超現實且不恰當，像是一場孩子氣的夢。以標準的火星調性所做的選擇——強烈的慾望——特別令人懷疑。當然，性的吸引力會跳進腦海中，然而我們可能「熱切地渴望」許多事物，只是後來證明這些事物都是虛幻的，風光的事業會有變化，奢華的汽車或其他擁有物，甚至是與各種自封的大師、靈性導師、通靈人以及未來的心理學大師等等的連結，都是虛幻。

　　如果你可以避免用上述任何一種方式浪費火星與海王星的碰觸，那麼以靈性層面來說，你絕對在前段班。更重要的是，你已準備好開始一段非常真實神聖的啓蒙，不過這不適合容易精神錯亂的人。

　　最能夠整合這兩顆行星的原型是**靈性戰士**。此時的重點是，展開心理與靈性敏感度的某些階段會令人恐懼，你內在的「戰士」必須找到勇氣去面對那些恐懼。這些發展會使你迷失方向，充滿瓦解你慣有現實感的形象與能量，可以說是一種「迷幻藥」，不過這個比喻並非狹隘地暗示你會使用藥物或神聖植物。你在進化旅途中來到一個臨界點，你此刻真正渴望的是較高的意識狀態，其他的渴望都只是在追求昇華，因此可能引來幻象。你可以得到它，但它不會滿足你。

✳ 推運火星／本命冥王星：

一個四歲孩子無理取鬧吵著要吃冰淇淋，媽媽警告他：「要說『請』。」孩子挑釁地說：「不要！」，然後媽媽說：「好吧！那你沒冰淇淋吃了。」就虐待兒童來講，這算是相當輕微的程度。

我們大部分人都會同意那個媽媽做得對。但小孩的感覺可不是這樣！那個孩子不只感覺被虐待，也感受到挫敗與被操縱。他憤怒也沒用，因此，他吞下了那種憤怒、恥辱、無力感與徒勞感。而且諷刺的是，他也因此會變得更成熟一點點。我是有點故意舉這麼一個微不足道的例子，重點是我們在長大成人的過程裡，會被「填塞」許多憤怒與熱情。

壓抑的性慾也是其中一部分，我不是狹隘地說某個人在性方面的「焦慮」。我在說的是一個普遍的事實，當我們感覺到那股美好的叛逆慾望時，不需要每次都將這股慾望表達出來！這樣做顯然很聰明，然而，壓抑這股慾望還是會受傷。而且冥王星是地下世界之主，是我們存放所有狂熱慾望之處，我們把它們鎖在那裡，離得遠遠的。

當火星推運到冥王星，那座鎖住慾望的地獄大門，鎖鍊被炸開，熱度上升。若是做對了，那麼這會是個療癒的占星事件，這可是個絕佳機會，可以把你從小（或是從前世，如果前世影像對你有幫助的話）帶在身上的一些傷痛丟掉。那麼該怎麼做？

第一個要掌握的重點是，這個過程只不過是認知的過程，與頓悟或洞見沒什麼關係，至少不是只與它們有關，而是更原始的東西。關鍵在於把那些累積的火直接表達出來：劇烈的身體活動、強烈的情緒、不加掩飾的淚水、敲擊的鼓聲、汗水、狂暴的能量。在困難相位下，過多抗拒可能會

製造出眞實的危險，接下來就是「潰堤」。這個相位肯定有危險的面向，需要你的警惕與合作。你必須特意表達出這些壓抑的尖叫、飢渴與哀嚎的能量。否則，特別是在輕鬆相位下，你會很容易衝動，最後帶來自我毀滅的行動，或者在困難相位下發生意外。

✳ 推運火星／本命中天：

當推運火星碰觸到你的中天時，你的事業如果不是大起就是大落。戰爭之神一點都不喜歡中間地帶，因爲這個行星原型的本質喜歡把我們分成贏家與輸家、勝利者與被征服者、獵人與獵物。你展開了進化之旅，現在來到一個地方，你需要你的「部族」更嚴肅地看待你。通常這個驅動力會顯現在事業或專業相關的領域裡，雖然我們必須更敏銳一點，理解到中天代表的事情不只有「工作」這個項目的事實。中天也與你扮演的**公衆角色**有關，即便是無償的角色。在許多領域裡，你現在已經「成熟」，可以爲更大的社群貢獻智慧與技能。

留在你現在的環境裡，最終會感到空虛，甚至有負你的人格，問題在於你有權去發揮更大的天賦，而你必須爲此而戰。這就需要你的堅定、勇氣與自信。你很可能有敵人或競爭對手，如果是困難相位，你可能會感到有壓力，想要脫離現狀，就像一列火車壓過一管牙膏那樣。在輕鬆相位下，要改善你的公衆角色會比較容易，宣告你的角色也不會太困難，不過，負面的危險則是你很容易會安於現狀，此時只要降低標準，放棄一點點尊嚴，讓自己接受一、兩個小暴君的統治，如果那是你想要的話……

✳ 推運火星／本命上升點：

上升點是你在這個世界裡戴上的面具，那是你的風格，你的社交名

片。是不太認識你的人眼中所見的你（比如雜貨店收銀臺的收銀員，或是你偶爾會見幾次面的朋友的朋友，可能還有一半是你親愛的親戚）。當火星推運碰觸到這個敏感點時，是時候該在你外在的食譜中加點辣椒粉了。可以用以下這個方式來想像一下這個組合給人的感覺：你覺得很無聊，雖然很可能不是客觀事實，但對現在的你而言，無聊卻是有用的「冥想」。你的靈魂渴望把事情攪拌一番，為生活增添一些活力。

想像一下，你在派對上遇到一個很迷人的陌生人，在女主人幫你介紹完離開後，這位陌生人說：「好吧！聊一下你自己。你最近做了什麼讓你覺得很興奮的事情呢？」劇本 A，你說：「嗯……沒做什麼。大概就是我有個晚上又重看了一次鐵達尼號吧！」劇本 B，「你應該問我做了什麼好玩的事情。我剛從加德滿都回來，還碰巧遇到米克・賈格爾（Mick Jagger）。」你必須承認，劇本 B 有點在耍派頭，而這正是你現在應該要做的！在輕鬆相位下，基本上是在召喚你去冒險。在困難相位下會有點像是某種情緒發洩，伴隨著這句話：「我幹嘛要花兩分錢做這件事？」止住這些煞風景的念頭吧！為你的生活添加一些樂趣。

當你年老，兩鬢斑白，你會寧願為你做過的事情後悔，還是為你沒做過的事情後悔？跟自己討論一下吧。

推運中天：你進化的宇宙工作清單

✸ 進化中天／本命太陽：

你謀生的工作與真實的你之間有何關聯？你的「生活型態」表達出多少真實的你？不管你的答案是什麼，這個相位都告訴我們，你的本質與你

在這世界戴的帽子之間需要加強連結。說難聽點，就是你準備好要為了「做自己」而付出代價！當你在社群（推運中天）裡的進化，碰觸到基本身分認同的占星符號——太陽，就會發生這種事情。你的天性與你在這個世界的角色需要整合，必須更加能夠反映彼此，它們必須吸收彼此的力量與觀點，共同締結一段具有產能的結合。

如果兩者之間是困難的相位，那麼在你的職業生活中（或是你在社群中）的角色會與真實的你之間，開始產生強烈的緊張關係。這些痛苦是自我表達的危機：你受困於外在世界給你的任務，像個發條玩具那樣。有時你必須付出，希望你付出的不是你的靈魂！如果是輕鬆相位，那麼危機會比較安靜，情緒上會比較沒有壓力，雖然課題還是一模一樣。你在外在角色的進化中，來到相對比較容易做一些鼓舞人心、給予他人力量的改變。是時候採取專業的行動，宣告你想要什麼，尋求對真實自我的認可，並且得到補償。不要覺得好像你可以訓練一隻猴子來做你的工作！你已經準備好為社群投入更多，別讓機會溜走。你與許許多多的他人都能從中獲益。

✳ 推運中天／本命月亮：

月亮是我們所有人內在的智慧母親，她滋養我們、感知到我們的需要，了解我們的口味與慾望。她超越因果與法則，只在乎我們是否過得好，她了解我們的健康與快樂，受到非理性驅動的部分與理性驅動的部分一樣多。

很難想像有哪個象徵符號會如月亮般在精神上，距離中天這種世俗而外向的調性如此遙遠！事業發展常常是很邏輯、自律的事情，我們的情緒需求在事業裡會被放在第二位。進一步說，社群殘酷而變化莫測，影響著

我們在社群中的地位，根本無暇照顧我們的感受。現在，我們看到你的中天推運碰觸到你的月亮，這可能意味著什麼？

基本上，它會告訴你，你現在正為了你的社會地位或專業地位付出過高的情緒代價。是時候將非理性的月亮需求整合到事業策略裡了。這看起來會像什麼？對某人來說可能是決定不要追逐更大的職位晉升。對另一個人來說，辭去一份收入可觀的工作，去做另一份比較不賺錢的工作，只因為做這份工作感覺比較好，這看起來似乎是個很不理性的選擇。

當然，在困難相位下，這些選擇可能比在輕鬆相位下更痛苦。但是問題是相同的：在你面對眼前的職業選擇時，必須更深入顧及你的靈魂。還有一點要注意：月亮與家庭及家庭導向的問題有深刻的關聯。現在你可能會被要求做出「非理性」的選擇，這可能會有益於以家庭為中心的需要，或者讓你的外在生活與你最親密的人的需要之間，達到更大的和諧。

✴ 推運中天／本命水星：

你有些話要對部族說，你需要被聽見。對你而言發出聲音似乎是對的，還會增強你的力量，也可使周遭的人受益，即便有些人你並不認識。當中天推運與你的本命水星產生相位，你的外在角色與你的思想、哲學及想法產生整合。你可能會發現自己被寫作吸引，甚至只是寫一封信給編輯。通常這段期間，你和媒體會變得緊密，也許會接受採訪，也許會出版一些東西，又或是出現在電視或廣播上，也可能會公開發表談話。

在輕鬆相位下，整個過程感覺起來很自然，幾乎是自動發生。在困難相位下，還是會讓你經歷某些情緒變化，在自我表達的部分，你會在自信上有一些「課題」，或是在你的教育水準上有一些「課題」。你會感覺好

像被迫要去說什麼，結果樹立了一些你不想為敵的敵人。但是現在你真的需要表達自己，這不是來自你自我的驅動力，而是來自更廣大的外在世界。這是一股真實的需要，要將你的聲音拉出來。比你自己更大的力量參與其中，你必須臣服於這個過程，讓這些力量幫助你。

✴ 推運中天／本命金星：

　　並非所有人都胸懷大志或是想要事業成功，然而我們在社群中都有自己的角色要扮演。如果我們自認對文化進程沒做出什麼貢獻，也沒受到注意，內在就會感到空虛。就好像我們只拿取卻不付出，對大部分人來說，這都不是一個舒服的狀態。我們貢獻給社群的禮物，並不需要是什麼大禮，也不需跟名聲有關，但是必須表達出自己的某種價值。你在這方面的角色即將改變，準備好做出更多貢獻，而且會跟你以前用的方式有些許不同。如果成功了，你會獲得感情上的回饋，也可能會有機會改善你的財務狀況。

　　唯一的問題是，你無法靠你自己，在一百萬年內想出你需要的下一步。你需要一些協助，你在玩的不是一整副牌，你少了半副牌。但是至少你周遭還有另一個人處於相同的困境裡。你必須把你們的牌合在一起，你自己的技能必須與另一個陌生而神祕的人的技能整合在一起。你的願景、你的價值、你的才華、你的連結，任何一個單獨存在都是不夠的。所以你要向外發展，現在就去建立夥伴與同盟。在困難相位下，結合這些不同資產可能會比較困難，需要一個可用的計畫。那就去協商吧！你可能單純不像在輕鬆相位下那樣喜歡別人。但重點是，然而「結合」這個字即將發生，在形塑你在公眾面前可見的未來時，會帶給你深刻的影響。

✳ 推運中天／本命火星：

人們陷入權力鬥爭，奮力攀登頂峰，那副景象足以使你對這個世界失望。名聲與權力令人沉醉瘋狂，那些人願意爲了站在可悲的頂端，付出瘋狂的靈性代價，直到後浪來把他們這些前浪推倒。在華盛頓的政治圈是這樣，在商業世界、在任何專業領域，甚至是在「靈性社群」之中，都是這樣。

火星象徵人類的進取精神，與中天有非常清晰的相似性。當你的推運中天碰觸到火星，是時候放棄人類所有的慈愛、良善與觀點，並且「得到你自己的東西」？嗯，是的。差不多是這樣。試著這樣想：在這個世界上，有什麼事情值得你讓自己置身險境？是否有任何信仰值得捍衛？在你的生活中，現在有某些事情正在醞釀，與你爲某個珍視的價值或人起而奮戰有關。這可能涉及某些純粹的利他問題，比如說，你可能會參與某些環保抗爭或是涉及道德的公共問題，你可能會面對某個正在傷天害理的人，你可能會成爲吹哨者。

另一方面，你在此的慾望可能沒有那麼純粹崇高，那也沒關係，只要別墮落到殘酷就好。與他人競爭，並且在身處的環境中尋求改善，是完全合理的。這個相位與創業的熱情很有關係，舉例來說，如果你是一位畫家，這或許是你積極追求讓自己的作品被放在畫廊展示的好時機。在輕鬆相位下，要勇於冒險。在困難相位下可能要保守一點，保留一條逃生通道，否則兩者可能沒什麼太大差別。不管是哪一種，火星總是會讓你有點顫慄，只要確定背後是基於好的理由就好。

✱ 推運中天／本命木星：

當中天推運碰觸到木星，特別是在輕鬆相位下，所有的算命師都希望你是一家公開上市的公司，這樣他們就可以買你公司的股票了。「權力、榮耀、喜悅、財富」是這組預測的總結，彷彿你將要化為黃金一樣。當然，如此美好的預言在實踐中往往會落空。不過這組相位還是有值得一聽的地方，不只是他們自己感覺良好而已。現在肯定有一個或多個機會正在敲門，關鍵是：並不是所有閃閃發亮的都是黃金！這段諺語代表的可能是十萬年來人類在這顆行星上的經驗。現在，讓我們添加更複雜的觀察：黃金確實閃閃發亮啊，感到困惑嗎？嗯，現在困惑可是你負擔不起的奢侈，特別是在中天／木星的輕鬆相位下。

你需要在事業或外在、公開的生活中，採取一些具決定性的、有抱負的行動。要使這些行動成功，你得真的了解自己想要什麼，這真是再簡單不過了。我永遠記得有一次，我和一位什麼都不缺的女人開了一場會議。她對我說：「我有一段美好生活……為了別人而活。」那裡有個陷阱，木星會在你的工作與社交生活中，提供真正的突破與較深的滿足，它同時也提供空虛的浮華與誇大的幻象，在困難相位時，特別要提防誇大的幻象。

在你的外在生活裡，你有時太容易滿足於蠅頭小利了，是時候要求從生活裡獲得更多了，要求晉升，準備好萬一這個要求被拒絕，你就去別的地方找另一份工作！換句話說，對自己的尊嚴與自我價值許下真實的承諾，以此來支持你的要求。偉大的神——木星喜歡那樣的態度，也會因此給你獎賞。記住，這個相位不只關乎事業，你也可能因為搬家獲得比較好的鄰居，或是買下一輛車，甚至是去度假。讓你不認識的人可以看到你所做的任何事情，那就是中天的領域，此時也去做一些改善吧！

✴ 推運中天／本命土星：

在滿口厄運的悲觀占星師眼中，也許土星聲譽不佳，不過可別被騙了，當推運中天碰觸到土星，你的事業可能會發生令人滿意、正向的發展。它真的會發生，只要努力去實現。當然，關鍵是你要努力工作。不好意思，沒有別的方法。在土星之下，你不會有任何幸運，不是好，也不是壞，就是零而已。你怎麼栽，就會怎麼收穫。說得更深入一點，這個相位代表你現在的專業環境已經過時，對於像你這樣水準成熟的人來說已經不適合了。所謂的「成熟」並非是指你的實際年紀這麼狹隘，雖然也可能有關。更重要的是，你可以給出更多，比你現在環境允許你給的還要多。那就像是霍羅華茲（Horowitz，俄裔美國鋼琴家，曾獲二十四座葛萊美獎）必須彈奏湯匙一樣。離開那個困境的唯一方法，就是一步一步地越過那座山。

在困難相位下，你會覺得這些煞風景的占星師們所做的惡意預測相當準確，不過，請看深一點，那是個連一分鐘都不該忍受下去的環境，你正從那個環境裡被擠出來。在輕鬆相位下，要特別小心自滿。你需要改變，但是表面上狀況並沒有那麼慘。舉例來說，一個心理治療師也許開業很成功。當中天推運與他的土星形成六分相的時候，他需要把工作推向新的方向，也許他需要更多教育，也許他需要搬到另一個更前衛的城市。這些都是內在的壓力，但是如果無法實踐，那麼他一開始會先感覺到無聊，然後感到徹底倦怠。現在，努力是唯一的答案，而且是優秀且令人滿意的答案。

✴ 推運中天／本命天王星：

　　很可能在我們的經驗中，沒有任何地方比我們公開、外在的生活，承受更多必須按照傳統做事的壓力了。我們全部都代表著各種「部落類型」，而且輕易就會被遠方那些素未謀面的人將我們做分類。別被騙了，我們這些「不正常」的人不會被排除在外。你不需要「正常」的受部落控制，你可以把乏味的傳統，當作是踩在滑板上身體穿洞的龐克，或是被認證、典範轉換、量子跳躍、吃有機蔬菜的新時代媒體大師！

　　在這裡，對人類表達些許同情是適當的，我們是社會性的動物，我們傳承文化，受到文化的強化，也被文化扭曲。當推運中天碰觸到天王星時，是時候去突破文化給我們的訓練了。對於你外在的、公開的自己，你準備好要個體化了。要是做對了，你就真的麻煩大了。是的，你的閱讀理解沒錯。無論何時，當我們強力回應天王星能量時，我們就會惹惱過往在生活中獲得我們的允許而有權力批判我們的人。

　　這是真正的關鍵，在你的生活風格中，或許在你的專業中，你準備要來個急轉彎，擺脫那些過去塑造並穩定你整個人生的傳統壓力。這是令人興奮的事情，特別是在困難相位下，你會稍微注意到自己可能有點反應過度，或是做一些沒必要的極端行為，不過，不要花太多力氣注意這些警示，那會使你錯過此刻需要去處理的需求。

　　天知道，當你沒注意到自己的過度行為時，身邊人會不斷提醒你要「小心」！最後一個提示：文化所擁有最陰險的奴役工具，就是暗示你，如果你走這條天王星之路，你就再也不「酷」了。並不是每個人都會使用那個字，但是當你感覺別人收回對你的尊重正在形成影響力的時候，你就

會知道，你正在面對眞實的那一刻，這就是天王星式的開始。

✴ 推運中天／本命海王星：

就表面上來看，很少有兩個占星符號像中天與海王星這樣對彼此這麼陌生。一方面，我們擁有我們的社會人格：我們的工作、我們的聲望、我們在這個世界的位置，以及我們那愚蠢的地位問題。另一方面，我們擁有神祕而超然的敏感度，我們對所有世俗榮耀產生的那股一切轉瞬成空的感受。算命仙們對中天與海王星的交互作用，傾向於描繪出一幅模糊的景象。這些算命仙之中，其中一部分會預測，這段期間，我們的外在生活會漂泊而疲倦，你會有一段時間根本「不在乎」事業。

另一部分的算命仙會預言你即將犯下大錯，你在事業或生活方式上會掉入某種宏偉幻象的陷阱裡，事實上，這比較可能是困難相位的災難。第三種派別的算命仙可能稍微樂觀一點，但還是有點太過片面，他會說，在這段期間，你將會成爲某種偉大靈性老師，就我的經驗來講，用這種方式來思考的話，可能是成爲「宏偉幻象」思想學校的海報人物最快的途徑了！所以到底實際上會發生什麼事？

總之，你需要一個**願景**。在你的外在生活裡，在你的事業生命裡，你現在一點線索都沒有。以物質的觀點來看，也許一切運作好得不得了，但是你沒有靈感，你完全不知道下一步要做什麼。這種謙卑的觀點是很重要的洞見。你需要從戰場上撤退下來一陣子，爬上山巔，然後思考或祈禱。向神祈求一個願景，給你一個神諭，但是不要太快就去執行你認爲的偉大點子。將整個海王星時期當作是一段休閒期，收集靈感，以單純的信念去鍛鍊。還有一個提點：將每個「絕佳的財務機會」視爲感染可怕病毒的邀約。

✴ 推運中天／本命冥王星：

當推運中天碰觸到你本命冥王星時，那是一種召喚，召喚我們去參與兩種正向的事件：可能是聲稱自己擁有某種重要的世俗力量，也可能是心理治療。這是汽車保險桿的貼紙，不過，它讓我們有了一個成功的開始。透過冥王星的鏡頭去看，人類是一種好鬥、好勝且經常背信忘義的種族。看看都是些什麼人統治這個世界？人類喜歡權力！這些人受到對權力的熱愛所激勵，他們執著於權力，甚至超過理智、家庭、和平與和諧，現在，你如何描述這些人的心智健康狀況？對我們大多數人來說，這是一個反問句。而這個問題的答案，至少從憤世嫉俗的觀點，解釋了世界歷史的主要內容。

但是就像大部分的單一觀點會誤導我們一樣，憤世嫉俗也會誤導我們。這個世界充滿了正派、有愛心的人，以及他們承諾要改變人類的故事。有些人是敬業的老師，有些人則是不同領域的社運份子，即使其中有些意見我們不贊同。環保主義者試圖防止我們自殺，藝術家致力於他們的作品。當中天推運碰觸到冥王星，有人邀請你加入當紅樂團，你可能會永久加入，也可能只是在這段相位期間。

你可能會立刻答應，當這陣共時性大浪打在你的沙灘上時，你當然會接收到許多機會。但是也許那個想法會讓你感到非常害怕，怕到你甚至無法去感覺，於是，帶我們來到第二個冥王星事件：「心理治療」。我用引號標註起來，是因為這個字不是那個狹隘的意思，它的意思是「靈魂療癒」。我們不是非要付錢找一個專家來幫我們完成這個過程，雖然如果能找到對的人，你很可能從中獲得極大的支持。不過，重點是，不管是什麼羞辱了你、在部族之中奪走你自己的力量，奪走你自己發聲的合法性，不

管是什麼拿走了你內在的獅子，並把獅子轉變成被動的老鼠，這一切現在都處於發展的壓力之下。如果此時此地有某種足以阻止你成就一番大事的惡意存在，冥界之主要你看著這個惡意，療癒它，然後繼續這份重要的工作，使我們免於集體意識的影響。

✳ 推運中天／本命中天：

如果我們聚焦在主要相位（托勒密相位），那麼這裡的年代就很簡單：我們所有人出生時，都是在中天／中天合相之下，大約在六十歲時，會遇到六分相，在九十歲時遇到四分相。如果我們遇到三分相，那就代表我們有認真吃健康食品，因為我們即將一百二十歲了。很明顯，中年後期的六分相，是最普遍的組合，我們會專注在六分相。它剛好與主要的生命劇本里程碑很接近，也就是我們在本書先前討論過的，第二次土星回歸。本質上，是我們開始進入老年生活的時刻，這個中天的相位，會在土星回歸的轉化加上一點點調味料，會強化對部族的靈魂盡一些責任的驅動力。

真正的老人彌足珍貴，我們都知道這個事實，我們本能上會被這樣的人吸引。所有關於我們該如何「敬老尊賢」的鬼扯幾乎都出於失敗者的抱怨，那些人只是變老而已，他們根本沒有太多靈性成就。面對一位真正的老者，我們大部分人都會卸下武裝。這樣的人觸發了我們內在的原型反應，我們會很自然地渴望他的建議。那就是六分相的感覺，意味著輕易地流動，有某種急迫的興奮與刺激。「年輕」的老人剛剛出道，現在開始感受到年輕人對他們的某種尊敬，更重要的是，這些年輕人似乎相當期待。他們必須優雅地，且只有收到請求時，才去分享他們在這個世界裡，經驗到的那些歲月果實。在光譜較黑暗的那一端，在那些失敗的老人之間，我們現在會開始看到悲傷、古老的景象：無休止地主動提供建議、謾罵反對

現代文化，以及急迫地反芻那些未經審視的人生中尚未消化完的回憶。

✳ 推運中天／本命上升點：

出生星盤的幾何形狀，指出我們出生的時候，推運中天會慢慢接近我們的本命上升點。我們可以確定的說，中天與上升點之間的精確角度，每張圖都不一樣，只有很少人的圖是精準的九十度。某些時候，我們會經驗到這兩點之間形成六分相，然後，或許（沒有絕對的順序）還有合相與四分相。有些居住在高緯度的人，甚至可能在他們遇到六分相之前，就經驗到推運合相。不管是哪一種狀況，這裡有兩個因子碰在一起了：你在這個世界的外在角色與你的個人風格。

關於事業，現在是時候去投資那些最能展現你自己的風格與人格的事業，這類行動會使你得到獎賞，使你在專業滿意度、你的聲望、可能還有在財務上都會獲得改善。當然，一如往常，成功比較容易在六分相或合相之下來到，四分相就會困難一點。當然，即使是四分相，也是在召喚你採取行動：就是現在，更加強調內在的壓力與採取行動的純粹需要上。不管是哪一種狀況，關鍵在於要在你的人格上投資更多——你的價值、品味與意見——以形塑你在這個世界裡外在角色的氛圍。

推運上升點：你的進化風格

✳ 推運上升點／本命太陽：

穿上你最爛的那條牛仔褲跟廉價 T 恤，你走進一家時尚名店，看看會怎樣被冷落。現在，好好打扮一番，突然間，那些售貨員都變成禮儀學校

的優秀畢業生。大部分人在進入這個世界的第一個十年時就會明白這一點。然後，有些人就會故意打扮成這種風格或另一種風格，洋洋得意地看待自己所得到的反應。我們有些人會享受在兩種風格間轉換，觀察衣著打扮的哪些細節會讓周圍人士的態度與行為有哪些極端的改變。外在風格會開啟人們的開關，毫無疑問。任何風格都屬於推運上升點的管控範圍，這個範圍大於一條牛仔褲。

另一方面，太陽則深刻的多，接近於你真實面貌的核心。當推運上升點碰觸到你的本命太陽時，就是你的風格要開始進化的時刻了。你送進社交世界的這個訊號，至少就你的靈性進化目的而言，會受到誤導並且得到反效果。如果是困難相位，那麼你可能會在社交上感到不自在，覺得窘迫。如果是輕鬆相位，那麼問題會比較細微，也比較沒有壓力。

不管困難還是輕鬆，你只是沒有用對的方式去經歷對的經驗，或是與對的人在一起而已。這個問題確實嚴重，但是我們可以說這是表面上的問題，也就是說，只是在外表上的問題。外表必須改變！試著去注意自己說話的習慣、手勢，以及你穿衣打扮的風格，這一切都已經無法反映出你的價值或是你的投射了。任何透過錄影、錄音去觀察自己的機會，在此刻都很珍貴，雖然會有點痛苦（困難相位）或是感覺赤裸（輕鬆相位）。困難的內在改變工作已經完成了，現在所發生的一切，只是需要你的外表跟上而已。

✳ 推運上升點／本命月亮：

也許你有個這種朋友，經過多年心理治療，變得「心理正確」。你小心過濾話語中的每一個窺探，確保其中沒有任何一丁點相互依存或個人的

權力剝奪，不是父權式的性別歧視，不是單一的「應該」或「必須」，沒有任何事物遭到略過、討論或修正。像這樣以「與你的感受連結」為名，許多人類自然而然的表達能力（許多真正的月亮能量）都被壓抑了。與一個充滿了靈性的愛與寬容的人，一起睡個五到十年，你會開始感受到那個人的月亮，這是你跟一個好戰的朋友在一起，絕對感受不到的部分。占星上的月亮處在如此親密的地方，我們會將月亮隱藏在最裡面，直到對另一個人感覺很舒服、本能上感到可以信任，才會袒露出來。

　　月亮是保存你的幻想、奇思妙想以及你所有莫名其妙的感受之處。揭露這些很危險，可能會讓你受傷。另一方面，如果月亮一直在被完美保護著的狀態下，你會覺得非常寂寞。當推運上升點碰觸到你的月亮，就是將你內在深處的柔軟與真實，整合更多一點到你外在風格裡的時刻了。起碼你在情感上將會變得孤立，那是你隨後會感到心情低落的主因。這類的心情低落，通常困難相位會比輕鬆相位造成的風暴更強，也更難以預測。不管形成的是什麼相位，現在，多點異想天開的想法會有幫助，也具有療癒效果。多說一點「我覺得……」。找一些可以溫暖你的新事物，那些可以帶出你內在溫柔的事物，像是領養一隻貓、生個小孩、拜訪親愛的老靈魂朋友。要做的是去哭、去笑、去談心、去創造。

✳ 推運上升點／本命水星：

　　好的想法以及用正確的語詞把想法表達出來，這是兩個不同的現實。有多少次你看到有人談話空洞，或者就只是講話大聲且咄咄逼人而已，這些人只不過是沒有口才，才使他們的好想法無法被人看到嗎？如果你的推運上升點碰觸到你的本命水星，並且形成困難相位，那麼你會在表達想法這方面遇到巨大的發展壓力，你覺得「被噤聲」，但願你此刻已經想好怎

麼處理這個壓力了。

　　如果形成的是輕鬆相位，感覺會比較像是順流的進化。你會發現你自然聲音裡的真實力量與聲調。不管是困難或輕鬆，你會在你說話時學習，當然，那種「在我還沒開口說出來之前，我從來都不知道自己知道」的現象，此時在你身上很常見。不管是輕鬆還是困難相位，這裡真正要強調的重點不在於學習，而在於表達你已經知道的東西。

　　如果你最駕輕就熟的天份是寫作，那麼現在就重用這個天份吧，或許宇宙也會以實質的方式要求你寫作。人們會請你在紙上寫些東西，也可能會出現吸引人的寫作課，或是需要寫信給朋友或編輯……表達的慾望會在你體內爆發出來。你會發現你有了一臺新電腦，或是一支誘人的新筆、桌子、辦公室或電子郵件程式！書可能也會在你此刻的經驗裡扮演直接啟發的角色。就好像神／女神們透過印刷的文字在引導你。水星時期也常常帶來心智的擴張，帶來旅行與「教育」的機會，所謂的教育不只是學校的正式教育，也可以指工作坊、豐富的對話，以及努力自學。

✴ 推運上升點／本命金星：

　　有時我們會以為自己遇到了真正的朋友或是可能發展成情侶關係的人，但卻什麼都沒發生，是真的什麼都沒有。沒有人呼喚任何人，我們永遠都不會再看到對方，生命充滿了這類錯過的關係。算算一天有幾小時，就知道最好算了吧，因為有誰會有那麼多時間去跟所有人往來呢？但當推運上升點觸發你的金星時，就趕快把時間騰出來吧！占星對我們與靈魂伴侶相遇的時機點很敏感（靈魂伴侶是在我們進化之旅中，很重要的媒介），這些相位是整體系統裡最有威力的指標，關鍵在於你必須採取主動，這是上升點的本質，球在你的場子上。

　　在困難相位下，環境會可怕得多，在你與必須連結的人之間存在著許多障礙，比如距離、其他的關係、現有的責任與態度。若是和諧相位，流動就會容易多了，但是就像每次遇到「好」相位會發生的狀況，你可能會更輕易地讓機會從指縫間溜走。共時性拍打著海岸，你的「進化風格」會有一部分去擁抱更多「金星式」品質，簡言之，就是會變得更有吸引力。這個吸引力會在身體上展現出來，是實質上的「吸引力」，而不是華美雜誌上的那種吸引力。你會發現你覺得自己更加溫暖友善，在社交上感到更自在，對他人更感興趣。這一切都只是你的身心靈系統在對靈魂伴侶說：「嘿！我在這裡，看看我吧！」

✳ 推運上升點／本命火星：

　　人生某些時候就是會來到「不戰鬥就會死」的時刻。如果不夠兇猛，如果你拒絕捍衛自己與你的權利界限，你就會受傷。或者被吃乾抹淨、被利用，或是被坑。難道沒有正義與公平嗎？良善呢？寬恕呢？揚升呢？這些都有各自的時間點，戰神也有自己的時間點，當你的上升點推運與火星形成相位時，衝突的時間點如今來到你的面前。所以，要果決，在你靈魂的進化之旅中，你正面對一個重要的轉捩點。有個剋星就站在你與可能等待著你的豐富經驗之間，那個剋星也許會採取人類的形式，但在現實裡，惡魔就是恐懼本身。是時候要與內在的騷動作戰了！目標很簡單，就是獲勝。

　　這個聲明比表面上看起來更加深刻。如果你的天性本來就熱情而強勢，那要小心別太過頭，不要陷入憤怒之中，破壞也不要超過所需範圍。如果你是個溫和的生物，要確定你敲打軍刀的聲音要大到足以確保你會得到所需。再次提醒：目標只是贏，不多不少。在困難相位之下，這場戰鬥來到你面前，你不能逃避，除非完全投降。在輕鬆相位之下，你可能真的

需要去解決這個問題：舊的「休戰」已經沒有用了。因爲上升點與你外在風格有關，你現在已經進化到一個地步，你不但需要看起來更強大，還要真的變強，很矛盾地，這種品質可以減少此相位可能帶來的不愉快，原因很簡單，那就是一個看起來很危險的人會比看起來好欺負的人更不會遭受攻擊。因此，帶著堅定的眼神，直接提出你的要求。再給個提示：此處的最佳策略就是確保身體強壯良好。否則，當你感到軟弱與遲緩時，就很難吼出聲音，讓人感到威脅。

✳ 推運上升點／本命木星：

　　兩個人公平競爭，爭取同一份工作。第一個人小心翼翼，不過度展現技能或能耐，以免顯得自以爲是或傲慢自大，而且特別注意不要給人一種咄咄逼人的感覺。第二個人舉止合宜有禮，展現出來的自信超乎他對這份工作眞正的感受。他也在「面試」著面試官，試探性地詢問有關這個職位的缺點，也暗示自己對這個職位有興趣，表現得非常完美。誰會得到這份工作呢？十之八九是第二個人。對自己有自信，會使他人也對你產生信任，就像這句歌詞：「當你落魄時，沒人想認識你。」甚或你只是看起來落魄而已，就不會有人信任你了。當你的推運上升點與本命木星產生交互作用，你的外在行爲需要大器、自信一點，甚至要有點「好萊塢」那種誇張感。讓別人知道你有能力處理非常狀況。在你的風格裡加上一點點「健康的大將之風」。

　　在這裡，算命仙可能會預言你有「好運」，特別是如果遇到輕鬆相位的話。快樂的預言可能絕對是眞的，但若要在生活中觸發這份「幸運」，你需要在你行走這個世界所戴的面具上，加上多一點風釆。你必須看起來像是會遇到幸運的人。所以，花點小錢提升你的外貌與生活風格吧。活得

稍微闊氣一點，不過還是要小心，因爲木星的黑暗面是過度擴張。問題不在於你太咄咄逼人，而是你要求的東西不對。要求浮華而非實質，要求表面而非現實。在困難相位之下，會有更大的危險嗎？就我的經驗是不會，在困難相位之下，就只是比輕鬆相位更難獲得你追求的東西而已，不管你是否需要那樣東西。

✳ 推運上升點／本命土星：

我們對衰老過程的集體恐懼推動了大量行業的發展。但是對大部分人來說，無論我們花多少功夫來掩飾自己的年齡，大多數人只要一瞥就可以合理準確地猜出我們的年齡。害怕成熟的過程根本沒用，因爲該發生的就是會發生。而且變老也有一些令人愉快的層面，即使新聞報導沒有在這方面著墨太多。一方面，被更認眞對待是件好事，當推運上升點與你的本命土星形成相位，是時候盡可能優雅地將歲月融入你的外表了。

在這個領域做得好的人，常常發現他們會翻遍衣櫃，跳過那些比較「時髦」的衣服。這件事本身沒甚麼大不了，重要的是這個過程的象徵。你準備好向這個世界宣告，不是宣告你的年紀，而是宣告你的成熟度。你正在爭取受到更認眞的對待。於是你該這麼做：如果你看起來比你目前的習慣與風格所要求的更加實在、更有能力、更有責任感，即更「土星」時，那麼就會有一扇命運之門爲你而開。這並非不滿意你過去的特質，只是對你即將成爲的樣子做場令人印象深刻的預演。

在困難相位下，你可能會發現，要跨越這座橋必須付出社交代價，因爲有些人無法與你一起跨越這座橋，或是無法在跨越的過程裡支持你。如果你需要他們，可能會有人尖銳地提醒你，你正處在年紀週期的什麼位置。比如說，你以爲你正在跟某個人調情，結果那個人稱呼你「叔叔」或

「阿姨」。在輕鬆相位下，這個過程自然且比較流暢，可能甚至不太會注意到，直到你某天照鏡子才發現。不管是哪一種狀況，就像典型的土星，你可能會面對一座你生命中必須攀爬的山，攀爬本身就充滿了魔力，會使你進入更深、更有智慧的狀態。

✴ 推運上升點／本命天王星：

你的生活方式即將來個急轉彎，從慣常走的小路轉向「未曾踏上的道路」。然後，當你發現這條路上擠滿了時髦人士，打著某一面陳腔濫調的旗幟，焦慮的鼓勵自己。你會再轉個彎，旋轉兩次，把他們甩開，轉進一條前無古人後無來者的路。宣告做你自己的權利，就像傑夫・格林（Jeff Green）優雅地說：「免於已知的自由」。「已知」在這裡的定義是，傳統的人視為「顯而易見的常識」的一切事物，所有他們認為如何做一個心智正常、成功、「普通」人的所有配方。你只是在靈性旅程中來到一個轉捩點，你必須收集某些經驗，這些經驗是在這些蒼白的典型人類軌跡之外。換句話說，你需要「走在野地」。

太多人勾住了你，用他們的認可與不認可、他們的微笑與不屑來操縱你。特別是困難相位，聲稱你的靈魂自由要付出相當大的代價，這些人會要你付出自由的代價，直到最後一分一毫，這依舊是一場討價還價。在輕鬆相位下，這個過程會「比較幸運」，簡單來說，你離開時身上的錢比較多。當推運上升點碰觸到天王星時，就連你的外表都會反映出脫離社會約束的感覺，比如普通先生戴了耳環，嬉皮先生買了三件式西裝。這兩種形象很重要！理解天王星時，有個最容易犯的錯誤，就是總是把它想像成變得更加「另類」。然而，真正的智慧則是掌握住你一直以來試圖給人留下什麼樣深刻的印象，然後把這個力量收回來。

✵ 推運上升點／本命海王星：

當推運上升點與本命海王星形成相位，兩個截然不同的象徵共舞。上升點與你的外表、風格、面對世界所戴的面具有關。對海王星來講，最有意義的焦點永遠都是在永恆時刻，聚焦在靈魂，而不只是在「外表」而已。這個相位的互動中，非常有可能感到疲倦。海王星會讓你充滿「沒什麼重要」或是「那也會過去」的感覺。不管形成什麼相位，都會存在著陷入困境的危險，最好的狀況是處於一切都不具意義的狀態中，最糟的則是涉入某種嚴重的道德妥協，而且這類的麻煩反而比較多發生在輕鬆相位下。那此時需要做什麼？要如何正向而意識清明地引導這股能量？

關鍵在於，上升點永遠與某種你在這世上所做的獨特、果決的選擇有關。當海王星與上升點交會，採取某種顯而易見的靈性行動的時刻到了。因此，加入教會，參加瑜伽課或冥想課，繼續一場靈境追尋，投入榮格分析，嚴肅的承諾要研究演化占星。重點在於這個行動必須是看得到的。必須具體顯化出你內在的靈性，透過蒐集相關經驗、教導與人際關係，豐富你的旅程。對抗倦怠與夢幻吧，這是個神奇時刻，只要你保持清醒！

✵ 推運上升點／本命冥王星：

百分之九十九的社交都是很表面的，大部分都很強調互相娛樂、面子與避免衝突。任何一個對這種膚淺，露出強烈「態度」的人，肯定是一個可怕的晚餐夥伴。有些時候，所有的機智與魅力，所有躲避生命黑暗面的絕佳技巧，會開始讓人感到厭煩。於是，我們有時必須與生活中某些特定的人交流強烈而赤裸的情緒。有時候，有些重要的話需要說出來。現在，你絕對處在這種時刻。

　　這是一個很難處理的過渡期，從支持自我的社交閒聊，轉移到有時候會粉碎自我的現實，這一定要有一雙巧手才能處理。當推運上升點與本命的冥王星形成相位，是時候該加深你對這些策略的理解程度了。重點在於，不只是產生洞見，更重要的是有效率地表達洞見。你被要求將冥王星的深度整合到社交人格裡。注意，特別是在困難相位之下，要小心不要太用力、太唐突。你可能出於好心而讓眞相脫口而出，但卻導致災難性的結果，一發不可收拾。

　　在輕鬆相位下，危險則在相反的方向，嚴肅的眞相可能因爲說的太順了，導致你的聽眾左耳進右耳出。如果別人回答：「我從來都沒聽你說過啊！」那麼「我跟你說過了！」這句話就沒什麼意義，在柔和相位下，也比較容易對自己說謊。不管是什麼相位，你現在可能感受到比較大的壓力，會出現一些狀況與問題，使你需要採取更直接的表達風格。當這陣共時性浪潮打進生活時，選擇「我不想談這件事情」路線會使你更艱難。否認變得站不住腳，讓人一眼看穿，淺薄的禮貌讓人無法忍受。所以要抓準時機，說出你所看到的。

✳ 推運上升點／本命中天：

　　我們大部分人在這個世界都有某種任務，按照經驗法則，工作時的我，以及星期六晚上與好朋友在一起的我，是兩種截然不同的生物。這是很自然的，我們在工作上接觸的人並不需要了解我們私底下是什麼樣子。你不會在乎那個來幫你修冰箱的人喜歡什麼電視節目或是他性生活的狀況。你的心理治療師，大概不會把他的政治觀點摻雜進你的諮商時間裡。大部分的時候，我們的「專業」自我，最好是我們眞實樣貌經過編輯、修改、精簡化的版本。但是那不是推運上升進入中天時會發生的事情，在這

個組合中，我們需要在我們的工作與我們的人格之間創造更多連結。在輕鬆的相位下，就會有很多機會去那樣做，只要成功就會有很多好處。

舉個例子來說，我們可能會發現出現了一個人，給我們帶來成為零售商店採購的機會。突然之間，他自己個人的品味與判斷，在庫存上留下了標記，線在倉庫裡的貨品，開始賣得比之前的貨品好，然後，他得到加薪……除非他昏睡錯過了這個機會。在困難相位下，在你的真實本質即將成為的樣子與你期待公開或專業扮演的角色之間，你可能會經驗到痛苦的衝突。有時你必須付出，如果是為那份帶來機會的工作付出，那就更好了。

✳ 推運上升點／本命上升點：

很自然的，這兩個點之間可能存在的相位，範圍有限。我們出生的時候肯定都是合相。然後就要看上升點移動的速度有多快，以及我們活多久了。我們大部分人會經驗到的主要相位是六分相。有很多人會有四分相，少數人會有三分相。無論如何，我們正在看的是兩個非常相關的因子，訣竅是把兩者的意義分開來看。本命上升點代表著你對你四周的人所自然展現出來的自己，稱之為你的風格或你的振動。推運上升點也是一樣，只是我們要在風格或振動前面加上「進化」這兩個字。你外在的展現，會隨時間變化。

在推運與本命上升點之間的任何相位，關鍵在於讓它們彼此調頻。在六分相或是較少見的三分相之下相對容易。那是「進入你自己」的感覺。在生命的這個階段，無論是社會或人格方面，你的感受都會比以前更有自信。如果你可以避免落入變得更油腔滑調的陷阱，那麼這會是個很棒的發展——就像成熟過程中的某一個發薪日。在四分相之下，在你已經成為的

樣子與你想像別人眼中的你之間，會有緊繃張力存在……後者通常與本命
上升點比較有關。在這種時候，你需要某個你信任的人在你面前拿著鏡
子，而且你得有勇氣去照鏡子，需要恩典去學習與成長，即便你已經成熟
了！

第四部

綜合
分析

第十一章

整合

　　想偷看前面？那就回去看吧！沒有前面十章在你背後支撐你，我們即將進入的區域，就會像霧氣濛濛的萬聖節夜晚，也像在月黑風高而且還有鱷魚出沒的沼澤。你當然會迷路，還會在流沙裡奮力掙扎爬不出來。我們即將開始使用預測占星這套語言來說話，要說，就需要詞彙。這就是這本書前面四個部分的目的：詞彙課程。現在，我們準備要開始完成句子了，把我們在預測占星所學的一切，按照有順序的系統全部放在一起。

　　回頭想想，你人生最後一次真的很單純是什麼時候？如果你像我們大部分人一樣，你將會需要非常多的思考。即使是在天真的孩童時期，每天還是會有新的挑戰與不確定性。然後，我們長大成人，被成千上萬的衝動、矛盾的思想、輾壓而來的責任壓力、被譏笑的危險、受騙於神、性愛、文章或錢，被這一切拉扯，通常被拉成薄薄一片，就像難民的麵包皮上的奶油。這些觀察會帶領我們成為我們所有占星預測的基本觀點。

　　我們實際經驗的現實人生很複雜，很清楚顯示出，簡單、確定的占星預測幾乎一定是錯的。

「看來你明年會過得很好喔！只會發生好事。」如果有人為你做這樣的預測，享受它，但別相信它。同樣的，如果有人看著你的出生星盤，然後緊張喘氣，要警覺，但絕對不要失望。我們再回頭來想：你上次發生某些可怕的事情，使你無法轉念，連生出一點點力量、智慧與同情都無法，是什麼時候？上次擁有完美的一年，遠離任何壓力或衝突是什麼時候？人生不會像那樣，如果占星要作為人生正確的象徵，那麼它也不可能畫出那麼單純的圖象。

你的王牌

海王星老師，土星騙徒。其中一個被水星的快速行運經過上升點觸發，另一個一個星期後被金星行運點燃。推運太陽開始要與本命的天王星形成四分相。推運月亮從牡羊座在第三宮將要轉進金牛座。推運水星、金星、火星。所有的行運、生命劇本、基礎預測、強力回應或虛弱回應。在意義層次上的發展、在情感或心理層次上的發展。可能的行動路線。在《變幻的天空》中對推運水星的解讀，與丹・魯海爾（Dane Rudhyar）或麗茲・格林（Liz Greene）或羅伯特・漢德（Robert Hand）或其他占星作家說的有什麼不同？這就足以讓你頭痛了。

先別去拿阿斯匹靈。預測占星是很狡猾，但是沒有前面段落或前面章節說的那麼狡猾。你手上有王牌，從行運與推運的技術細節裡，列出我們已經吸收且需要但令人困惑的部分，然後，王牌就會跳出來。真正重要的預測因子，移動得如此緩慢，它們大部分時間都在觸發點之間移動，沒有碰觸到觸發點，可以安全地忽略掉。

　　意思就是，在實務上，不管在哪個時間點，你的解讀工作要專注在三到四個主要的配置上。學著把那些主要配置挑出來，那麼你就已經掌握一半的預測占星了。

　　有一些主要的占星轉捩點，掌管著一個人人生的每個十年。將焦點限制在這些重要的轉變期，預測占星師就會獲得清明的觀點。

　　接下來這一章的目標，是要在你使用預測占星時，幫助你策略性地思考。每個狀況都不一樣，但是有很多指引與原則會協助你建立解讀的優先順序。

　　在我們往下詳細說明前，有一些好消息要給你。你手上有王牌，就像我們前面看到的。但是不只是這樣。

祕密王牌

　　太多占星師都沒有打出這第二張王牌，為此付出的代價就是解讀變得很枯燥、很抽象。你的祕密王牌就是你自己的**人性**。讓象徵符號觸動你，不要只是了解這些符號，你必須去感覺它們。怎麼感覺？這並不難，不要讓不熟悉的語言愚弄你，在語言薄紗之後，隱藏著平凡、日常生活經驗中無窮的神祕世界。當你談著金星的推運，要記起上次你放下了一個珍藏已久的浪漫理想，允許自己有空間，以一種更新、更深刻且更豐盛的方式去愛一個人時，你的感受是什麼？這才是真正的金星。

　　你擁有的最佳占星圖書館就在你的腦袋和你的心裡。圖書館書架上存

放著的是你的回憶、你的經驗、你的喜悅以及你的心碎。圖書館唯一的麻煩就是，所有的書都是用錯誤的語言寫成的。要用這張祕密王牌，就必須把這些書翻譯成占星的語言。為什麼要這麼麻煩？因為在翻譯這些經驗時，你會釐清這些經驗，以人類所發明的語言中最精準的情緒語言來表達。

直覺？我們在說的是直覺嗎？是的。可別把這個字解釋成什麼來自其他世界的空想。像是木匠下意識就知道這根鐵釘是否可以承受住加諸在它身上的重量。心理治療師有一種感覺，父親的課題將主宰他與個案間的工作。這些直覺來自哪裡？純粹基於經驗嗎？它是某種神祕通靈功能？又或是經驗加上通靈？不管它是什麼，這「某種東西」就是你在預測占星時的祕密王牌。

你沒辦法只用智力去做解讀，好好認識一下老師與騙徒，全部吸收之後再學習解讀的策略。然後，聆聽你的心，把它對你所說的話說出來。

策略概要

在占星解讀中，許多學派都有許多聰明、敏感的人，占據了光譜上的每個波長。就像你跟你的叔叔以及其他每個人一樣，我個人也只會透過我自己的眼睛來看這個世界。我想要這本書有用，我想要這本書能夠成為預測占星的實用指南。為了達成這個目標，我寫下了在自己實務經驗中持續有效與可靠的一套策略與技術。如果你是初學者，我建議你先完全依照這些策略，它們也許對你來講並非完美策略，但是會省下你不少時間，讓你

不用像隻魚一樣在水面跳上跳下。我自己剛開始想弄懂占星這玩意時看起來就是這樣。

即便你是個經驗老到的占星師，自有一套清楚的想法，我認為你還是可以從這一章剩餘的篇幅學到一些東西。我也可能可以從你那裡學到一些事情。

讓我把我的牌攤開在桌上：我偏好秩序，會以有秩序且有系統的方式來做解讀。（但是我知道有些非常混亂的占星師，似乎也獲致很好的結果。）我偏好於找出危機與壓力時期，作為個人成長的重要時期。（但是我看過有人沒有在腎上腺素的幫助下，就經歷了驚人的改變。）我傾向於相信生命的目的，在於有些部分需要成長與改變。（但我知道有許多人的觀點與我相反，但他們似乎相當滿足。）我傾向於相信，在很大的程度上，我們自己的態度與期待，創造了我們經驗的現實。（但我看過極端的幸運與不幸，毫無理由地襲擊人們。）

四張網子

占星的象徵符號，就像是一片鬼影幢幢的森林，充滿了帶刺、黑暗的松樹林，以及滾滾流水的河道。很容易在裡面迷路，我知道有些小路可以走，還有許多神祕的林間空地與洞穴的所在地。在我的探險中，我也遇見不只一隻紅眼睛的灰棕熊。跟著我，我會把我所會的都交給你。然後就跟隨你自己，也許你會發現我未曾見過，甚至永遠也不會看到的偉大領域。

占星象徵系統這座黑暗森林：誰住在那裡？誰是原住民？我們假設森

林裡的生物有很多種尺寸，我們要把每種等級都抓一個來代表。我們裝設不同重量與網眼數的網子，然後我們等待。第一張網是很大的網子，用很粗的繩子編出來。現在來了一隻小老鼠，他跳躍穿過那張網子，就好像網子根本不存在。但是接著我們抓到了一隻灰棕熊。我們的第二張網子輕一點，這隻熊會把它撕碎，就像是一張被丟棄的面紙，不過，來的是一隻狐狸，我們也抓到它了。我們的第三張網子更輕，也更細緻。很快的，我們抓到了那隻老鼠與幾隻鳥。最後，我們設置了最精細的那張網子，然後發現，森林裡住著小蟲了與蚊了。

試著用相同的方式來解讀預測占星的象徵。先跳過要按照順序使用四張網子這件事，我們下面會更詳細說明。你沉重的大網子無法抓到太多，它會抓到的是人生中的灰棕熊。在一生之中，只會有那麼幾次的行運與推運稱得上是本質上真正的「轉捩點」。一旦吸收了第一張網（如果有的話）的內容，那麼就跳過星盤上的第二張網。現在，你不用挑出蚊子，也不會想被蚊子干擾。第二張網子肯定會抓到老師與騙徒，但不會是真正的灰棕熊（我們已經抓到那些熊了）！第二張網子只會有些狐狸。

現在，不要太快去管第三張網。想想你在前兩次傳球中，接到了什麼。讓它沉浸下來。剛入門的占星師可能要暫時忘掉第三與第四張網，專注於消化第一與第二張網的內容。

在這兩張網裡有所有你需要的基本材料，讓你掌握人生中某段期間的輪廓。不要讓自己被淹沒，在理解目前已擁有的象徵符號要傳遞的訊息以前，不需要產生更多象徵符號。除此之外，不要掉入一般的思考困境，以為第三張網的內容會幫你理解最初那兩張網的內容。不是那樣運作的，這帶給我們另一個基本原則：

　　第一張網會給予第二張網意義，第二張網會給予第三張網意義，第三張網給第四張網意義。順序一直是這樣。

　　現在，你準備好架上你的第三張網，抓老鼠與小鳥。我們還在抓老師與騙徒，只是比較小的那種。這個概念並不是代表某些行星天生就比其他行星有影響力，我們在說的是，每顆行星都可以擊垮極度敏感的觸發點，因此，創造徹底的改變，或是可以與出生星盤上相對不重要的區域擦肩而過，且以比較低調的方式通過。依舊是老師與騙徒在運作，意義往下延續下去，朝向我們所謂的「微調」移動。

　　最後，把第三張網的內容織進去我們從最初那兩張網抓到的廣大主題材料之中，藉由架設我們的第四張網，我們完成了占星森林的勘查。不要以為在這裡抓到的東西可以輕易放過。你曾經試著忽略蚊子嗎？第四張網沒有任何主題價值，無法幫助我們掌握形塑男人與女人靈魂的那些抗拒與機會的偉大模式。第四張網給我們的是觸發器。就如我們先前學到的，快速移動的占星影響力，會使我們在其他網子中發現的較深刻材料，成為突發的真實事件。

　　沒有任何占星情況的勘查，可以在不通過出生盤上這四張網的狀況下完成。無論如何，有時候留下一些不完整，會讓某些勘查更清晰也更有效率。

　　如果收音機的氣象報告講太久，有時你的心智也會飄走，結果你還是不知道明天是不是會下雨。占星氣象報告也完全一樣。只有在你感覺有需要告知每個微細差異與每一個細節時，才去架設全部四張網。否則別架那麼多網子，而且千萬不要弄錯，還沒架設好前面三個網就去架設第四

網。那就好像人在家鄉，卻擔心著格陵蘭圖勒的氣溫，搞到最後因爲沒帶雨傘而被困在雨中。

讓我們來仔細看一下這四張預測之網。爲了清晰與容易參考，我簡單列出行運或推運配置與每一張網的關聯，並且搭配列出它們在這本書裡相關的參考章節。要使用這張列表，首先要把你在前幾章裡學習到的東西放到出生星盤上，分辨現在的行運與推運正在影響你哪些觸發點。然後，比較你出生盤上的配置與以下的列表，確認你目前有哪些占星事件，個別屬於哪一個類別。

第一張網

1. 推運太陽變換星座或宮位。（第八章）
2. 推運月亮通過第一宮。（第九章）
3. 任何推運行星（月亮除外）與本命上升點、中天、太陽或月亮形成合相、四分相或對分相。（第八章與第十章）
4. 行運土星、天王星、海王星或冥王星與本命上升點、中天、太陽或月亮形成合相、四分相或對分相。（第四章）
5. 任何土星回歸。（第六章）
6. 天王星的對分相。（第六章）
7. 「大集合」。（第六章）
8. 推運太陽與任何本命行星或四個軸點形成合相、四分相或對分相。（第八章與第十章）

第二張網

1. 推運月亮進入任何一個星座或宮位。（第九章）

2. 推運太陽與任何觸發點形成三分相或六分相。（第八章與第十章）

3. 任何推運行星或軸點（月亮除外）與任何除了太陽、月亮、上升點或中天的敏感點，形成合相、四分相或對分相（第八章與第十章）。

4. 任何推運行星或軸點（月亮除外）變換星座或宮位。

5. 行運土星、天王星、海王星或冥王星與太陽、月亮、上升點或中天以外的敏感點形成合相、四分相或對分相。

6. 行運木星與本命太陽、月亮、上升點或中天形成合相、四分相或對分相。（第四章）

7. 行運天王星、海王星或冥王星變換宮位。

第三張網

1. 行運土星、天王星、海王星或冥王星與任何敏感點形成三分相或六分相。（第四章）

2. 任何推運行星或軸點（月亮除外）與任何敏感點形成三分相或六分相。（第八章與第十章）

3. 任何由行運木星形成，但沒有被上面提到過的相位。（第四章）

4. 所有「生命劇本」材料，除了土星回歸、天王星對分與大集合之外。（第六章）

5. 行運木星或土星變換宮位。

6. 推運月亮與任何敏感點，所形成的任何相位。

第四張網

1. 所有太陽、月亮、水星、金星或火星行運與敏感點形成的相位（第四章）。

2. 任何由推運月亮與本命盤行星所形成的相位（第九章）。

　　這就是四張網，它們執行占星師的基本目的，那就是在占星符號創造出來的洞見之流中維持秩序與觀點，讓自己在潮流上漂浮，幫助自己渡過洪水而不會被淹死。讓我們回答一些理論性的問題，然後，用一些具體的指引與程序，來充實我們至今所理解的內容。

時間範圍

　　想像一下，你知道韋氏英文大辭典裡面的每一個單字，但是完全不懂文法或語法，那麼語言對你來講還是個謎。我要說的是，現在的你位於預測占星的什麼地方。如果感到昏頭轉向，放輕鬆，你很可能比你以為的還要好。這四張網會幫助你把一切組織起來。下面提到的指引也會助你一臂之力。

　　占星的複雜度代表著挑戰。讓我們盡可能來清晰定義另一個問題，然後就來看整體的解決方案。

　　簡單來說，這個問題就是，在出生星盤上，有數量多到嚇人的觸發點。光是上升點與中天，把太陽跟月亮都數上，就有十個主要的占星行星符號。每一個行星都會有七個主要相位觸發點，在整張出生星盤上，撒下一張三分相、六分相、四分相與對分相的蜘蛛網。這代表著每一張出生星盤都包含了八十四個看不見的觸發點，加上顯而易見與十二個重要區域的合相。於是，產生出總數九十六個門鈴，等著被行運或推運星按下去。

　　請耐心跟著我，還有更多數字。行運太陽在一年內會繞行出生星盤一圈，在這段期間，它會碰觸到這九十六個觸發點。平均每四天就會碰觸一

個。月亮則是每個月繞行同樣的一圈，在一般人的一生之中，它會碰觸這九十六個觸發點，大概九百次。套到水星、金星與火星身上，你開始有那個畫面了。行進速度快的觸發器行星永遠不會休息，至少會有其中一顆幾乎總是坐在敏感區上，創造每日的事件，透過這個過程，我們會清楚了解那些較慢的行運與推運的意義。如果我們把幾週內觸發器行星會形成的所有相位都列表下來，那麼這張列表會填滿好幾頁。

所以這就是問題所在，該怎麼解決？

我們要研究多長的期間？一天？一個月？一年？十年？我們的選擇指出我們要用幾張網子，去檢視出生星盤，也讓我們控制預測狀況，看是要變得多複雜。如果我們分析的期間是幾年——真正的老師與騙徒的時間框架——那麼我們必須犧牲第四張網。為什麼？因為在這種期間長度，快速行星會形成幾百個相位，我們的心智無法處理那麼多相位。

同樣的，有時候我們必須退後，以便看到大局。貫穿整個人生的主要篇章是什麼？在分析人生主題時，不只是第四張網，連第二張、第三張網都要犧牲掉。

在光譜的另一端，我們發現一次使用全部四張網，會提供極度精確的微調。這當然是合理的占星，但是當我們做這樣的分析時，我們必須把注意力限制在較短的時期，很少超過一到兩週。即便如此，我們還是必須放寬第四張網的網眼。忘掉月亮行運，有太多我們根本都不會用到的相位，除非把分析的時間限制在某一天。

同時，我們可能要選擇只考慮其他觸發行星形成的合相、四分相與對分相，為了更清晰，放棄不那麼強烈的三分相與六分相這些柔和相位。再

強調一次，我們的任務是策略性地安排，去理解這些象徵符號，意識到這些符號會如何淹沒我們。

在我自己的占星實務中，我解盤的人數非常多，通常幫一個人做完解讀之後，下次見面都是一、兩年後了。因此，根本不可能討論到第四張網的問題，我甚至常常連第三張網都沒提到。我的政策一直都是盡可能針對幾個重要的行運與推運，深入解盤，而不是很表面地涵蓋很多項目。這只是我的個人風格，其他占星師可能接的個案數量沒有這麼多，有時間定期與個案見面，就可以深入研究第四張網，這方式非常類似常規心理治療師的方式。

就我個人生活中或與我親近的朋友來講，在第三張與第四張網抓到的生物，你永遠不該在還沒有花時間好好討論之下就讓它溜走。換句話說，如果月亮對我們低語，我們可能會徹夜談論它。就像我自己一樣，你可以發展你自己的風格，部分是根據你天生的傾向，部分則是根據現實的評估，評估看看你可以將多少占星事件編織成一個連貫的整體，而不會把你的心靈保險絲燒斷。

不管你最後怎麼選擇，有兩個永恆的占星原則會左右你的決定。

當你釐清次要事件的時間點，範圍就會變得狹窄，大畫面感就會漸漸消失。

當你釐清了大畫面，相對地，透過在日常經驗中顯現出來的大畫面，你會失去實際事件的精確時間點。

這兩個原則不純是占星上的，實際上也說明了「占星無法存在於真空

之中」。如果沒有人類的頭腦去觀看這些象徵符號，那麼談論占星的力量也沒什麼意義。一旦頭腦開始看著任何東西，它就會在那個物件上強加自己受限的智力與觀點。

　　本世紀初期，物理學家維爾納・海森堡（Werner Heisenber）證明，你可以了解一個電子的位置，或是你可以知道它的質量與能量，但是當你越了解其中一個，你對另一個的了解就會越少。類似的「不確定性原理」似乎也存在於占星，你可以了解今天發生了什麼事，你可以了解這十年發生了什麼事，可是，當你對其中之一的知識增加，你對另一個的理解就必然會減少。要小心評估你的目標，然後做出你的選擇。

影響最低的門檻

　　假設你想要抓一隻狐狸，但是你用了大的網子，你像平常那樣拿出第二張網子。但是現在讓我們更近一點來看，你發現那網子有個特色是你以前沒注意過的，它可以稍微調整。你可以讓網格寬一點或窄一點，就看你要抓什麼。怎麼調整？調整相位的容許度。就如我們在《內在的天空》中學到的，關於相位的容許度沒有強硬的規定。在一段摩擦的關係中，兩顆行星形成了一個距離精準四分相約六或七度遠的相位，那個相位越接近精準度數，彼此之間的摩擦程度就會增加。什麼時候摩擦才會強到我們需要「正式注意」到的程度呢？換句話說，什麼是影響的最低門檻？這個問題其實沒有答案，你必須自己決定。

　　如果你只是要抓大狐狸，那就把影響門檻設高，相位容許度大概在兩

度左右。如果你連小狐狸都要抓，那你就設寬一點的容許度，大概七或八度。

我個人在所有預測解讀中，喜歡小一點的容許度，特別是在談老師與騙徒時。同樣的，這麼做主要的目的是減少出生星盤的訊息，只留下必要資訊。狹窄的容許度提高了清晰度，即使這會使我們付出微妙的代價。較寬的容許度比較適合觸發器行星。好的準則是，行運或推運移動速度越慢，容許度就要越小。

以下是我工作時使用的容許度。一開始先是用這些容許度，等你覺得需要調整時再去調整。

容許度

象徵符號	容許度
推運太陽	2.5°
所有其他的推運因子（月亮除外）	1.5°
推運月亮	5°
行運木星	5°
行運土星	3.5°
行運天王星	3°
行運海王星與冥王星	2°
其他的行運	6°

要記住，這些容許度都沒有硬性規定，不要被這些數字綁住。也要記得，如果推運水星與你的本命太陽要達到完美四分相前，還有有兩度遠的距離，你很可能就已經感覺到了。另一方面，如果相同的推運水星與相對模糊的本命海王星還差幾度就形成六分相時，可能會更戲劇化地先感受到其他的占星課題，而不是推運水星與本命海王星即將形成的相位。就讓相位鎖定在這些度數上，然後，試著聆聽相位的訊息。因為這些相位的影響力非常微細，你的影響力門檻自然就要高一點。

找出模式與主題

你已經學過必須在這個世界裡看出模式。現在，如果你要更精通預測占星，就必須學習看見這個象徵系統裡的模式。你一開始如何學習這個世界的模式？用觀看的方式！這也正是你學習觀看占星模式的方法。你需要觀察一陣子，經驗、練習、小心注意，別無他法。但是我可以提供你一些指引，可能會加快整個進程。

指引一：把第一張網子套到整張盤上，停下來，放鬆。繼續下去之前，小心思考你在裡面發現了什麼。

即使雙眼閉起，你也知道第一張網子會抓到的大概就是灰棕熊。想像你整個星期都在背痛，國稅局對你吹毛求疵，你的伴侶幾天來心情都不好，車子半路拋錨，然後，昨天你發現，你竟然意外要繼承一千萬美金的遺產！總之，真是美好的一週，對吧？那份遺產就是那頭大棕熊，從第一張網出現的東西。其他的部分則是第三張網或第四張網的東西，絕對有影響力，但是會被那隻熊給掩蓋掉。我們的第一條指引是很重要的一條，使

我們不會錯失大局。

　　有時第一張網子無法抓到所有東西。這時候你有兩個選擇，兩者都是有效率的策略。第一個選擇很簡單，那就是繼續使用第二張網子，看看能抓到什麼。第二個策略，也是我喜歡的策略，就是把第一張網稍微往過去伸展一點，也稍微往未來伸展一點，早晚你會遇上一、兩隻灰棕熊。這些相遇總是生命中很關鍵的轉捩點。在這些重大時刻之前或之後發生的次要事件，最好將之解釋為是這些重大時刻的結果或前奏，為了一個新的開始，我們正在（可能只是半意識地）發現、重組與鞏固或是準備。

　　最簡單的狀況（至少從解盤的觀點來看），就是當你發現自己正注視著一頭大灰棕熊的眼睛。例如，像這樣的占星事件：推運的太陽進入射手座，將會影響你對於在其他網子裡發現到的每樣事物的感受。要盡可能徹底了解，並試著了解中心事件兩側，那幾年的每一種行運與推運如何從太陽推運中汲取意義。要怎麼做？也許是透過支持，比如說，推運月亮進入第九宮，把你的心（月亮）放進射手風味的「越洋長程旅行之宮」。也許同時行運土星（自律）合相你六宮（責任感）的金星，這跟推運月亮不同，這個占星事件在射手座的太陽推運上施加了張力。你進化的身分認同可能進入了更加靈性自由的階段，但是倫理與責任感的壓力（土星）也同時在你的親密關係中（金星）增加。兩個互相矛盾的主題出現了，不管是哪個都不能忽略，但是第一張網子永遠都必須最優先考慮。知道土星加上了射手座風味，我們對土星行運的解讀，使我們得到了在真空狀態中去看這個占星事件，絕對無法得到的觀點，也就是這些關係的責任感必須受到重視，但是也必須重新定義，並且配合進化自我的需要。在特別的占星狀況中，那才是土星／金星相位的真正意義。

你常常會在網子裡發現不只一隻灰棕熊。於是會有兩到三個不同的主要轉捩點撞在一起，那是一段多采多姿的時期。要個別地去理解每一個轉捩點，然後用你的頭腦去想它們要怎麼合在一起？是否其中一個比另一個更早一點發生？它們是否彼此支持？如果是，如何彼此支持？在它們之間是否有矛盾？什麼樣的矛盾？是否有任何共同點？你能否想像，有沒有什麼方式讓其中一個對另一個產生平衡的影響？在極少數的狀況中，其中一頭熊叫你往左轉，而另一頭熊則叫你往右轉，兩者之間明顯沒有和解的希望，那麼使用這個法則：優先考慮移動速度較慢的配置。也就是兩頭熊之中比較大的那一頭。

無論如何，試著把最後那個選項，看做就像你正在考慮要不要做斷腿截肢時那股急切，那是合理的選項，但也是最後的手段。占星學的真正藝術在於綜合歸納，而不是截斷。通常，在吸收了兩邊存在的悖論之後，占星學的全部力量才會浮現。

永遠不要違反指引一，信任這條指引，瞄準事件的中心，使你安全通過陷阱，不會把經過的濃霧錯當作山脈。

指引二：用第一張網篩過出生星盤後，以同樣方式使用第二張網。小心將你在第二張網裡發現的東西整合到你在第一張網上已經分析過的模式裡。

你寧願被憤怒的灰熊還是被一隻狂暴的狐狸逼到牆角？以我個人來說，不管是哪隻動物在追我，我都會飛快爬到樹上。第二張網也是一樣，第一張網可以攔住所有的熊，但是第二張網幾乎可以同樣輕易地讓你掛在高高的樹枝上。只有在你想要得到你人生中，一段長時期最大的輪廓時，才能忽略第二張網。否則，掌握第二張網，對我們理解任何預測狀況都很

重要。

如果我們已經徹底了解第一張網的主題，那麼我們在第二張網子裡找到的材料，就會支持、平衡並釐清主要的第一張網主題。如果還沒掌握到整個大圖像，那麼第二張網的行運與推運，只會使我們更加困惑。當你面對第二張網的課題時，絕對不要只是問自己：「這是什麼意思？」而是要問：「根據我已經理解的那些模式，第二層配置的意義是什麼？」

第二張網的行運與推運，本身就具有意義，只是當我們在更大的脈絡下來看時，會從它們身上學到更多。舉例來說，如果某人的推運月亮通過他的七宮，我們可以相當肯定地說，他的心（推運月亮）目前正專注在關係課題上（七宮）。此刻在那裡（宮位象徵）的事件，正掌控著他的情緒生活。如果他的推運月亮也在牡羊座，我們可以加上心理課題（星座象徵），此刻在她的關係生活中，他需要學習的事物，將會圍繞著正確使用果敢堅定與誠實面對（牡羊座端點）。如果失敗了，他就無法學會這堂課，那就可能會有許多無意義的情緒爆炸（牡羊座陰影）。以上這些都是直接針對單一預測因子作分析，就像是在真空狀態下運作一樣。這樣的解釋很接近正確，也可能可以幫助這位星盤主人理解他的狀況。但是我們來看看，當我們把指引二的邏輯放上去時，象徵會如何活起來。

把第一張網子，放到這張出生星盤上，有看到什麼熊嗎？有的。我們例子裡這位女士現在二十九歲，正處於第一次土星回歸。她正從青春期進入中年，試圖透過一些可見的行運儀式來實現她前所未有的成熟心態（土星）。也許她會感到寂寞，也可能不會，但是我們很確定那是一段內在的獨處時期。她必須靠自己的力量，在自己的願景引導下去經驗自己，也可能與別人合作，不過絕不能讓自己去扮演任何人的小孩。在土星回歸的壓

力下，她很清楚意識到自己的年紀，生命的短暫，並且需要繼續走完人生。一切的背後都有因崩潰而放棄的危險，這是占星事件的騙徒版本。

現在，在土星回歸的光中，來解讀她的牡羊座七宮月亮推運，要記住我們的基本原則，第二張網的材料，會同時從第一張網發展出來的任何東西，汲取部分意義。聽起來似乎很難，試試看，在我們例子裡這位女士，正在經驗一個主要的生命事件，在這段獨處的土星時期，她嘗試要擺脫束縛她年輕過往的一切。你覺得這樣的發展，可能會對她正在經營的關係（七宮）有什麼影響？換句話說，土星回歸會如何影響月亮推運？把占星學忘掉，拿出你藏起來的王牌：你的人性。也許她在一段婚姻中，堅定主張她的獨立性（牡羊座），宣告她有權利去追尋自我。離婚？不需要。也許在點燃所有煙火之後，這段婚姻會有極佳的改進。也許她的丈夫會無意識地想把她拉回青春期的人格中，因她嶄新的威嚴與力量而感到被威脅，抵制她擺脫陳舊行為的努力。

在這個案例裡，丈夫代表著她牡羊七宮的挑戰，如果她勇於面對這個挑戰，她的婚姻會得到更新並且維持下去。逃跑或因為她的無力感而責備丈夫，也無法完成任何事情，摔門或喃喃自語也一樣。這都是騙徒的運作。

她內在的老師要她將新發現的個體性、獨立性與自我決定，帶入她在親密關係中的覺察裡，藉此來實現土星。她的第二張網，也就是月亮推運，成為載具，透過這個載具，她表達出第一張網的土星回歸，也因為掌握了第一張網，於是深化了我們對第二張網的理解。

現在，把土星回歸忘掉。如果同樣的牡羊座月亮推運，發生在推運太

陽進入五宮的時候呢？我們又再度有了一頭灰棕熊，但是這頭熊穿著不同的外套。這位女性來到一個主要的人生轉捩點，她的太陽有很長一段時間停留在第四宮裡，她進化的身分認同（推運太陽），常常隱藏在自己的心靈深處（第四宮），也很可能埋沒在家與家人的事物中（第四宮）。現在她準備好要浮現出來，進入第五宮的領域：樂趣、社交與創意的自我表達。

她的伴侶對這一切會怎麼想？不管丈夫有多支持她，他很可能內心某部分會因為她的行為改變而受到震撼。他們婚姻中某些已經固定下來的模式（以及她其他深交的友誼）都必須改變，這些改變的發生很少會毫無壓力。

她的人生伴侶再也不了解她了，那不是那些人的錯，也不是她的錯。在這個案例裡，「錯」這個字是牡羊座陰影的詞彙，是要避免的詞彙。問題本質在於溝通，她必須相對堅定地面對她的丈夫與朋友，告知他們，她新發現的樂趣與創意，讓他們知道，過去與他們的交流中，她要求過隱私與穩定（第四宮），但是現在她渴望冒險與情感的強度（第五宮）。

綜合以上，她必須給自己以及所愛的人一點時間去做調整，推運月亮會停留在牡羊座與七宮三年之久。

在這兩個例子裡，情緒的焦點（推運月亮）在於學習用更多一點牡羊座去面對七宮的環境。這就是第二張網的占星事件對我們理解上的貢獻。除此之外，這兩個例子相當不同。

第一個例子裡，那位女士在關係領域裡堅定提出她的土星需求，需要受到尊重。在第二個例子裡，她堅定提出樂趣與創意。兩個例子有某些共

同的基礎，她必須重新調整親密網路，才能有成長的空間，但是除此之外，這兩個解釋的風格差異很大。正是第一張網與第二張網的交互作用，人類現實狀況浮現，占星符號以它們真正的力量給予提示。

指引三：解釋星盤時，要決定好時間範圍。

此時，我們占星的「不確定原則」出場了。如果我們架設第三張網，就會抓到某些老鼠與小鳥，但是如果執著在它們身上，我們免不了會少了很多時間去研究在第一張、第二張網子抓到的熊與狐狸。如果再加上第四張網子，問題會呈指數級複雜化。當我們對占星的細微處更加注意，大畫面就一定會淡出。你要非常清楚這一點：你可以非常詳盡地分析一段短時期每天的占星事件變化，但是付出的代價就是會損失掉對較大進化課題的釐清，你也可以將偉大的計畫像藍圖那樣列印出來，但是必須犧牲掉構成實際生活中那些小細節之網。哪個決定才是正確的？兩個都一樣正確，端看你對什麼感興趣，因此，指引三就是你必須做好決定，並且堅決擁護。

如果你選擇最大化地理解大圖像，那麼就忘掉第三張與第四張網。那些你誘捕的老鼠、小鳥與蚊子只會使你感到困惑。為了要分析三到五年期間主要的人生主題，你已經抓到一切所需，它們都在第一張網與第二張網等待你。用放大鏡去檢視你在那裡發現的一切，試著找出每一個意義的微細處、每一個互相影響，每一個矛盾，每一個盟友，然後跳過指引四。

如果你選擇近距離對焦方式，你會清空第三張網，也可能是第四張網，不過，現在還不能清空。即使你只對某個午後的事件有興趣，都不該在任何忽視整個灰棕熊與狐狸的環境下。

要記住我們的「不確定原則」的源頭，並不是單純占星上的，而是來

自於人類意識與占星象徵的交互作用。就像我們的眼睛必須在長距離對焦或短距離對焦之間做選擇，我們必須務實地在心智的框架裡工作。

如果你要近距離對焦，訣竅就是把灰棕熊與狐狸們放在心智背景裡，讓它們淡出，但是不要完全忽略。

不管你瞄準的目標是什麼，前兩個指引還是首要的兩個指引。永遠都要在出生星盤上放上第一張網，然後第二張網。吸收你在那裡發現的一切，讓它登錄，但不要停留在那裡。

比如，當你在詳細思索木星的短行運，與十宮的水星合相時，你可以記住第一張網的事件──土星回歸。在第三張網的事件，也就是一段有機會的時期（行運木星），與個人溝通技巧（本命水星）有關，並且在事業或社會地位（第十宮）的脈絡下表達出來。這個事件在本質上相對沒那麼重要，它只揭示出兩到三週的事情。

但是有某些東西在你的記憶裡迴盪，也就是那個重要的土星回歸！公開的身分認同與自尊在那裡是個大課題。木星這種小咖行運正好解決了那些較大的問題。不管在木星影響下發生了什麼事，這個人當然可以成熟面對，那是第一張網的土星回歸帶來的保證。那麼我們接下來要開始進入土星回歸的漫長討論了嗎？不，如果我們要做的是近距離對焦，那就不需要那些漫長討論了。我們只要在解讀中強調那個木星事件，那些與背景中的灰棕熊及狐狸關係更脆弱的行運就不用強調了。

每一張網的分界點是什麼？我們要避免僵化，不過有一些不錯的法則可以像這樣運用：

· 解讀十年或更長的時間：考慮只用第一張網。

· 解讀三到四年期間：加上第二張網。

· 解讀一年：加上三或四個第三張網中最引人注意的事件。

· 解讀一個月：持續讓第一張與第二張網淡出，把所有第四張網的合相、
　四分相與對分相帶進來（除了與行運月亮有關的部分）。

· 解讀一週：第四張網全部，包括月亮行運經過的宮位，但是不包括行運
　月亮的相位。

· 解讀一天：第四張網全部。

**指引四：思考、感覺、說、觀察、玩、開玩笑、放下複雜的細
節、熱情、說故事，然後自得其樂。**

　　象徵解讀是一門幾乎快要失落的藝術。看似具有一半魔法的能力，是
占星家與占星學生的區別。瞥一眼那些符號，有經驗的占星師臉上立刻閃
過一絲微笑。思潮湧現、連結、重新連結，他們的頭腦裡闖入了某個陌生
人內在生命的親密結構。專心點，智性正在慢慢醞釀，參與解讀的過程會
嘗遍這些感受，不過，有個令人印象深刻的感覺會超越其他的感受，那就
是占星師樂在其中！

　　好的占星師在工作時看起來總是很享受。這可不是虛假的觀察，正好
相反，觀察可是指引四的本質。占星就像生命本身一樣嚴肅，但是有效的
解讀與玩樂般的放縱精神，是不可分割的概念。

象徵解讀很有趣，這當然是事實。說得更極端一點，象徵解讀一定要好玩一點，不然不會有用。占星師必須像個孩子那樣玩耍，他們必須培養自發性，讓深層自我的智慧參與解讀的過程。

要怎麼做呢？讓想像力進來。當你看著令人挫折的土星行運，如果你腦中出現的畫面是一頭驢子追著一根木頭上掛著的紅蘿蔔，那就把那個畫面說出來，像說故事那樣，投入其中，對此感到興奮，不要擔心自己看起來太天真或不老練。去感覺，如果當下沒有任何影像出現，試著編一個出來，發明一些東西。或是去讀希臘神話故事或伊索寓言或聖經或《柳林風聲》（Wind in the Willows），隨便你要讀什麼。讓你的心智充滿圖像，並且使用這些圖像。為什麼？因為孩子氣的熱情與原型影像的結合，是進入無意識心智的門。只有無意識可以真正解鎖一個象徵符號，因為這是我們唯一聰明的部分，足以同時把玩所有的球。

老師、騙徒、四張網子、無數個觸發點、基礎預測，你要如何聚集所有材料，還能拿來玩？這是個好問題，但是有個相似的問題：當你在腳趾上施加壓力，同時擺盪你的手臂，地面還凹凸不平，你怎麼能一邊走路，一邊欣賞路上風景？在兩種狀況中，答案都是一樣的：經驗。占星就像走路，是某種你必須學會的事情。每一個過程 – 走路與解讀占星象徵，不可否認，有一些智性的成分，如果對這部分模糊不清，就會因此跌倒。但是兩個過程都不能完全以智性來描述。

開始學習預測占星，就跟你開始學走路的方式一樣，就是把它弄懂。看看二歲孩子，第一次真的在街上漫步時，臉上那股專注與喜悅。當你第一次研究你自己出生星盤上的老師與騙徒之旅時，可能看起來也是那樣。純粹的智性，全力以赴，就像那個孩子。不過你也會進步。

　　這是一本有系統的書，充滿了嶄新的詞彙、畫了重點的概念、規劃好的解讀策略與實用的指引。都是頭腦的東西。我用這個方式來寫這本書，是因為我知道，學習占星的第一步除此之外沒有別的方法，那個方法就是，以智性來吸收所有基本象徵的意義。不管你多有趣或直覺多敏銳，如果你不知道金牛座代表的意思，當某個人把一張出生星盤放在你面前時，你就沒有太多東西可以說。

　　學習占星並不容易，在理想世界裡，大學裡會教占星學，把這門課當一回事，就像看待心理學或物理學那樣。（事實上，我們正朝著這個目標努力，要在華盛頓州西雅圖建立開普勒占星藝術與科學學院。）歸根究柢，占星學就像這些學科一樣複雜，或者更確切的說，就像心理學與物理學一樣複雜，占星學的研究最終會消失在關於生命本身的本質與意義這類更廣泛的問題之中。

　　雖然占星學很複雜，不過，每一人都可以閱讀《內在的天空》與這本書，將兩者合起來，開始理解這門古老藝術科學，並獲得幫助。即使只有一點點占星知識，也能夠帶來有用的目的，特別是如果你享受這些知識，使用這些知識，打開你自己無意識心智的藏寶屋，我要再說一次，理解占星象徵為我帶來的喜悅，並不是虛假的效果。相反的，在占星學裡，喜悅是方法。要在那所開悟大學裡，獲得占星學學位，你必須熬夜苦讀，記住其他人的想法，就像任何其他領域一樣，但是你還必須通過一些課程，類似「自動自發講故事一○一」以及「恢復純真」等課程。如果在我的讀者中有任何懷疑論者，他們會愛上最後這一句，但是我同意這句話：嚴格控制、努力不懈的成人、高度世故的人格，完全無法接近潛意識的簡單與自發性，無法成為有效的占星師。至少，在我看來是如此。

　　當你描述著你在網子裡捕獲的行運與推運，聆聽你自己，產生連結，自由連結，不要對其保持安靜，說出來！與朋友分享這個過程，你會發現，如果你能夠放鬆與遊玩，大聲說出你對於這些象徵的知識，將會比你所能想像的還要深刻。試著把你看到的東西變成文字，變成好玩的玩具。談一談第一張網子的行運與推運，那頭灰棕熊。詳細的去談，是否讓你記起一千零一夜裡的故事呢？那就說出來。

　　接下來，在出生星盤上放上第二張網子，你抓到什麼？三隻狐狸，每一隻都與另外兩隻在吵架。談談每一隻狐狸，談談他們的爭吵。等一下，第二隻狐狸是否讓你想起，剛剛你講過那個一千零一夜裡，故事中的某個角色？命中靶心：你製造了連結。

　　現在，第二隻狐狸有了名字，將它與大灰熊不可逆轉地連結在一起。在占星學裡，就像在文學裡，這一類隱喻式的一致性，會使焦點集中，高度的情緒投入。占星不是人生，如同其他藝術，只是人生的影子，只是神話。那麼就讓它藝術化，讓它成為神話，就像古老神話那樣超越文字，占星是令人震驚、鮮明、振奮人心、令人回味的真理。要怎麼做？從吸收預測占星學的技術開始，然後，學著信任這些象徵符號。接著，要記得在你述說這些象徵時，去感覺它們。最後，按照指引四去做——玩吧！

第十二章

藝術家、傳道者與瘋子

　　雖然占星符號就只有這一點點，但是當這些符號組成一張出生星盤時，這個宇宙可就創意無限了。先不管出生在相同城市相同時間的兩個嬰兒這種相對稀少的例子，每個人的出生星盤都是獨一無二，宛如完美的詠嘆調一般沒有重複。行運行星各種不同的舞步，無止無盡，也形成了每一個片刻獨特的占星氣象。最重要的是推運提供了每一張出生星盤的「內在氣象」，其發展獨立，不受外在影響。換句話說，每一個占星個案都是特別的，就很大程度來講，每一個占星解讀都是一種創意行動。解讀時可以根據指引去做，也可以在其中發現模式，一旦象徵符號的力量被完全釋放出來，那麼每一套劇本都會像臉或指紋一樣獨一無二。

　　對於你們這些讀者來說，這一切獨特性與複雜性帶來的主要影響是，如果真的選擇使用占星學，那麼你遲早都要離開鋪設好的路徑，走上自己的路。你可以從這本書裡學習既有的某些解釋，就像我從別人那裡學會的一樣。但是最終你還是必須超越任何零碎的、先入為主的解釋。

　　你必須進入未知之地，當行運與推運穿越一張獨一無二的出生星盤，將會很有創意地展現出獨一無二的交互作用。使用我們上一張提到的四張

網子，以及對占星象徵符號的一般性了解，你的努力就能讓任務成功。不過，遲早你必須闔上書本，信任你自己！

這章要做的是一次預測解讀的示範。接下來讀到的內容可以應用在其他人身上的部分很少，除了有類似配置的人。我的目標只是要讓你看到行運與推運的運作，給你一些使用四張網子的實務經驗。

文森・梵谷（Vincent van Gogh）的星盤

下圖圖一，是著名的十九世紀畫家文森・梵谷的出生星盤，他充滿熱情、貧窮的生活，是一個未獲肯定的藝術天才，典型的悲劇。他出生於一八五三年三月三十日，荷蘭津德爾特（Zundert, Holland），出生時間約是當地平均時間早上十一點。梵谷的出生盤充滿爆炸性，預示著會有多采多姿、戲劇性的一生，並且警示著狂野的失衡與過度。

一如既往，我們的第一個步驟就是研究出生盤本身。就像我們在第二章所學，出生盤是基礎預測，盤上沒有顯示出來的事件，行運或推運就無法創造出來。

由於篇幅的關係，我們對梵谷出生星盤的初步瀏覽會簡短一些。幸運的是，雖然以各方面來說，他的星盤很有問題，不過就占星上來看，還是算簡單明瞭。他的太陽與月亮都在火象星座——牡羊座與射手座，這個組合會帶來非常強烈的性格、活力與意志，以及情緒核子戰爭的風險。這個人具有巨大的意志力儲備庫，問題在於他是否能夠將這些意志力用在某些偉大的工作上？他對於「偉大工作」的心理需要，已經在月亮與太陽所在

1853 年 3 月 30 日
荷蘭津德爾特

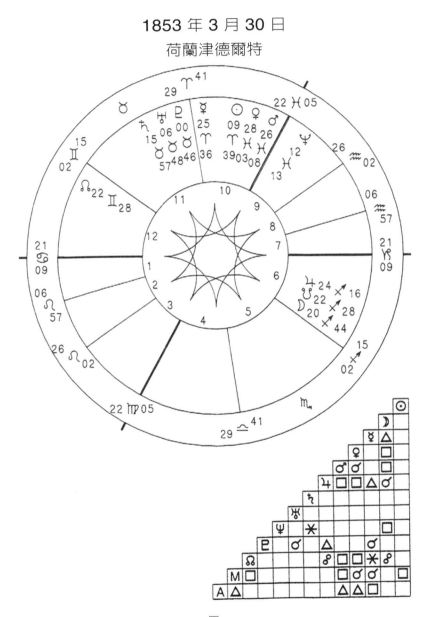

圖一

宮位清楚的表現出來了。月亮與太陽都位於工作導向的宮位，要穩定梵谷火熱的心靈，就要建立某種有意義的公眾角色（太陽在第十宮），透過這個公眾角色，以他的技能與天份（月亮在第六宮），展現出那股需要被人肯定的情緒，他需要感受到自己是有價值，對別人是有用處的。

看一下相位表格，有個明顯的事實：這位藝術家第十宮的牡羊座太陽顯然是這張星盤的主要關鍵，太陽完全沒有相位。就像一根被擊落的高壓電線，不受控地跳來跳去，劈啪作響。除非梵谷透過某種意志力的偉大行動去控制這股盲目的能量，完成某些任務來穩定十宮。

我們來快速看一下這位藝術家的主要三角，他的上升點是巨蟹座，因此，加入了不和諧的音符。不像太陽與月亮，巨蟹座帶來內向與敏感的主題，補充了第六宮月亮的層次，也帶來了服務或滋養的渴望，但是除此之外，上升點更大部分是混淆與深化這幅圖像。巨蟹座這隻螃蟹帶著防衛性，藏在殼裡，根據環境製造出來的威脅嚴重性，露出它的鉗子或什麼都不做。

要了解梵谷並不容易。他的外表（上升點）看起來高深莫測，自我保護，大部分時間都很有距離且令人摸不透，有時則溫暖而殷勤，不過還是很難親近。在這一切背後，火光沖天，為這個男人的「氛圍」加上了緊迫的氣氛，以及或許有某種危險的元素。根據《內在的天空》裡介紹的公式，梵谷是一位戰士（牡羊座太陽），具有吉普賽的靈魂（射手座月亮），戴著一個隱形人的面具（巨蟹座上升點），這是個有趣的組合，但不是讓人很放心。讓我們更深一點來看這張盤，在心裡喚起我們稍早學過的方法。

如果我們更仔細研究這張盤，會看到火星與金星合相在雙魚座第十

宮。在同一宮後面一點，靠近牡羊座尾端，還可以看到水星，強化了先前的觀察，在「事業宮」裡有超過三個行星，再度指出一個清晰、穩定的公共身分，維持著他在心理平衡方面的核心作用。

進一步發展這個主題，木星合相月亮，在射手座第六宮。又是工作。觀點：十顆占星學裡的行星中，有六顆位於出生星盤中兩個工作導向的宮位。這是引人注目的重點，它具體化了這個人生命的進化動力：他需要將他未聚焦的強度與熱情，塑造成一種使命感。什麼樣的使命？每一顆行星都掌握著答案的其中一個碎片。很清楚地，幫助人在這裡是一個很大的動機（巨蟹上升，六宮加強）。獨立工作會讓他最快樂（火相加強），要能全然滿足於工作，那麼這份工作必然要具有挑戰性與競爭性（火星）、藝術性（金星）以及與溝通有關（水星）。他會成功嗎？當然，這永遠不可能是出生星盤可以決定的。

有三顆行星在梵谷的第十一宮，全部都在金牛座：冥王星、天王星與土星。光是在一個宮位裡有這麼多能量，就會使這個宮位變得很重要，不管是什麼行星在那裡。

目標設定、策略、建立清晰的優先順序，這些對梵谷來講是很重要的進化主題。為了讓自己的未來有清晰的方向，藝術家需要與志同道合的人形成有意義的聯盟，這又是很基本的十一宮事物。他能做到嗎？這又是一個不確定性。如果他成功了，那麼我們會看到這三個十一宮行星，在他的個性與環境中正向的影響會一年比一年明顯。他會在心理上變得更深刻，更能意識到他生命中更大的使命（冥王星），他會在創新與獨立（天王星）這兩方面成長，他會得到自律與能力（土星）。

　　如果他無法吸收第十一宮群星的功課，那麼它們的影響力一樣會成長，但不會成為助力。

　　冥王星會轉變成一種有毒的人生空虛感與徒勞無功的感覺，也許還會造成實質的精神病。

　　天王星則會爆發成為愚蠢的叛逆與平凡的怪癖。土星則會衰退成寂寞與失望。身為占星師，我們都很明確地知道，在人生展開時，他對這三顆行星的強力回應，對他的生存會變得越來越重要。他必須為某些人或他自己，好好學習如何回應，快樂取決於誠實的心理自省，接著臣服於某些偉大的任務（冥王星）、努力工作（土星），並且勇敢追隨自己的星星，前往它們要引導我們前往的任何地方（天王星）。

　　剩下唯一一個行星是海王星，它在自己的星座中——雙魚座以及九宮。那代表什麼意思？現存的人沒有人曾在海王星雙魚座時代生活過，就如我所寫，海王星的運轉週期是一百六十四年，所有出生在這個影響力下的人都已經離世了。當然，海王星在雙魚座的梵谷，具有非常生動鮮明的想像力，這是繪畫界印象派運動的世代，繪畫的男人與女人，他們畫的不是客觀的現實，而是意識在觀察現實時的主觀過程。

　　那麼海王星所在的宮位配置又代表什麼意義？第九宮是我們對現實的整體圖像，是我們觀察生活的鏡頭。梵谷透過海王星之眼來觀看，充滿理想、熱情，以及極度主觀。在這裡產生了崇高的原則，但是也同時產生了瘋狂的強迫症與浪漫的虛幻主義。

　　我們很難用幾段文字就把一張出生星盤說清楚，但是至少現在我們可以掌握到在那個三月早晨，荷蘭天空的概況。藉由研究梵谷的出生星盤，

去了解基礎預測，我們就能做好挑戰預測占星解讀的準備。由於他的火象本質，以及他執著地想在這個世界上留下標記，任何行運或推運若建議他要在當地郵局長期安靜工作，都會立即受到質疑，光是基礎預測就抵觸這個建議了。同樣地，由於他的粗魯和敏感，深不可測和缺乏個人克制，這些令人不安的特質混合起來，如果有占星師聲稱會有「一段受歡迎，但低調而放鬆的時期」那很可能是錯誤的。為什麼？因為那位占星師違反了預測占星的基本規則：他忽略了出生星盤的訊息，因此無法從這個人的行運與推運看清狀況。

因此，梵谷在這裡是戰士，擁有吉普賽的靈魂，戴著隱形人的面具。讓我們來看看，當生命中的老師與騙徒開始刺激他出生星盤上各個層面，使出生星盤積極發展時，會發生什麼事情。

如同我們在第八章所學到的，推運太陽是所有預測因子中最有力量的因子。雖然在梵谷短暫的人生時光中，它只走了三十七度，但是它的移動建立起梵谷發展模式的骨幹。我們來快速瀏覽一下他的出生星盤顯示出來的太陽歷程，也就是他的人生歷程。出生的時候，太陽在牡羊座九度三十九分，在他前面有一連串的合相及觸發點。

首先，走了十六度的弧度之後，推運太陽會碰觸到水星，大約四年後，推運太陽會進入金牛座，幾乎在同時也進入十一宮，兩者在梵谷的出生星盤上幾乎重疊在一起。這個行運什麼時候會發生呢？要精確地了解，就要計算，但是粗略來說，推運太陽的移動，每一度相當於人生的一年。換句話說，在大約二十歲的時候，太陽會離開牡羊座與第十宮，梵谷肯定會進入生活的新階段。推運太陽幾乎立刻就碰觸到位於金牛座前面度數的冥王星，再過六年，推運太陽就會與天王星合相，然後，大約在他三十七

歲時，與土星合相。這個時間點相當準確的吻合了這位藝術家的人生終點，因此，不需要再往下看了。我們當然無法用占星來預測他的死亡，但是既然死亡已經在那個時間點發生了，那麼我們的分析就到此結束。

那麼第一張網的其他因子呢？它們是否也不重要？大部分是的，就像我們下面會看到的。但是推運太陽是生命的主宰，我們對梵谷生命歷程中的廣大觀點，都來自於我們透過太陽在他出生星盤上，短暫而戲劇性的弧度。

讓我們從推運太陽第一個主要合相開始，它與水星的碰觸。這發生在他十六歲的時候，梵谷還年輕，他回應占星因子的那份自由度，並不像後來幾年那麼自由。即使是在童年時期，太陽推運還是很重要。當然，某些重要性正在醞釀中。醞釀什麼？從審視基礎預測開始。水星在牡羊座十宮，那裡所具有的可能性，正在等待著觸發器來到。那個可能性必須去學習與改變（水星），在公開的領域（第十宮）緊張地或有力地表達出來（牡羊座）。

當推運太陽將它自我意識的光束瞄準這位年輕藝術家意識的層面時，產生一段強化學習的時期（水星）以及壓力層次的高峰（牡羊座）。一個現代占星師會對這個男孩說，信任他的智慧（水星），認出自己的聰明才智，即使他還小，他現在有機會學習一些技術，那些技術會支持他一生的事業發展，如果他現在不學習，那麼機會就不會再來了。

實際上發生了什麼事？以現代來看，這樣的因子在一個十六歲小孩的出生星盤上運作，會連結到學校生活或是選擇要讀的課程，以作為未來事業發展的準備。在十九世紀的時候，青春期比較短。梵谷的父母決定，他已經受夠學校教育了，該開始去賺錢維生了。他們聯絡了他的森特伯父

（Uncle Cent），這位伯父是一家成功的藝術機構古皮爾（Goupil）的合
夥人，公司位於海牙（Hague）。年輕的梵谷被安排去學習這門生意，他
對藝術的興趣可以在那裡得到實際的出口。他搬離家裡，開始學習藝術世
界的生意面。他認真而熱情，整體來說，他做得很成功。

　　木星位於射手座後面度數，在梵谷的第六宮，當推運太陽合相本命水
星時，也同時三分了本命木星。那是第二張網的事件，但是因為這個三分
相剛好遇到第一張網的合相，我們的解讀就必須把它包含進來。因此，在
這個時間點，在梵谷的早年人生中，兩個主要的太陽事件相遇了。隨著水
星的發展，這位藝術家進化的身分認同（推運太陽），在工作的部分（第
六宮）暫時受到機會（木星）的強調與支持（三分相）。在歐洲最成功的
藝術出版公司工作的機會，平白落到他頭上，只因為他跟某個可以為他打
開這扇門的人有親戚關係。木星帶來了基礎預測中第六宮的好運，而梵谷
抓住了這個好運。

　　不會有任何占星因子可以在真空中運作，第一張網的另一個事件正在
發生，就在這些太陽事件發生的同時。推運火星正合相梵谷的太陽，他進
化的勇氣（推運火星）正與他第十宮的牡羊座式身分認同融合。

　　在工作領域中，堅持自己的立場，是這裡的目標，雖然它可能會不切
實際的忽略了這個事件的主觀層面，對這個年輕男子而言，這是一段非常
可怕（火星）的時期。在事業的部分，現實要求他「大膽試試吧」，但是
他是否有那種勇氣呢？演化占星師在這時候，會全力以赴鼓勵這個男孩，
告訴他這裡有個機會要抓住，但是要取得成功需要決心（火星），如果他
真的成功了，這份決心就不只是給他一份工作，而會是點燃他命運模式的
火星塞。

　　我們發現第一張網的另一個事件：梵谷的推運中天也正合相本命太陽。他與社會之間進化的關係（推運中天）來到了一個重要的轉捩點。他的社會角色（推運中天）準備好要反映出他的本質（本命太陽）。很明顯地，現在是他生命的專業層次開始啓動的時刻。

　　梵谷以他天生的熱情，帶著極大的決心與顯而易見的快樂，開始在古皮爾工作。毫無疑問，強大的第十宮讓他直覺地感受到個人的幸福與事業上的成功，對他來講兩者密切相關。假設他開開心心地將童年拋諸腦後，繼續他的人生。他快速學習，太陽推運刺激著他本命的水星。在海牙度過四年後，他的辛勤工作獲得獎賞，他晉升了，並且調職到古皮爾的倫敦分公司。梵谷在一八七三年五月抵達倫敦，同時，他的推運太陽來到了第十一宮宮頭。他結束了他人生的第一「卷」，在新的國家展開第二卷。

　　幾個月後，太陽推運離開了牡羊座，進入金牛座。再度來到一個塑造人生的轉捩點，這一次是從激勵的（星座！）觀點來看這個轉捩點。在這一年中，還會碰觸到其他的里程碑。推運太陽在一八七四年秋天，與冥王星形成準確合相。要記得，所有的行運與推運都有「容許度」，當梵谷抵達倫敦時，太陽冥王星合相當然有影響力，從那時候開始，這個組合建立起動能，影響力在高峰期後維持了好幾年。占星上來說，這位藝術家是在一個重要的時間點搬到倫敦，我們必須視其為一個新的開始。

　　我們要如何解讀這些因子的組合？在這種情況下，沒有任何「現成的」解釋可以精確套用。太陽推運到十一宮的意義，有部分是由推運進入金牛座形成，兩者都與強烈的冥王星式主題產生交互作用。

　　分開解讀每個事件是有效率的戰略，但在我們張開嘴巴說出來前，要記得再度把它們全部合起來看。否則，我們會看不見這個配置的獨特性。

推運太陽變換星座或宮位是複雜的事件，我們必須從兩個不同的**觀點**來思考。首先，它會有個立刻的轉變。一個人的心理或環境的基本要素，轉換到新的模式，接著，總是由個人正在進入新時期的象徵，為這個變化發出信號。第二個觀點更宏觀一些，也就是生命的新階段正在開始，那個階段會花上幾十年來完整發展。在第二個觀點裡，我們了解到，即使象徵事件很重要，但是無法從一開始，就成熟地表達出太陽經過一個新的星座或宮位的真實意義。就像我們生命中大部分的功課，太陽狀態的新意義，也要花上一些時間來學習。

梵谷結束了第十宮的生命階段，開始了十一宮的週期。在他抵達倫敦之前，他進化的身分認同，一直滿足於透過社會定義與社會可接受的出口（第十宮領域）來表達自己。現在，太陽進入十一宮，他的身分認同會開始表達更多自己的個人目標與需要（第十一宮領域）。結束他在古皮爾的傳統職業生涯的種子，現在已經播下，雖然他繼續為這家公司做了三年。他的太陽推運也進入傳統的朋友宮，他的意識焦點擴大，包含了更大的人群或社會運動的認同。從狹義的職業生涯來說，這份職業失去了某些形塑他行為的力量。

梵谷這段期間的人生轉捩點，加上了推運太陽變換星座的品質。他出生時太陽在牡羊座，不管他活多久，他基本上都會保持牡羊座的身分認同，太陽推運到金牛座也不會改變這個身分認同，但是確實在他的牡羊座行為裡加入了金牛式的動機。在他內在增加了對穩定的渴望，也渴望平靜。他愛上了房東的女兒，也想要娶她，但是當他拿出勇氣，宣告他的愛（記住，他的巨蟹座上升點）時，他被拒絕而感到沮喪。他那股新出現的，對於穩定家庭環境的金牛式需求遭到否決。

　　也許梵谷金牛式的太陽發展中，最重要的是他對大自然之美所萌發的欣賞之情，這種意識在未來十年，不會完全開花結果。就如我們在《內在的天空》中所學到的，對大自然之愛，是金牛座的基礎，這位藝術家新發現的金牛座式美感，要到幾年後，他進入他的成熟創作期之後，才會完全發展出來，不過，在他才二十歲的時候，我們看到美感的根源就在那裡。

　　那麼推運太陽與冥王星的接觸又會如何？在最好的狀況下，這顆是充滿無私願景的行星，渴望「做大事」。在最糟的情況下，冥王星會使意識充滿了徒勞與虛空的精神。當梵谷在倫敦安定下來時，他進化的身分認同遇到了生命終極的冥王星式問句，我們知道，他若不是崩潰落入沮喪之中，就是伸展進入更大、更社會性的意識動機框架之下。藝術評論與傳記作家伊恩・丹露帕（Ian Dunlop）這位藝術家對這段期間的生活，是這樣描述的：「……他的思想越來越沉迷於宗教與人類在地球上的目的。他開始覺得藝術品經銷商的生活，沒有特別的啟發，也沒有特別的目的性。他完成了他的工作，但是沒什麼熱情。」冥王星的黑暗面，正壟罩著梵谷，把他推向十字路口，他要在那裡做出選擇，是要抑鬱失望或是去追尋某些更大的哲學圖像。那段期間的強度，受到剛剛改變星座與宮位的推運太陽給放大了。他的舊生活以及他對世界的舊印象，正在分崩離析，他必須拋下某些東西。

　　宗教在梵谷心裡占據的位置越來越大，他變得孤僻，且「大部分時間都待在小房間裡……・與另一個陰鬱的年輕人一起讀聖經……」冥王星式的壓力正在增加，雖然推運太陽正要離開與這顆黑暗行星合相的高峰。最後，在太陽超過冥王星一度半的時候，梵谷在畫廊最繁忙的季節，衝動地離開畫廊後，他就被解雇了。那一天是一八七六年四月一日，過完二十三歲的二天後。在那個時間點，還有其他明顯的占星壓力，行運冥王星在十

一宮六分他的上升點，刺激（六分）他的衝動，為自己設定更崇高的目標（第十一宮）。同時，行運海王星合相他的本命冥王星，有一點類似的效果，也許增加了不切實際與心理「表現」的音符。行運天王星（衝動）四分（摩擦）他的本命土星（現實的試煉）。

這些是第二與第三張網子的因子，當我們延伸焦點到第四張網子時，我們會了解，為什麼四月一日那天城堡會垮下來。行運太陽正合相本命太陽，梵谷所有內在的牡羊座爆發能量被提高，然後，觸發器行運水星來到他的中天。通常這不會是主要事件，最多就是跟老闆小談一番。在梵谷的狀況中累積了那麼多的心智能量，「跟老闆小談一番」就變成了一位年輕藝術家生命中的轉捩點了。

根據基礎預測，我們來看看重要的冥王星時期。梵谷是一個高度理想化的人（月亮／木星合相在射手座），還有一種深刻的命運感（四顆行星在第十宮，兩顆在第六宮）。然而，他以一種不必要的熱情、漫無目的的方式（無相位的牡羊座太陽，沉重的火星影響力），展現出一種「半死不活」的傾向。思考這一切因子，我們推測，他要維持心理平衡的最佳選擇，在於找到一份穩定、有意義的事業。對梵谷這樣的人來講，維持結構非常重要，否則他與生俱來的爆發力可能會傷害他。

從一八七三年到一八七六年，發生了什麼事？他推運太陽變換宮位、變換星座，而且合相冥王星。這一切都同時使他的舊結構失效。在動機的層次，他離開了牡羊座，進入金牛座。在環境的層次，他放棄了第十宮舒適的束縛，進入了第十一宮令人不安的自由，在這些變動中，他也在不同國家間搬遷。最重要的是，冥王星式的力量按下了所有他渴求的哲學按鈕，幽靈從他無意識的心智中升起。它就在那裡，在他二十幾歲時，梵谷

開始變得精神錯亂，但是也激發了他驚人的創造潛力。

　　直覺上，這位藝術家了解，要恢復他的平靜，他需要在社群中找到一個角色，但是現在那個角色必須帶有冥王星式的本質。由於他天生理想主義的本質，受到冥王星黑暗之鞭的加強與驅動，他變得更加著迷於宗教，還因此想要成為牧師或宣教士。被古皮爾革職之後沒多久，當天王星三分他的工作幸運星木星，梵谷被倫敦郊區的衛理公會聘為助理牧師。他的推運上升點同時移動到一個重要的區域：正進入第二宮，會帶來極大的自信危機，同時也四分本命天王星，這個因子代表著梵谷進化的外在風格（推運上升點）正衝撞著（四分相）他真實的個體性（本命天王星）。自我懷疑的組合，以及艱難的天王星／上升點推運加強了極端主義與衝動，使他來到了一段不穩定、不確定的時期。在他家人的壓力下（天王星！），加上他自己缺乏安全感，梵谷屈服了，離開英國與教堂，接受一份在荷蘭書店的工作，這又是由他伯父安排的工作。這位藝術家的心根本不在工作上，他花很多時間在塗鴉與發呆。三個月後，他離開了。

　　想成為宣教士的渴望，繼續吞噬著他。在他家人的協助下，梵谷花了幾年研讀，想要進入神學院，很不幸地，他的心也不在學院課業上，他的老師觀察到，很難對一個如此「渴望幫助不幸者」的人生氣，但是利他主義無法幫助梵谷學會拉丁文，他開始尋找替代品。

　　有兩個重要的第一張網占星事件，在此時醞釀著。第一個是行運土星支撐著梵谷的太陽。從一八七八年中到一八七九年（譯者註：要到一八七九年三月，行運土星才會進入與本命太陽合相的容許度內），現實（土星）遇到（合相）他具有野心的身分認同（本命太陽在牡羊座與第十宮）。這個配置總是暗示著要與艱難的現實對抗，這段時間需要清晰的思

考、公平的妥協與對工作的承諾，才能確保幸福快樂與持續成長，對梵谷來講，他的戰場就是他的事業。在正向的可能性之下，潛藏著土星騙徒，嘗試以苦澀與不可能等等謊言掌控梵谷。顯而易見地，演化占星師會建議他，現在正是他要去做點什麼的時候，採取某些嚴肅、具體的步驟，更重要的是不要沉浸在悲傷或失敗的情緒中。

在這段期間的第二個主要事件，則是和第一張網的太陽推運正要形成的相位有關。梵谷的推運太陽在一八七八年中，大概還差兩度半就會與他本命的天王星合相。距離這個高度戲劇性相位的高峰期，還有二到三年，但是我們已經開始看到誇張的衝動、厭世、疏離與天才，這都是天王星影響力的特質。事先看到這些重要的發展，占星師會建議梵谷，不要屈服於他內在的魯莽，幫助他了解，他進化的身分認同（推運太陽）即將遇見他獨特個體性的火花（本命天王星），但是目前，在土星的影響下，他必須鍛鍊自己讓自己能夠結合辛苦的工作與耐心，如此才能為他心靈中正在積聚能量的更大發展，做好準備。

土星的高峰期會先到，現實上，他放棄了進入神學院那個不可能的夢想，這位藝術家決定參加在比利時一所福音派學校的三個月課程。那時候，他媽媽認為：「不管文森在哪裡或做什麼事情，我總是很怕他的怪異、古怪的想法與對生活的看法，會搞砸一切。」她對天王星的分析證明是正確的，梵谷的老師不喜歡他，無法通過這門課程。苦澀的失望占了上風。為什麼？因為失敗？不，是因為梵谷拒絕接受必須讀書與自我訓練的現實，在土星行運合相他的太陽時期，那是一個致命的錯誤。

幾個月後，福傳委員會同意重新考慮他們的判定，同時，他們同意這位藝術家可以在一個叫做博里納日（Borinage）的比利時礦業區自費開設

聖經課程，那是一個髒亂、貧困的地區。梵谷在典型的土星景色中，工作
了六個月，整段時間都經歷著土星合相他的本命太陽。推運太陽也正慢慢
的接近他本命天王星，這段期間，他的鉛筆素描漸漸開始展現出他後來的
某種力量，雖然看不出梵谷本人有多認真對待這些畫。在一八七九年七
月，土星終於來到了它漫長合相本命太陽的行運尾端，福傳委員會再度給
出不及格的判定，梵谷作爲宣教士的任務結束了，梵谷非常需要在社群
中，擁有一個具有意義的角色來獲得的支持（本命十宮太陽），再度崩
垮。

　　推運太陽前進，即將與本命天王星合相，這個配置開始掌控藝術家的
意識。對這個行星任何強力的回應，會使個體性超越從眾的壓力。內在的
本質會堅定展現自己，有一陣子，這個人會面對真正獨自一人的可怕狀
況，沒有文化上對生活模式的支持。對任何人來講，這都是一段很可怕、
壓力很大的時期。對梵谷這樣的人來講，他需要文化的支持，來平衡他不
切實際的輕率，這種天王星式的影響力很危險。如果那個時候，他尋求現
代占星師的建議，他將會聽到占星師對他說，要緩慢地、安靜地過濾並聆
聽內在深處的聲音。還會聽到更多關於天王星騙徒的浮躁魯莽，甚至有時
候會將這樣的魯莽僞裝成真正的個體性，使人們瀕臨被天王星騙徒欺騙的
狀態。

　　失去了所有社會支持，梵谷漫無目的地回到了博里納日，在那個時候
他寫道：「不知不覺之間，我變成了……家族中某種無能與可疑的人物
了，我想對我而言，最好與最合理的事情就是走得遠遠的，與家人保持一
種適當的距離，那麼對你們所有人來講，我就可以不再存在了。」典型的
天王星式語言。家庭失敗，教會失敗。抑鬱淹沒了他，在那種被遺棄的狀
態下，他真實的天王星式個體性，那真正的音符穿透迷霧響起。他在一八

八○年寫道：「我對我自己說，不管一切如何，我將重新站起來，拿起我在沮喪中放棄的鉛筆，我會繼續我的畫。從那一刻起，對我來講，一切似乎都發生變化了。」

在一八八○年十月，推運太陽即將與天王星來到完美合相，加上製造機會的木星推運正越過他的本命太陽，梵谷從博里納日搬到布魯塞爾，遇到了其他藝術家並獲得指導。他真正的命運已經開始突破文化與家族期待的沉積，如期而至。

推運太陽停留在與天王星合相的容許度內許多年，更多的步驟與更多的理解，以及更多的危險，就在梵谷的前方。另一個第一張網的事件，也正在醞釀中：土星回歸。在生命劇本的無情韻律中，這位藝術家從年輕轉化至成熟的時間已經來到，梵谷的能量與熱情，再度遇到了現實。

在一八八一年夏天，他回到家鄉津德爾特（Zundert），想與家人和解。他持續努力作畫，儘管他長期以來，對於做出正確比例有困難。他努力不懈，有了改善，目前還不錯。就我們在第五章所學，土星回歸是透過自律的努力，使我們成年的未來願景實現的時期，梵谷有了一個很好的開始。接著而來的夏天，他年輕的寡居表姊來訪，他愛上了表姊。但是表姊完全沒注意到梵谷對她的迷戀（又是巨蟹上升點），當梵谷終於去追求她時，她很震驚而且回答：「不，絕對不要，絕對！」由於他本質的衝動，受到天王星的太陽推運強調，變得更加不平衡，這位藝術家拒絕接受「不要」這個答案。他固執地追求這位女士，連她回家後還不斷寫情書給她。甚至他還一度前往阿姆斯特丹見她，但是他只見到她的父母，沒有見到她。因為她消失在樓上房間裡，拒絕下樓。由於彼此是家族關係，這個狀況讓梵谷父母感到尷尬。他們要求兒子接受表姊的拒絕，但是梵谷拒絕接

受現實，因此，淹沒他的苦澀與挫折，將使他即將要面對的土星回歸，遭致部分挫敗。

　　隨著他的沮喪，這位藝術家與他父親之間的緊張關係也與日俱增。最後，在一八八一年的聖誕節，就在他二十九歲生日前，還處在土星回歸早期，梵谷拒絕前往教堂，引爆了他父親的怒火，他把兒子趕出家門。梵谷遊蕩到海牙，形容自己的感受是「就好像一個人手腳被捆綁，被丟在一個又深又黑的井底，全然無助。」

　　在這段期間，他遇到了一位女士，一位名叫西恩（Sien）的妓女，她生病、貧窮、懷孕，還要照顧生病的女兒。梵谷的巨蟹上升點同情心壓制了他，他把女人帶回來，有段時期，他宣稱想要娶她，很明顯的天王星式行動，那種行動違反了所有當時文化的行為規範。他們是在他的推運月亮在第六宮時相遇，刺激了他內在深處想要幫助別人的渴望，但是很快地，他的月亮進入七宮（婚姻宮），於是，他們的關係開始認真地發展。梵谷與西恩的連結，總是麻煩一堆，卻也是他最接近與女人經驗親密關係的一次。

　　在土星回歸即將結束時，那段關係的現實，打破了梵谷日益失衡的心智所創造出來的理想主義神話。一八八二年六月，他發燒三週，住院後才知道，他得到了別人所說的「淋病」，不過只是輕症。他還是跟西恩在一起，沒有責備西恩，幾個月後，完成了他的土星回歸。最後，在一八八三年九月，他失望而離開，到荷蘭北部一個荒涼的沼澤地，那裡聚集了許多畫家。

　　土星回歸結束，梵谷現在進入他的中年。經歷過在他的生命劇本中，

一個最重要的轉捩點。他學到了什麼？就像大部分的土星經驗，那是一段辛苦卻也多產的時期。從負面來講，他愛上一個無法接近的女人－他的表姊，接下來的劇情中，他的家人幾乎與他斷絕關係。無法接受土星回歸所需要的獨處，因此產生的反彈，使他去與一個帶給他疾病，讓他精疲力盡的妓女建立關係。這一切的悲慘都來自於土星源頭：這位藝術家無力從現實中，分辨出他的希望、恐懼與夢想。

正面的部分，在土星回歸尾聲，梵谷終於堅定地致力於追求他身為藝術家的命運。其他的一切都消失了，推運太陽碰觸到本命天王星，給了他願景。土星使他努力與自律。會成功還是失敗呢？由你決定。就像大部分人的發展，梵谷的土星回歸與他的天王星推運包含了每一個元素。傷痕累累但意志堅定，他進入了他的中年。

在一八八三年到一八八六年間，許多有力的推運在梵谷的出生星盤上醞釀著。火星推運進入與本命上升點的四分相。他進化的果敢堅定與他進化的憤怒，與他天生內向與謹慎的面具（巨蟹上升點）產生了巨大的摩擦（四分相）。他在北荷蘭，努力支持自己以一個藝術家的身份生活，卻失敗了，有一部分是因為他不願與人往來，無法與其他藝術家、贊助人與經銷商取得聯繫。他專業地堅定表達自己（推運火星在第十宮）衝撞到他退縮的巨蟹座天性。他在一八八三年聖誕季節回家，虛弱地試圖彌補與家人的關係，他會這樣做有一部份是出於財務上的絕望。雖然他們溫暖地接受了他，但是梵谷在這段期間，暴躁易怒，很快就冒犯了家人。推運火星的四分相，活化了這個男人內在深處的牡羊座陰影，本來這些火星能量，應該要用來學習以合理的策略，果敢堅持（火星）自己的行為（上升點），他卻把這些精力浪費在與安全無害的目標（譯註：家人）做無謂的爭吵。騙徒贏得勝利。

　　其他兩個推運的發展比較和諧。梵谷的推運太陽當時正要六分他九宮雙魚座的海王星，他的推運金星則正要經過天王星。兩者都對梵谷作爲一個藝術家的進展，具有極大的影響力。

　　鎖定在雙魚座的海王星，是繪畫的印象派種子，想要畫出意識而不是現實。一八八〇年年中，在推運太陽六分相的影響下，可以看到海王星願景的潛力，整合到梵谷進化的身分認同裡。雖然他隱居式的生活使他個人很少接觸到印象派哲學，但是他寫道：「如果我的想法是正確的，那麼我應該會絕望……真正的藝術家……不是要畫出物件的樣子，不是用一種枯燥分析的方式去描繪，而是要去……去感覺它們。」他成爲藝術家的願景，正逐漸成形。

　　同時，梵谷的推運金星正來到本命天王星這裡，就像是四年前太陽經過一樣。太陽推運的時候，重點在於吸收這個人眞正的個體性（天王星），放到他的自我形象（推運太陽）裡，他開始認爲自己是一個藝術家了。現在，金星經過天王星，焦點會比較少放在他的身分認同上，比較多放在他進化的藝術敏感度本身，它們也準備好要吸收天王星的個體性了。這時候，推運太陽與本命海王星六分相，兩者結盟，梵谷的藝術天才成熟期開始了。在一八八五年早期，他完成了一幅名爲《吃馬鈴薯的人》，一般認爲這是他第一幅眞正的傑作。藝術評論家與傳記作家伊恩・丹露帕寫道：「有些人聲稱那是他荷蘭時期的傑作，但是那是文森的化身，醜陋、無禮的畫作，黑暗、陰鬱、尷尬、熱情與充滿了情感。」儘管這些話的口氣冷酷無情，但是卻說明了重要的占星關鍵點：梵谷最後開始透過藝術去表達自己。他進化成爲一個藝術家（推運金星），最後與他有願景的個體性（本命天王星）融合，他準備好開始他眞正的工作，之前的一切都只是前言。

　　推運金星經過天王星，也有關係的暗示，通常代表分手、深刻的變化以及不尋常的事件。梵谷活出所有的可能性。當推運金星來到合相時，他與西恩終於分道揚鑣。在一八八四年，他與一位年長女人，有了一場奇怪的（天王星）追求過程，最終導致她試圖用番木鱉鹼自殺。最後，一八八五年三月二十七日，他的父親死於心臟病，這對梵谷來說，是另一段暴風雨般的關係嘎然而止。後面兩個事件，是梵谷推運月亮第八宮所帶出來的情緒氛圍，第八宮傳統上是「死亡之宮」。在他父親過世時，行運天王星也對分本命金星，創造出某種占星的雙重打擊。一如既往，內在行星所觸發的行運，會在大的天王星／金星的潛力框架下運作，實際標示出父親心臟病的那一天。在他的出生星盤上，梵谷有一個金星與火星合相在雙魚座尾端度數。當他父親過世，行運金星在同一個時間點與火星形成合相，另一個雙重打擊。

　　在太陽推運越來越接近六分本命海王星相位時，梵谷開始研究藝術，先是在安特衛普（Antwerp），接著在巴黎，他在那裡第一次與其他印象派畫家有直接接觸。那段期間，他變得對顏色著迷，丹露普對於梵谷在巴黎的這兩年是這樣說：「他成為黑暗畫家，遠離了顏色與光的畫家。」在「光之城」，他也上鋼琴課，感覺到顏色與音樂的連結。一個朋友觀察到「梵谷在上課期間，不斷比較著鋼琴音符與普魯士藍及暗綠及深赭石……那個好人（他的老師）覺得自己在幫一個瘋子上課。」這個課程沒有持續下去，但是對於音樂、光與顏色的執迷，顯示出梵谷如何深深的受到海王星的柔軟乙太能量所觸動。

　　海王星的黑暗面也觸動了他，顯然已經有點精神錯亂的梵谷，似乎被這顆「神祕」行星破壞了他的穩定，這顆行星也同時讓他充滿了靈感與意象。用他同在藝術學校的同學的話來說，在他同時代的人看來，梵谷似乎

有點「崩潰」。儘管他很古怪,在這段期間,確實開始了一段很重要的關係－他遇到了藝術家保羅・高更(Paul Gauguin),兩人成為朋友。

在性方面,我們對他在此時期的活動知道的很少,只有從一封他寫給妹妹的信中看見片段資訊:「我依然持續擁有最不可能,也不是很得體的愛情,從其中暴露出來的是破壞規則與羞恥及一些其他的。」這又是海王星。那時候,梵谷離開巴黎,海王星騙徒在他的靈魂上,再度留下一個傷疤:他開始了他傳奇性的酗酒。在一封寫給高更的信裡,他把自己描述成「幾乎是個酒鬼」。

處於充滿靈感卻不平衡狀態的梵谷,上了火車前往法國南部的城市阿爾勒(Arles),開始把所有最偉大的藝術天賦,全部擠在二十九個月裡,一起傾瀉而出。

要說他開始墜落地獄,也是正確的。

當梵谷跨過那條線,成為活躍的天才時,占星上發生了什麼事?就像我們在下面看到的,這位藝術家的阿爾勒之旅,被為數眾多且高度充電的行運與推運標示出來,但是其中最強的則是推運太陽的移動。當他在巴黎搭乘火車的時候,太陽已經推進到金牛座十三度四十四分,還在六分本命海王星的一度半內,但是更重要的是,距離與本命土星的合相,只有兩度多。這都是很有力量的第一張網占星事件,也都將在這位藝術家的餘生中,主導他的態度與環境的質地。

土星!傳統占星師最忌諱的行星,即使我們徹底抱持著現代占星的心態,土星依然是一顆具有挑戰性的行星。當他的太陽來到土星這裡,梵谷進化的身分認同(推運太陽)需要融合(合相)堅固的金牛式現實試煉

（本命土星在金牛座）。他必須前所未有的培養現實主義與自律，他必須全力以赴投入某些偉大工作－那種想法，很清楚的顯示在基礎預測裡，現在這個想法來到了舞臺中央。他的推運太陽吸收了帶環行星的精神，梵谷在他的發展之路上，顯然來到了受到緊迫擠壓的時刻。為了繼續他的生活，他必須全然願意接受現實，並且在限制中，有策略且有效率地工作，務實地處理各種問題，像是金錢、健康、關係與時間。如果他失敗了，那麼這會是一場毀滅性的經歷，因為他進化的身分認同（推運太陽）遇到（合相）了現實（土星），他曾經玩弄的那些虛假、浪漫、自誇遊戲，將會毀了他。

從先前解讀他的出生星盤的經驗，我們知道梵谷總是用爆炸性的方式，去回應他的推運太陽。當推運太陽合相水星的時候，他離開家，開始一段密集學習與旅行的時期－水星領域。當它同時變換宮位與星座，且合相冥王星時，他不只是真的搬家到一個新的國家，他也從一個看似快樂、受歡迎但缺乏想像力的年輕專業人士，蛻變成一個憂鬱、厭世的宗教狂熱份子。當推運太陽碰觸到天王星，他叛離宗教、家庭與社會，了解到他真正的身分認同是作為藝術家－天王星領域。推運太陽透過六分相刺激他的海王星時，他開始畫出顏色與光的圖，那影像反映出海王星觀察現實的意識過程。而現在，太陽正要來到土星這裡，他會學習到帶環行星的功課，或是被土星摧毀呢？

當然，占星無法回答這類問題，只有歷史可以揭示梵谷或任何人，如何使用自由意志這張力量強大的鬼牌。無論如何，我們確實看得出他在這個點上的回應模式。在每一個太陽推運中，梵谷都為身為藝術家的發展，做出了健康的選擇，但是為他自己的發展，在每一個方面，都做了自我毀滅的選擇。這種模式會成立嗎？這種問題還是要留給歷史學家，而不是占

星師來回答。我們確實知道，鑒於藝術家傲慢、不切實際的性格，土星推運會挑戰他根本的自我形象。前所未有地，他不得不做出改變以適應現實。所有演化占星師能給他的建議，就是關於誠實、自律以及需要現實地評估環境，而且很可能會像所有算命師那樣，用可怕的預言進一步折磨他的精神。

梵谷坐上前往阿爾勒的火車後，就變了一個人。他在巴黎那兩年，已經進一步提升他的藝術家身分認同，很多占星事件都可以釐清這一點。我們已經討論過，推運太陽六分海王星那種壓倒性的影響力了。另一個第一張網的事件：天王星行運與他本命太陽的對分相，更進一步幫助他，從別人對他的期望之中，分離出他真正的身分認同。他在巴黎不受歡迎，不是「俱樂部成員」，但是他已經從群體中分離出來，開始看見這個世界被他自己內在眼睛的光芒所照亮。天王星的雙塔——天才與疏離，在他裡面高高立起。土星行運整段期間都在他的第一宮，現在正要離開敏感區。在該重要行運所建立起來的自律與相對謙卑的支持下，梵谷在巴黎善用他的時間，研究新的技法，學習、建構新的人格表達基礎。

在一八八七年春天，梵谷的推運月亮離開了他的第九宮，來到了他的中天，第二張網中很重要的事件。在第九宮的月亮推運主宰了他在巴黎那段期間的伸展、擴張與學習，那是很典型的第九宮活動。在他生命的那個階段，月亮也在雙魚座，擴展與支持充滿想像力的海王星能量，並且引誘他把生活過得越來越散亂。當月亮抵達「事業宮」的宮頭時，梵谷直覺上知道，他的教育時期已經結束，是他要進入公眾領域（第十宮）的時候了。他在巴黎徘徊了幾個月，但是當月亮推運離開了傷感的雙魚座進入火熱的牡羊座時，他打包行李，誠實面對月亮的情緒變化本質，他的態度驟變。六週後，巴黎已經被拋諸身後。他來到阿爾勒生活，展開了新的牡羊

座階段。

　　第三與第四張網的事件，會幫助釐清他在一八八八年二月那一天的轉捩點品質。最重要的是，金星推運此時位於與梵谷的雙魚座海王星六分相的容許度內，那代表什麼意思？在這位藝術家的早期生活中，金星曾經在推運太陽之後，合相他本命的天王星。當太陽推運合相天王星時，他的自我形象（推運太陽）吸收了天王星式的個體性。接著金星推運合相天王星，他的藝術家自我認同（推運金星）也做了相同的事情。類似的邏輯可以套用到推運太陽及推運金星與本命海王星的六分相。在巴黎，梵谷必須以海王星的方式，去思考他自己（推運太陽），震驚於顏色、聲音與光。現在，當他進入他短暫生命中，靈感最迸發的時期，他藝術家的身分認同（推運金星）已經準備好要吸收海王星式的影像。這是第三張網的事件，但是也是一個很好的例子，讓我們了解，有時候我們需要如何調整我們的一般解釋，去適應特定的個人。對一個藝術家來講，任何推運金星事件的重要性都會被提高，因為這個人的命運大部分都受到美感發展的影響。

　　所有的行運與推運，都觸發了它內建的緊繃與潛力，我們也觀察到一個三重第四張網事件（向來是微不足道的）實際推動了梵谷在那個冬天早晨，去了巴黎的火車站。當時行運太陽正在第九宮，傳統上是「長程旅行之宮」。行運水星合相他的中天，火星在退縮自閉的第四宮待上幾個星期後，正朝向自我表達的第五宮宮頭前進。同時，這顆紅色行星透過對分相，觸發了他那顆變化多端的牡羊座水星。如果在較高的網子中，相對地沒有存在什麼潛力，那麼這些次要的行運就不會產生什麼結果。事實上，他們就像炸藥工廠裡的「火柴盒」一樣無關緊要。

　　要試著維持你的視野，不要讓這些細節淹沒你，使你忘記了那段時

期，第一張網的主要事件：梵谷的推運太陽將與本命土星合相。那種毫不妥協的鮮明影響力，已經清晰感受到了，隨著每一次的呼吸，更緊緊抓住藝術家的心。

一到阿爾勒，梵谷立刻進入土星式的生產力狂潮之中，直到他在二十九個月後去世為止。伊恩‧丹露帕是這樣描述這段時期：「文森本能上知道，他找到了自己，多年來的學習開始得到回報，他不再需要像是透視框這樣的工具，也不需要事先用炭筆在畫布上畫底稿，他只需要……專注在他的主題與繪畫上。」梵谷自己描述這段藝術熱情的爆發則比較平淡。「我很難做到，」他寫道：「就像馬賽人吃法式魚湯。」（譯註：馬賽魚湯被公認為世界三大湯頭之一，也是法國的名菜。這個說法的意思是，馬賽人很講究魚湯的配料與做法，他作畫的態度也是這樣，因此非常困難。）推運太陽老師，至少在這方面，徹底的內化了土星的功課：停止擔心、懷疑與拖延，就是去做！梵谷在這段期間，為他的藝術努力不懈，奉獻熱情，可說是梵谷人生中閃現強大土星榮光的極少例子，更何況，後來一切似乎在他四周崩垮。

較黑暗的種子也很明顯。太陽／土星合相的壓力，加上月亮推運通過牡羊座的強度，製造出這個人內心緊繃的危險程度。這些情緒要在哪裡釋放？當然，很多都昇華到繪畫中，不過，受到壓抑的爆炸性，還有其他更多海王星式的出口。在寫給哥哥的信裡，梵谷描述著在完成一幅油畫時，所承受的巨大心智壓力，通常他每天都在高熱、蟲子與風中的戶外作畫。他不祥地以這幾句話作為結尾：「然後，唯一會帶來放鬆與分心的事情，就是喝很多酒、抽很多菸，讓自己昏昏欲睡。」他也常常去當地的妓院，雖然身體狀況惡化，在那時顯然導致了某種程度的性無能。

幾個月的獨處之後，一八八八年十月二十三日，梵谷在巴黎時期的好朋友，藝術家高更搬到阿爾勒。梵谷對他的到來極為高興。行運太陽正進入他玩樂的第五宮，並且行運金星（友誼）正三分他本命金星。梵谷崇拜著高更，認為高更比自己更加優秀。「當與你比較時，我總覺得自己的藝術概念非常普通。」他寫道。對高更而言，他從來不隱藏自己的光芒，他玩弄著梵谷的自卑感。現在，要記得梵谷的出生星盤上有太陽牡羊座在第十宮與月亮射手座，他是一個火熱的人。他本性可不會對任何人低頭自居老二，雖然他的六宮月亮確實打開了一些英雄崇拜的可能性。他的太陽在牡羊座，他天生本能就具有好勝心。還要記得一件事情，他的太陽沒有相位，他很難理解、控制或甚至可能無法認知到這種好勝心，這使得狀況更加猛烈。加上碰到第一張網子的事件：行運天王星（爆炸性）開始摩擦（四分相）到梵谷退縮的面具（巨蟹上升點）。然後，加上一個重要的觸發點：梵谷的推運月亮，在高更抵達阿爾勒那一天，正與他本命的太陽，形成完美合相，他進化的情緒（推運月亮）融合（合相）了他天生卻未被使用的好勝心（沒有相位的牡羊座太陽）。梵谷熾熱的心就像尼安德塔人手拿一瓶硝酸甘油一樣的不穩定。

一開始，在這兩個男人之間的好勝心，轉變成具有創意的生產力。他們大部分在戶外工作，且永遠都有不同主題，他們避開彼此，然而，彼此間的緊繃正在醞釀中。高更得知他的一件作品，售得五百法郎，這當然使窮困潦倒的梵谷自尊心大受打擊。高更也常常進出妓院，特別是知道梵谷明顯的性無能，這也是一種打擊。冬季將至，戶外畫畫已經不太可能了，高更與梵谷越來越陷入幽閉恐懼症式的親密關係。有一次在咖啡館，梵谷把一杯苦艾酒潑在他朋友臉上。至少有那麼一次，高更準備要離開阿爾勒。但是某些事情把這兩個男人綁在一起。他推運太陽接近土星時，現代

占星師應該會提醒梵谷，要對依賴之心有所警惕，雖然土星時期不見得需要孤獨寂寞，但是這段時期確實需要能夠自我滿足。何況梵谷依附著高更，就像一個人用他的手指攀附著懸崖一樣。當梵谷向他的朋友詢問他的意向時，高更回答說，他計畫離開阿爾勒。然後，梵谷從報紙上撕下一個句子：「兇手逃跑了。」兩人之間的關係，就是如此厚重。

聖誕節前兩天就出事了。行運天王星正四分梵谷的上升點，撕掉他誤導性的巨蟹座面具。天王星也同時對分他的水星，在他的心智過程裡（水星）增加了令人暈眩的極端主義元素。推運月亮在火熱的牡羊座，與太陽產生兩度內的合相，還在強化與情緒化這位藝術家的憤怒與好勝心。此時發生了木星回歸，通常這是值得慶賀的時刻，但是總是引誘我們做太多而搞砸。推運太陽擠進了與梵谷本命土星一度半內的合相，推運金星則準確的六分他的本命海王星，觸發了靈感釋放的高峰，但也觸發了不理性的能量。觸發導火線的是一個典型的第四張網子的事件：暴力、衝動的火星，梵谷的太陽星座守護星，正與他本命土星有一個一度內的四分相，在太陽與土星的合相上打上探照燈。他所擁有的一點點自制力（土星）受到突然閃現的脾氣（行運火星）激怒（四分相）。

發生了什麼事？兩個男人之間的高度緊繃，十二月二十三日，高更傍晚出去散步，梵谷跟去，但是高更給了他不好的臉色，於是他回到他們的房子裡。為了緩和他的心理壓力，梵谷右手拿著刮鬍刀片，左手托著耳垂，劃傷自己。傳說他把整個耳朵都割下來，不過，比較像是只有割了耳垂。不管是割哪裡，總之他大量流血。他把割下的耳垂用報紙包起來，戴上一頂大貝雷帽以掩飾傷口。梵谷前往妓院，希望可以在那裡找到高更。但是他沒找到高更，於是，他把那包東西交給一位名叫瑞秋（Rachel）的妓女，然後就回家了。

　　一切都崩毀了，警察來到，發現梵谷陷入昏迷，把他送去醫院。高更則是到第二天早上才回來，他把梵谷的弟弟找來後，就離開前往巴黎。梵谷在醫院住了幾週，在一八八九年一月七日，獲得可以回家的許可。一個治療好的耳朵與治療好的心，畢竟不是同一回事。梵谷再也不是一個穩定的人了，他已經越過那條我們將自己與瘋狂劃分出來的界線。關於他自我毀滅的精神錯亂成因，各種理論都有。有人歸諸於癲癇症，其他人則認為是酗酒，他所鍾愛的廉價苦艾酒內含的毒性使情況更為複雜。有些人稱之為精神分裂症，有些人認為他的惡化與多年前被西恩感染的性病有關。占星學上的解釋，並不意味著要與這些說法競爭，那些占星符號代表著他當時所面對的進化、靈性與心理問題。他能夠活在真實世界裡嗎？這種太陽／土星式的問句正逐步壓迫著他。

　　還有三個「心智崩潰」（不管本質是什麼），在隨後的二月來到。天王星（不穩定）依然對分著梵谷的水星（思考過程），並且四分著他的上升點（外表）。推運太陽持續進逼土星。月亮依然在牡羊座燃燒，在第十宮（最公開的領域）釋放他非理性的火焰。然後，另一個觸發器來到：行運火星進入牡羊座，來到梵谷已經四面楚歌的本命太陽這裡。麻煩（火星在牡羊座）在他的社交位置上（第十宮），遇到（合相）他的身分認同（本命太陽）。保守的阿爾勒當地居民，被他們新鄰居的行為嚇到了。孩子們嘲笑他，房東逼他離開。二月底，他們發出一份請願書，要求拘留他。在天王星四分他的上升點時，社會的壓力（天王星）試圖讓他的社會人格（上升點）陷入困境。一八八九年二月二十七日，梵谷在毫無異議下被送進醫院。

　　經歷幾週的不確定狀況，又發生了更多攻擊事件。梵谷自願離開阿爾勒，前往聖雷米（Saint—Rémy）的精神病患收容所。他對一位與他友好

的牧師說：「我不適合管理自己或自身的事務。」後來還提出要加入法國
外籍軍團的瘋狂想法，他就是這樣，清醒與瘋狂的混合體。在他進入精神
病院的那一天，一八八九年五月八日，行運太陽合相本命土星，呼應了推
運太陽朝向本命土星，所展現出來更多更深遠的發展。現在，只是一個陰
影分裂成兩個。（譯註：這個時間點，行運太陽在金牛座十八度，推運太
陽在金牛座十四度。本命土星則位於金牛座十五度。因此分成一個是行運
太陽與土星合相的外在壓力，另一個則是推運太陽合相本命土星的內在心
理壓力。因此這裡說分裂成兩個陰影。）

在聖雷米精神病院的生活對這位藝術家有穩定的效果。他又開始工
作，在夏季期間常常外出畫當地的柏樹。但是他的病還是持續發作，並且
被診斷為「間歇性癲癇」。他告訴妹妹，他害怕進入空曠的地方，因為孤
獨感（土星）的恐懼會抓住他。雖然他在聖雷米那一年畫了一百五十幅
畫，他開始感到沒有意思，也害怕「失去他的能量」（又是土星）。

當月亮推運穿越一個宮位，常常會在剛開始進入那個宮位的時候，有
明顯的活動爆發，然後，在離開那個宮位的時候也是。當然，特別是如果
在宮位最後那幾度，有一兩個觸發點的話，更會有明顯的活動。月亮已經
進入梵谷的第十宮，朝向他在巴黎停留的尾聲。大約三年後，情緒化篇章
（推運月亮）將在最後畫上終點。我們會期待在公開的（第十宮）認可或
活動方面，會有某些高潮，特別是當月亮碰觸到這位藝術家在牡羊座最後
幾度的敏感水星時。確實，他拘禁在庇護所內，當然對他公眾發展的範圍
有所影響，不過，這可能不會完全扼殺了它們的影響力。

一八九〇年一月，著名的藝術雜誌《來自法國的水星》（*Mercure de
France*）發表了一篇文章，聲稱梵谷是尚未獲得肯定的主要藝術家，當時

正好推運月亮合相他本命第十宮的水星。幾個月之前，他曾經受邀在一八九○年底，在布魯塞爾舉辦的展覽中，展出他的作品。現在，隨著展覽開幕，那篇文章吸引大家對他畫作的注意，雖然不是所有人都喜歡。事實上，有個委員會成員，對梵谷作品的反應非常激烈並充滿侮辱性，使得另一位藝術家土魯斯・羅特列克（Toulouse—Lautrec）要跟他決鬥。雖然後來什麼也沒發生，只是這類牡羊座第十宮的壞名聲開始圍繞在梵谷周圍。在展覽會上，他的其中一幅畫售出四百法郎。在春季時，有超過十幅他的畫作，在另一個著名展覽中展出，這些畫作再度受到極大程度的注目。不幸地，推運太陽正要合相土星，距離準確合相還差一度，梵谷受苦於另一場攻擊，是有史以來最糟的一次。整個一九八○年三月與大部分的四月，他都處於一種「麻木」狀態。當他復原後，他決心離開聖雷米，五月中，他打包離開前往北方。

在藝術家朋友卡米耶・畢沙羅（Camille Pissaro）的建議下，梵谷搬到巴黎西北方的小鎮歐維爾（Auvers），接受謝加醫生（Dr. Gachet）的照顧，他是一位神經疾病專家，本身也懂一些藝術，「知道如何處理困難的個性」。行運木星正六分他的本命太陽，這個組合似乎是吉利的。一開始，梵谷對謝加醫生有疑慮，覺得他給人一種「相當古怪的印象」。不久，兩個人之間就發展出信任了。六月四日，梵谷寫道：「我們已經是好朋友了。」

奧維爾很適合梵谷，位於丘陵和麥田上的一座小鎮，傍著一條河流。他的牡羊座月亮推運的最後幾週，加上在推運太陽合相土星的高峰影響之下，這位藝術家以無與倫比的決心開始工作。他心智的能量以及躁動，因為第二張網的另一個事件而增強：推運火星正要與他本命的水星合相。進化的果敢堅定（推運火星）與他的心智態度（本命水星）融合（合相），

會帶來強大的騙力，但是也帶來更多暴力與莽撞的威脅。梵谷在奧維爾只住了七十天。在那段期間，他畫了七十幅油畫以及超過三十幅的素描與水彩畫，這是驚人的產出，大部分都具有震撼人心的美。這些工作使他身體與精神上都付出很大代價。在七月二十三日那封沒有寄出去的郵件中，他向弟弟描述他的努力，這位藝術家寫道：「我冒著生命危險在作畫，這才找回了一半的理智。」

在他寫這些字之前沒多久，推運太陽終於來到了與土星準確合相的位置。對梵谷來講，調整自我形象（推運太陽）以符合現實需要（土星）的挑戰已經越來越大。他要如何回應？梵谷為了另一位藝術家的作品，與謝加醫生發生了一次愚蠢而毫無意義的爭吵，使他遠離了重要的支持資源。更嚴重的是他的弟弟，梵谷依賴他的財務支援，但是現在他正遭遇金錢問題，對一個脆弱、精疲力竭的藝術家來說，這樣的發展一定很像土星的絞索正緊繞著他的脖子。

七月初，梵谷的推運月亮離開牡羊座，進入金牛座（譯註：其實是到七月底，月亮才進入金牛座），立刻觸發了與本命冥王星的合相。回想早年，當推運太陽碰觸到這顆冥王星時，梵谷進入了他抑鬱、絕望的宗教狂熱時期。現在，當推運月亮移動到相同的區域，我們可以期待同一種情緒領域的縮影會再度浮現，只是形式會比較溫和，比較短暫。另外，在經歷了牡羊座月亮推運的高潮之後，月亮進入比較平靜的金牛座，可能很容易會經歷到失望，甚至會感到沮喪。演化占星師會對梵谷說，慢下來，關注身體，「停下來嗅聞玫瑰」，然後，理解到在情緒上的牡羊座式戰鬥現在結束了。在他與需要放鬆的一切之間所存在的阻礙，是他那種隨時準備好要戰鬥的情緒態度，現在已經不需要這種情緒了，這種情緒也不再適當了。

　　一八九〇年七月的最後一個星期天，火星推運還差一度就與梵谷本命水星合相。推運太陽已經離開與土星的精準合相，不過，距離只有八分。敏感、爆炸性的天王星正要與他本命上升點近乎完美四分相。

　　推運月亮合相本命冥王星，準確到「分」的程度，這觸發了一切。梵谷的心（推運月亮）本來可以充滿了對人生目的偉大而寬廣的觀點，並且深入檢驗自己的心理動機（冥王星老師），這一切都會使他對自己的能力充滿完美的信心，去度過當前的風暴。但是當一個人疲倦且幾乎崩潰時，冥王星騙徒可以輕易地對人說出這樣的故事：人生最終都是徒勞、沒有意義以及毫無可能性。

　　梵谷的心裡充滿了冥王星的黑暗。在那個七月傍晚，走進暮色中，用他借來的左輪槍朝自己胸口開槍。子彈從心臟下方進入他的身體，他用自己的外套蓋住了受傷的血跡，跟蹌地走回住宿的旅店。當他晚餐沒有出現時，旅店老闆有點擔心，去了梵谷房間檢查之後，就去找了謝加醫生與警察一同前來。此時，梵谷平靜地躺在床上抽著菸斗。

　　第二天早上，這位藝術家的弟弟西奧，在巴黎的辦公室接到通知（梵谷拒絕說出他家的地址），當天稍晚他抵達歐維爾，梵谷對他說的第一句話是：「我又失誤了。」—— 冥王星的黑色幽默。兩個男人交談著，梵谷看起來神智清楚，身體似乎沒有太大的痛苦。後來，他對西奧說：「悲傷將永遠持續下去。」他想活下去的渴望，已經被澆滅了。他在午夜失去意識，大約在凌晨一點左右，梵谷死在他弟弟的懷中。

　　他傲慢，他愚蠢，他浪費了自己的生命。那個杯子是半空的。

　　太陽燒毀地球上的生命前，他留下來的美麗遺產都會一直令人激動興

奮。那個杯子是半滿的。

　　沒有任何語言可以述說我們之中任何一個人生命歷程的神祕。占星學的目的，不是爲了幫人寫墓誌銘，它是生活的工具，是讓人清晰觀看的鏡頭，也是我們與內在的騙徒無止境戰鬥時的盟友。在占星上，沒有什麼比這些更重要。當梵谷死亡時，他的智慧已經離開了這個世界，占星學無法重新取得他的智慧，只留下他的藝術與故事的軌跡，就像失落語言中的盧恩符一樣，需要在月亮、太陽與星星的光芒之中，謹慎地破譯。

第十三章

氣象工作

　　阿姆斯特丹是座濕冷的城市，西風吹過貧瘠的北海，吹過霧濛濛的街道。對某些習慣了北卡羅萊納州溫和氣候的人而言，深秋的荷蘭是一個讓人難以適應的地方。下火車十分鐘後我就感冒了，我懷疑我會得肺炎。

　　那一年是一九七三年，我二十四歲，徘徊在充滿榮光的夢想與流浪學徒的濕冷鄉愁之路上。我背著背包，帶著歐洲火車通行證，毫無計畫地走進阿姆斯特丹車站。儘管天氣不好，那卻是我一生中最幸運的失誤之一。幾個月前，這座城市開設了新的梵谷博物館，我對那個地方的記憶，清晰恍如昨日。一座巨大、通風的建築物，往上有很多層，每一層的中心都是空曠的空間，什麼都沒有的敞開著。每一層滿滿都是藝術，在中央空間的最底層，竟有一籠色彩鮮艷的鸚鵡。我從一層爬到另一層，目瞪口呆地看著藝術家的生活從他的繪畫與素描之間展開，看著瘋狂與天才吞噬他，同時，籠中鳥的瘋狂尖叫，穿透耳膜並刺激著神經。那效果令人感到不安，梵谷的藝術也是如此。

　　看過阿姆斯特丹的豐富館藏之後，很難想像還會有任何畫作留給其他博物館。但是梵谷的作品似乎到處都有，我曾拜訪過的主要藝術博物館，

每間至少都有一兩幅他的作品。生活在二十世紀的危險之一，就是我們對數字變得麻木。

要知道梵谷在精神病院中畫了一百五十幅作品，在他生命的最後十週裡，畫了七十幅畫，這麼多的作品不會淹沒我們，但是一排一排陳列的作品，每一幅的視野與技藝所呈現的壓倒性強度，使這些數字變得真實。

我們開始理解這個男人的成就，加上他死在三十七歲這個事實，生病、貧困與瘋狂，這個故事幾乎擁有了大部分的英雄成分。如果這是一部小說，我們會認為這部小說在現實裡根本不可能發生。

梵谷看起來就像是個有缺陷的超人，由於人類偏愛從那些被生命放逐而死去的人之中造神，因此，我們很容易扭曲他傳記中的現實，使得他的真實人生看起來好像浪漫而令人羨慕。

但是這是一個割了自己耳垂的男人！這是一個喝過松節油的男人！這是一個給每個靠近過他的人，帶來痛苦的男人！

黑暗與光明，瘋狂與願景，痛苦與喜悅。這不只是梵谷的故事，也是你、我與每一個人的故事。每個人都有一本不同的劇本，但是每本劇本的特質都有難以言喻的雷同之處，那就是人性的瘋狂、暴力與自私。感動、愛與超越。最重要的是：神祕。

占星讓燈籠的光往下探照進深不可測的人性神祕之井裡，它會揭示出什麼？只有陰影與更深的黑暗。

我們練習的這門手藝是什麼？驅散那些總是圍繞著占星學的所謂「神祕主義」煙霧，科學家們總是宣稱，一切事物，只要無法用他們的網子來

量測，就不是真實的。忘掉這些科學家們的抗議，擺脫宿命論與犬儒主義的冰冷寒霧，放下知識與理解。撕掉一切，只留下生命本身的原始性：每一刻當下的意識，每一秒，每一毫秒。知覺的微觀結構：感覺、行動、反應。這是占星學的領域，這是我們在出生星盤、我們的行運與推運中，所要尋找的地圖。就像在古老峽谷的黑暗中，發出的強烈雷射光束一樣。占星學什麼都無法解釋，它只是照亮了存在於無法穿透的牆面裡的紋理與裂縫。它使我們清晰看見，我們必須清楚了解自己。

然而，真正清晰的理解是不切實際的夢想。最終，你可以期望獲得的最清晰理解，依然只存在於你腦袋裡的圖像。

愛因斯坦曾經將這個宇宙比喻成我們永遠無法打開的懷錶。我們看到錶針在轉動，我們建構關於這支錶如何運作的理論。但是我們永遠無法弄懂！老師與騙徒就像這樣，只是理論，只有架構，只有一種計算那支懷錶滴答聲的方法。

占星的目的就是幫助你去看見，除此之外，你就只能靠自己了。就像在井裡的燈籠或是在黑暗峽谷中的雷射光，占星學照亮了生命，但是占星學無法代替你去生活。

舉例來說，當水星推運合相你本命的天王星，我們知道，鋪在你進化的智慧底下的地毯將會被抽走，但是會用什麼方式抽走地毯呢？這很大程度上取決於你到目前為止做了什麼。老師教了你什麼？你如何被騙徒愚弄過？水星與天王星的接觸，真正的意義取決於你過去為你自己創造出了什麼樣的未來。而這個部分，占星學無法知道，在占星學上，我們真正能掌握的是你所面臨的問題輪廓。社會（媽媽、爸爸、你的朋友、電視）確保某個特定的「真相」，在你建立心智的現實圖像時，作為你的穩定基礎。

現在，你的想法（推運水星）在自然進化中，那個「真相」已經被將軍了，那個觀點不再有用。在你最內在的自我中，你的「心中之心」（本命天王星），你一直對更深的真相有種模糊的懷疑。但是當謊言破滅時，房子也會跟著倒塌。無論如何，你準備好要建立一個新的模型了。

到現在為止，舊觀點還沒有對你造成傷害，但是如果你在這個更有智慧、更成熟的生命階段，繼續執著於舊觀點，你就會限制了你自己。

水星的本質要突破的是什麼？占星師可以協助人釐清這個問題。它牽涉到什麼星座與宮位？有沒有其他的行運或推運同時進行？基礎預測（出生星盤本身）整體的主題是什麼？這一切材料使畫面更加立體、釐清、放大並凸顯了那段時期的基本主題。但是它會說出這段時期，對你個人的意義嗎？不，那要看你自己了。那麼你要如何發現它的意義呢？只能去生活。

不只活出行運與推運的知識，而是活出那個功課，這需要勇氣。需要有足夠的謙卑，讓生活修正我們的誤解，並且，有足夠的毅力去捍衛我們看到的真相，就算每個人都認為我們看到的這些真相，顯示出的是我們的固執也沒關係。我們必須同時是一座山與一棵柳樹，當我們需要力量的時候，堅強起來，當生命需要我們彎腰低頭時，我們可以順流而行。

我們必須隨時保持警覺，當有機會休息時，也要抓住機會，並且，睡覺時保持一隻眼睛睜開。我們情緒的季節與環境的季節，必須完美、有效率的互相搭配。我們必須看透每一個幻象，無論那個幻象如何安撫人心。當機會的老鼠經過時，我們必須屏氣凝神動也不動地像一隻綠色眼睛的貓。我們必須等待，靜止宛如一顆石頭，等待對的時間，然後，我們身體裡的每一個細胞，就像那隻貓一樣，火箭般往前衝，就好像那隻老鼠是銀

河系裡最後一線希望。

　　永不停止的**警覺**，完美的**專注**，自信與謙卑，毫無瑕疵的行動與永遠保持敏感度。對生命同時保持著嚴肅感與喜劇般的玩笑感。這就是追隨行星老師採取的方式，想用別的來替代嗎？騙徒會等著你，他們會摩拳擦掌等著你。

　　誰會成功？誰可以像上面說的那樣生活？不是我，不是我曾遇過的任何人。也許基督或佛陀可以這樣做，但不是我們大部分人，那樣的生活只不過是一種鼓舞人心的幻想。有些日子，我們起床時發現自己睡在錯誤的那一邊，而且我們很可能會繼續這樣錯誤下去。

　　我們可以做什麼？

　　從記住梵谷開始。

　　就像我們一樣，梵谷擁有一段矛盾的人生。以他火熱的天性來說，他是一個極端分子。加上他的出生星盤上半部受到強調，他的內在生活就會比大部分人更加明顯。這兩個因素使他的故事更加生動。

　　他的人生在占星上這麼有啓發性，並不是因為他與我們有多大的不同，主要是因為他的天性幾乎會讓他把內在深處所產生的每一個衝動都付諸行動。除了這個怪癖之外，他跟我們一樣，一半是天使、一半是惡魔，是智慧與白痴不可預測的混合體。

　　他的人生是成功的嗎？只有絕望的浪漫主義者才會支持這個想法。這個人毀了他所接觸的一切，並且自己把子彈埋進胸口，他是個受傷、寂寞而可悲的男人。

　　梵谷失敗了嗎？我在阿姆斯特丹的博物館參觀的那一小時，也打消了這個想法，除非你是那種以為人生可以用一本心理學書籍的封面，就可以解釋清楚的人。

　　要了解梵谷與我們自己，我們需要比成功與失敗更細緻的分類。這個宇宙、這個占星學老師爲我們所做的描述，超越了我們。完美根本不可能，也許完美的想法很具有啓發性，但是總是難以觸及。騙徒的宇宙也是虛假而抽象的宇宙，也沒有人眞的住在那裡。沒有人眞的那麼愚蠢、懶惰與邪惡。騙徒爲我們的人生展現出的那幅圖像，只不過是誇大的警告，是牆上的塗鴉。

　　占星不是人生，而是人生的隱喻，是象徵符號。生命是在你的靈魂或你的頭腦或看你要選擇怎麼命名的那個東西的突觸中，每一個當下燃燒的意識。作爲象徵符號，占星學代表現實，這種代表，總是存在著無法避免的扭曲。

　　只有生命本身可以做爲生命的完整象徵，這個象徵所具有的壓倒性複雜度，從一開始，就引領我們進入占星學。我們想要將生命做點簡化，也願意爲了簡化而付出一點點扭曲的代價。祕訣就在於要去了解每個象徵系統中的扭曲本質，然後，我們就可以修正扭曲，或至少知道會在哪裡遇到驚奇。

　　占星學不是唯一有用的象徵系統，它部分扭曲了它所代表的事物。所有的象徵系統多少都有這種傾向，以傳統的前量子科學爲例，這是另一種流行的象徵系統。作爲隱喻，它是可行的，但是它把經驗扭曲成邏輯模式，導致我們低估非理性，或是我們之前提到的「不可測量」。遲早，這

種扭曲會糾纏上一個人，這種「非理性」會將一個人扼殺在他最不期望遇見之處。

什麼是占星學的扭曲？它如何使我們遠離現實人生，使我們產生偏見？這個答案很簡單，但是理解這一點，對於正確使用這個象徵系統非常重要：占星學「相信」完美。

在任何情況下，占星學都敢於訴說理想。它們挑戰我們，去達成不可能的事情，完美使用我們的每一刻。在那個理想的世界裡，每一個完美時刻，會為下一個完美時刻建立基礎。在那個理想的世界裡，就好像透過一連串理想的幾何形式，切割出一串毫無瑕疵的祖母綠一樣。

如果有人偷懶，偷偷混進一塊煤炭怎麼辦呢？換句話說，如果我們真的去敲它，使鉤子、線與墜子都屈服於騙徒，那會怎樣？我知道我曾那樣做過幾次，我猜你也有過相同經驗。在占星學上，這條鍊子就會破裂，一切都會瓦解，問題在於你與我，我們並不像占星學的象徵那樣追求完美，我們很習慣於不完美。我們每天都在處理這些不完美，我們不只是象徵符號，我們學著去修正，去把碎片撿起來，然後繼續我們的生活。

也許想像力是關鍵。我們所過的生活常常不同於身體所表現出來的狀態。當然，當我們被內心的騙徒所迷惑時，我們會受傷，而且本能地會去想像如果自己更加警覺的話，事情會不會有不同的發展。

也許，在那個想像裡，我們參與修正錯誤。又或許，這種幻想相較於我們實際上創造出來的一團混亂，甚至讓我們學會了更深刻的功課。這個不完美的世界，與象徵符號所展現出來的更加清晰的宇宙，如此截然不同，我們學會成為倖存者，甚至會將失敗與尷尬轉變成智慧。如果正確使

用這種再生能力，就能將騙徒轉變成老師，並且讓我們繼續前進，比過去
任何時候更加強大。

　　解讀行運及推運時，絕對不要忘記占星符號本身固有的扭曲。在每一
個例子裡，它們都為應該要發生的事情，提供了清晰的圖像。就像個疏
離、冷漠的神，它們精確描述出你將要學習的事物，而且在某個層次上來
講，它們永遠不會錯。身為解盤者，我們的任務就是使占星符號的理想世
界與我們實際居住的這個世界產生關聯。必須讓占星符號起作用，也就是
說，我們必須利用占星符號來完成促進人類成長的任務。

　　要完成這項任務，就需要點燃希望與想像的火焰。我們必須知道，占
星術可能會犯下很基礎的錯誤，以致於使人失去自我重生的能力。占星術
是人類心智的產物，但是生命……生命超越了我們。那個奧祕裡包含了一
些漏洞，像是神蹟、恩典與魔法，這一切還沒有任何一位占星師能完全理
解。先忘掉那張鬼牌，占星術是一種危險的系統，這也是一本危險的書。
為什麼？因為在這本書裡，描述著完美，占星學要求我們超越可能性的限
制。

　　要小心翼翼地去信任這些象徵符號，讓它們引導你。它們有時候尖銳
到令人痛苦，但是如果你堅強而誠實，它們永遠不會背叛你。當你安於舒
適的謊言時，當你小看自己時，它們將會破壞你的遊戲。它們會啟發你、
讓你難堪、哄你、羞辱你、使你成長。它們常常會讓你超越你自己，你會
瞥見看似混亂的日常經驗背後的秩序，信任這些象徵符號，但是不要讓它
們擋在你與赤裸的真實生活之間。學習聆聽象徵符號，但是也要學著叫它
們安靜下來。

　　除此之外，要記住：占星符號本身毫無力量，它們只是象徵符號，它們只是氣象報告。你，這個魔術師、生命主宰者、時間塑造者，你才是氣象本身。

國家圖書館出版品預行編目資料

變幻的天空：從進化占星學探索行運與推運，創造自己的
未來／史蒂芬 ・ 佛瑞斯特（Steven Forrest）著；Jade 譯．
-- 初版 . -- 臺北市：商周出版：英屬蓋曼群島商家庭傳媒
股份有限公司城邦分公司發行，民 111.10
　　392 面；17X23 公分
譯自：The changing sky : Learning Predictive Astrology
ISBN 978-626-318-425-1（平裝）
1.CST: 占星術
292.22　　　　　　　　　　　　　　　　　111014556

BF6050

變幻的天空：
從進化占星學探索行運與推運，創造自己的未來
The Changing Sky: Learning Predictive Astrology

作　　　者／史蒂芬・佛瑞斯特（Steven Forrest）　企劃選書・責任編輯／韋孟岑
譯　　　者／Jade

版　　　權／吳亭儀、江欣瑜、林易萱
行 銷 業 務／黃崇華、賴正祐、郭盈均、周佑潔、賴玉嵐
總 　編　 輯／何宜珍
總 　經　 理／彭之琬
事業群總經理／黃淑貞
發 　行　 人／何飛鵬
法 律 顧 問／元禾法律事務所　王子文律師
出　　　版／商周出版
　　　　　　台北市 104 中山區民生東路二段 141 號 9 樓
　　　　　　電話：(02) 2500-7008　傳真：(02) 2500-7759
　　　　　　E-mail：bwp.service@cite.com.tw
　　　　　　Blog：http://bwp25007008.pixnet.net./blog
發　　　行／英屬蓋曼群島商家庭傳媒股份有限公司城邦分公司
　　　　　　台北市 104 中山區民生東路二段 141 號 2 樓
　　　　　　書虫客服專線：(02)2500-7718、(02) 2500-7719
　　　　　　服務時間：週一至週五上午 09:30-12:00；下午 13:30-17:00
　　　　　　24 小時傳真專線：(02) 2500-1990；(02) 2500-1991
　　　　　　劃撥帳號：19863813　戶名：書虫股份有限公司
　　　　　　讀者服務信箱：service@readingclub.com.tw
　　　　　　城邦讀書花園：www.cite.com.tw
香 港 發 行 所／城邦（香港）出版集團有限公司
　　　　　　香港灣仔駱克道 193 號超商業中心 1 樓
　　　　　　電話：(852) 25086231 傳真：(852) 25789337
　　　　　　E-maiL：hkcite@biznetvigator.com
馬 新 發 行 所／城邦（馬新）出版集團【Cité (M) Sdn. Bhd】
　　　　　　41, Jalan Radin Anum, Bandar Baru Sri Petaling,
　　　　　　57000 Kuala Lumpur, Malaysia.
　　　　　　電話：(603)90563833　傳真：(603)90576622
　　　　　　E-mail：services@cite.my

線上版讀者回函卡

封 面 設 計／李曉彤
排　　　版／菩薩蠻數位文化有限公司
印　　　刷／卡樂彩色製版印刷有限公司
經 　銷　 商／聯合發行股份有限公司
　　　　　　電話：(02)2917-8022　傳真：(02)2911-0053

■ 2022 年（民 111）10 月 06 日初版

Printed in Taiwan

定　　　價／ 630 元

ISBN　978-626-318-425-1（平裝）
ISBN　978-626-318-428-2 (EPUB)

城邦讀書花園
www.cite.com.tw